权威读本

U0862562

中华人民共和国
国际刑事司法协助法
解读

主编

王爱立

（全国人大常委会法制工作委员会刑法室主任）

中国法制出版社
CHINA LEGAL PUBLISHING HOUSE

前　言

《中华人民共和国国际刑事司法协助法》于2018年10月26日由第十三届全国人民代表大会常务委员会第六次会议通过。同日，中华人民共和国主席习近平发布第十三号主席令公布，自公布之日起施行。

制定国际刑事司法协助法主要有三个方面的意义：一是，贯彻落实党的十九大精神的具体体现，有利于规范和完善我国刑事司法制度体系，填补刑事司法协助国际合作的法律空白，完善反腐败追逃追赃法律制度，为推进全面依法治国，全面从严治党提供法律保障。二是，截至目前，我国已经批准和加入了包括《联合国反腐败公约》和《联合国打击跨国有组织犯罪公约》等多项含有刑事司法协助内容的国际公约，批准了五十多件有关刑事司法协助的双边条约。制定国际刑事司法协助法为我国履行国际条约义务提供国内法律依据，有利于加强国际合作打击跨国犯罪，树立我国负责任大国的形象。三是，刑事司法协助工作涉及多部门工作，各部门依照法律规定各司其职、分工配合，才能有力推进工作。刑事司法协助法从法律上明确各相关部门在刑事司法协助中的职责和任务，规范国际刑事司法协助合作，强化分工合作，提升工作效率。

国际刑事司法协助法共九章，七十条，对国际刑事司法协助的对外联系机关、主管机关及其职责，刑事司法协助请求的提出、接收和处理程序，拒绝提供协助的情形等作了规定，并对送达文书，调查取证，安排证人作证或者协助调查，查封、扣押、冻结涉案财物，没收、返还违法所得及其他涉案财物，移管被判刑人等协助事项的办理作了具体规定。

为便于执法司法机关和广大群众学习掌握国际刑事司法协助法，使本法能够在实践中得以严格贯彻落实，全国人大常委会法制工作委员会有关同志编写了《中华人民共和国国际刑事司法协助法解读》一书。本书由王爱立同志担任主编，参加编写本书的有李寿伟、雷建斌、许永安、黄永、王宁、张义健、黄星、陈远鑫、林卫星、伊繁伟、马曼、张金勇、董晴等同志。

希望本书的出版能够对大家学习、研究和贯彻执行国际刑事司法协助法有所帮助。由于水平和时间有限，不足之处在所难免，敬请读者批评指正。

作者

2019 年 1 月

目 录

第一章 总 则

第一条 为了保障国际刑事司法协助的正常进行，加强刑事司法领域的国际合作，有效惩治犯罪，保护个人和组织的合法权益，维护国家利益和社会秩序，制定本法。

条文主旨

本条是关于国际刑事司法协助法立法宗旨的规定。

立法背景

随着全球化日益增强和我国与外国的刑事司法协助和合作不断加强，制定国际刑事司法协助法的必要性日益凸显。

1. 制定国际刑事司法协助法是落实党的十九大精神，全面推进依法治国、推进反腐败国家立法、推进国际追逃追赃工作的需要。党中央高度重视反腐败和国际追逃追赃的法律制度建设，国际刑事司法协助法是反腐败国家立法的重要内容。党的十九大报告指出，全面依法治国是中国特色社会主义的本质要求和重要保障，强调要完善以宪法为核心的中国特色社会主义法律体系，建设中国特色社会主义法治体系；报告进一步强调“推进反腐败国家立法”，不管腐败分子逃到哪里，都要缉拿归案、绳之以法。在制定本法前，民商事司法协助、引渡合作分别在民事诉讼法和引渡法中已有规定，但刑事司法协助只在刑事诉讼法第十八条有原则性规定，具体合作内容、要件以及执行程序等未予明确。制定一部内容较为完备、行之有效的国际刑事司法协助法，是贯彻落实党的十九大精神的具体体现，有利于规范和完善我国刑事司法协助体制，填补刑事司法协助国际合作的法律空白，完善追逃追赃有关法律制度，为推进全面依法治国、全面从严治党作出应有贡献。

2. 制定国际刑事司法协助法有利于加强国际合作打击跨国犯罪，为我国履行国际条约义务提供法律依据。党的十八届四中全会强调，要“加强涉外法律工作。深化司法领域国际合作，完善我国司法协助体制，扩大国际司法协助覆盖面”。共同打击跨国犯罪、推进反腐败国际追逃追赃合作，已经成为我国与有关国家和国际组织开展交流合作的重要领域。有效惩治跨国犯罪离不开国家间的紧密合作，需要有效履行相关国际条约义务。我国已经批准和加入了包括《联合国反腐败公约》和《联合国打击跨国有组织犯罪公约》等多项含有刑事司法协助内容的国际公约，批准了五十四件有关刑事司法协助的双边条约。但是，我国与外国开展打击跨国犯罪国际合作尚存在一些制度障碍，例如，履行国际条约的国内法律依据不足、我国司法机关主动利用条约开展国际合作的意识和能力不强等。制定国际刑事司法协助法，能够从制度上解决这些问题，通过法律手段加强国际合作、打击跨国犯罪，为我国履行国际条约义务提供国内法律依据，树立负责任大国的形象。

3. 制定国际刑事司法协助法有利于明确刑事司法协助工作的管理职责，形成工作合力。刑事司法协助工作涉及刑事案件侦查、起诉、审判和执行等刑事诉讼程序各个阶段以及对外承诺等活动，参与工作的国内部门众多，包括最高人民法院、最高人民检察院、外交部、公安部、司法部、国家监察委员会等。由于各部门参与刑事国际合作的法律依据缺失、已缔结的国际条约对我国国内部门参与国际合作的规定不尽一致等，导致实践中各部门职责划分有待厘清、部门间协调机制需要完善。制定国际刑事司法协助法是国家反腐败和打击跨国犯罪等工作的一项顶层设计，有利于从法律上明确各相关部门在刑事司法协助中的职责和任务，强化分工合作，提升工作效率，进一步完善国际刑事司法协助工作的制度体系。

2003 年 10 月，第 58 届联合国大会通过《联合国反腐败公约》(以下简称《公约》)。2005 年 10 月，第十届全国人大常委会第十八次会议决定批准了《公约》。中央纪委于 2004 年牵头成立研究实施《公约》协调小组，为了实现我国法律制度与《公约》及其他相关国际条约的衔接，明确提出制定司法协助法的任务，指定司法部会同中央纪委监察部、最高人民法院、最高人民检察院、外交部、公安部等部门起草。2015 年 6 月，国际刑事司法协助法被列为第十二届全国人大常委会立法规划一类项目。中央纪委、中央政法委、全国人大外事委员会和司法部等部门高度重视立法工作，积极推进立法进程。经过近三年全面深入的调研论证，在先后五次广泛征求最高人民法院、最高人民检察院、国务院有关部门及专家学者等各方面意见的基础上，形成了《中华人民共和国国际刑事司法协助法（草案）》。草案起草过程中，坚持主权原则与合作理念；坚持从国情出发，兼顾我国实践、外国经验和国际条约；坚持以问题为导向，立足当前，着眼长远。2017 年 12 月，草案提请全国人大常委会初次审议。2018 年 10 月 26 日，第十三届全国人大常委会第六次会议再次审议并通过了《中华人民共和国国际刑事司法协助法》。

条文解读

国际刑事司法协助是国家和国家之间开展协助，打击犯罪的一种合作活动，目前世界上许多国家通过签订双边或者多边条约等形式，确定了打击犯罪的国际合作。如联合国反腐败公约、联合国打击跨国有组织犯罪公约等，还有许多国家之间签订的双边国际刑事司法协助条约，以及为专项目的而签订的条约，比如，移管被判刑人条约等。从各国司法实践情况来看，国际刑事司法协助已经成为有效惩治犯罪，保护个人和组织的合法权益，维护国家利益和社会秩序的一种重要手段，使犯罪分子的犯罪行为不因国家在地域管辖上的限制而逃脱法网，对维护国际社会的共同利益具有很重要的作用。

本条明确规定了国际刑事司法协助法的立法宗旨，即“保障国际刑事司法协助的正常进行，加强刑事司法领域的国际合作，有效惩治犯罪，保护个人和组织的合法权益，维护国家利益和社会秩序”。这一立法目的，可以从以下几个方面来理解：一是，不仅我国司法有与外国开展国际刑事司法协助的实际需求，外国也有与我国开展国际刑事司法协助的实际需求。制定国际刑事司法协助法，有利于保障国际刑事司法协助的正常进行，加强刑事司法协助领域的国际合作。二是，由于跨国犯罪、犯罪人外逃，在境外犯罪或者犯罪地涉及本国及外国、证据在国外等各种因素，有时候只在本国开展相关诉讼活动，由于司法主权的原因，无法到外国开展刑事诉讼，很难抓获犯罪嫌疑人、被告人，或者很难获得指控犯罪必需的证据。开展国际刑事司法协助，从广义上来说，可以通过引渡将犯罪嫌疑人、被告人引渡回国进行追诉，从本法意义上来说，可以通过外国协助开展刑事诉讼，有效惩治犯罪。三是，在国际刑事司法协助过程中，要保护个人和组织的合法权益，维护国家利益和社会秩序。刑事司法协助涉及的范围很广，根据本法第二条的规定，包括调查、侦查、起诉、审判和执行等不同阶段的诉讼活动，内容则包括送达文书，调查取证，安排证人作证或者协助调查，查封、扣押、冻结涉案财物，没收、返还违法所得及其他涉案财物，移管被判刑人以及其他协助。在提出、接受、办理国际刑事司法协助时，往往不仅涉及案件的处理，也涉及当事人各方面的权利，对外联系机关和主管机关在办理过程中，需要注意保护协助事项涉及的人员的合法权益。同时，国际刑事司法协助可能影响国与国之间的关系，有的协助事项涉及涉案财产处置等问题，有的协助事项可能在社会上造成很大影响。因此，在办理刑事司法协助事务时，需要注意处理好各方面的关系，既要有利于惩治犯罪，同时要注意依法保护个人和组织的合法权益，维护国家利益和社会秩序。这些都是在国际刑事司法协助工作中要注意坚持的，也是制定国际刑事司法协助法的目的所在。

相关规定

《中华人民共和国刑事诉讼法》第18条；《中华人民共和国引渡法》第1条

第二条 本法所称国际刑事司法协助，是指中华人民共和国和外国在刑事案件调查、侦查、起诉、审判和执行等活动中相互提供协助，包括送达文书，调查取证，安排证人作证或者协助调查，查封、扣押、冻结涉案财物，没收、返还违法所得及其他涉案财物，移管被判刑人以及其他协助。

条文主旨

本条是关于国际刑事司法协助的概念和范围的规定。

立法背景

国际司法协助涉及一个国家的司法主权，哪些事项可以提供协助，都是应当予以明确的。明确国际刑事司法协助的具体含义和范围，也有利于有关机关在具体工作中准确把握国际司法协助的性质、正确理解需要协助的事项内容，规范国际刑事司法协助活动，保障国际刑事司法协助的顺利开展。对国际司法协助的概念特别是范围进行明确，存在通过国际条约予以明确和在国内法中予以明确两种方式。一般来说，在我国与外国签订的刑事司法协助条约中，都对刑事司法协助的具体范围，也就是可以提供协助的事项作了明确的规定。另外，我国也在国内法中对国际司法协助的事项范围予以明确。比如，民事诉讼法对国际民事司法协助的范围，专章作了规定。但刑事诉讼法制定早，当时由于刑事司法协助的实践较少，刑事诉讼法仅对国际刑事司法协助作了原则规定，没有明确具体范围。本法第三条第一款、第二款规定，中华人民共和国和外国之间开展刑事司法协助，依照本法进行。执行外国提出的刑事司法协助请求，适用本法、刑事诉讼法及其他相关法律的规定。因此，在本法中对国际刑事司法协助的概念、范围作出明确规定，有利于做好国际条约与国内法的衔接，更好地根据国内法做好相关工作。另外，根据本法的相关规定，我国除了根据条约与外国开展国际刑事司法协助外，也与没有签订条约的国家在平等互惠的基础上开展国际刑事司法协助。对可以在哪些方面开展国际刑事司法协助，需要提供明确的法律依据。这种情况下，在法律中对国际刑事司法协助的概念和事项作出规定，有利于有关部门在没有条约规定的情况下，顺利开展相关协助工作。

条文解读

国际司法协助，又称“国际司法互助”，是指一国相关司法主管机关，根据另一国相关司法主管机关的请求，代为实施或者协助实施一定的司法行为。司法活动是一个国家的主权范围的事务。一国的诉讼程序原则上在国外不发生效力，具有严格的地域性。因此，一国司法机关需要在外国进行诉讼行为时，只能通过司法机关之间的相互委托和协助才能完成。从当前各国的司法实践来看，司法协助涉及刑事诉讼、民事诉讼和行政诉讼。其中，在刑事司法领域开展的协助，称为刑事司法协助。

本条规定了国际刑事司法协助的概念，即是指中华人民共和国和外国在刑事案件调查、侦查、起诉、审判和执行等活动中相互提供协助。这一概念，可以从以下几个方面进行理解：

一是，刑事司法协助是中国与外国之间开展的协助。司法是一个国家重要的主权，因此，任何其他国家不能干涉他国的司法事务、行使他国的司法权，也不能到其他国家开展司法活动。另外，由于各方面的原因，犯罪行为因为其行为、结果等方面的原因，又会在对象、证据、执行等方面与其他国家存在关联，比如，犯罪嫌疑人、被告人是外国人或者潜逃境外、证据在外国、犯罪所得被转移到境外等，要有效追究犯罪，就需要到另一个国家进行相关的活动，才能实现司法的目的。囿于国家主权的限制，就需要通过国际司法协助等途径请求相关国家提供协助。另外，目前作为国际法主体的，除了国家之外，还包括一些全球性或者地区性的国际组织。世界范围内也存在一批国际司法组织，比如，根据联合国决议成立的国际刑事法庭等。这些组织也会开展相关的刑事司法活动，需要我国或者其他国家提供协助。这也是一种国际刑事司法协助。对于这种情况，本法第六十七条规定，中华人民共和国与有关国际组织开展刑事司法协助，参照本法规定。也就是说，根据本法开展的国际刑事司法协助，包括我国与外国之间开展的协助，也包括与具有刑事司法性质的国际组织开展的相关协助。

二是，国际刑事司法协助涉及刑事案件调查、侦查、起诉、审判和执行等诉讼阶段的活动。调查、侦查，是指有关机关开展的收集证据、查明犯罪事实的活动以及采取的相关强制措施，比如，国家监察机关对职务犯罪案件所进行的调查，人民检察院对在诉讼活动法律监督中发现的司法工作人员利用职权实施的非法拘禁、刑讯逼供、非法搜查等侵犯公民权利、损害司法公正的犯罪的侦查，公安机关的侦查等。起诉，是依法向法院提出诉讼，请求法院对案件进行审判，对被告人定罪判刑的诉讼活动。审判，是指法院对起诉的刑事案件进行的审理和判决。执行是指执行法院裁判的有关活动，包括刑罚执行以及违法所得的收缴等。各国对诉讼阶段的划分不同，有时候在开展国际刑事司法协助过程中，各国的诉讼阶段没有严格的对应关系，因此不能严格以刑事诉讼法关于诉讼阶段的划分作为是否可以开展刑事司法协助的依据。对于属于追究犯罪行为刑事责任的刑事案件，不管是否是在刑事诉讼法中作出规定的，只要是本条规定的“刑事案件”，相关的调查、侦查、起诉、审判和执行就可以认定为本法规定的可以提供刑事司法协助的范畴。

三是，本条列举了国际刑事司法协助的具体范围，包括送达文书，调查取证，安排证人作证或者协助调查，查封、扣押、冻结涉案财物，没收、返还违法所得及其他涉案财物，移管被判刑人以及其他协助。刑事司法协助有广义和狭义之分。广义的国际刑事司法协助还包括引渡等活动。我国已经于2000年制定了引渡法，因此这次规定的协助的内容中不包括引渡。另外，考虑到国际刑事司法协助是面向世界其他国家开展的一项活动，还可能包括其他方面的内容，比如，遣返、劝返、定期通报外国人在本国犯罪和判刑的情况等方面的协助。对于在具体开展国际刑事司法协助时能够就哪些事项相互提供协助，应当根据本国国内法和签订的刑事司法协助条约或者参加的国际条约的规定确定。

相关规定

《中华人民共和国刑事诉讼法》第18条；《中华人民共和国监察法》第51条

第三条　中华人民共和国和外国之间开展刑事司法协助，依照本法进行。

执行外国提出的刑事司法协助请求，适用本法、刑事诉讼法及其他相关法律的规定。

对于请求书的签署机关、请求书及所附材料的语言文字、有关办理期限和具体程序等事项，在不违反中华人民共和国法律的基本原则的情况下，可以按照刑事司法协助条约规定或者双方协商办理。

条文主旨

本条是关于开展国际刑事司法协助法的法律依据的规定。

立法背景

国际刑事司法协助与一般的国内司法活动不同。国内的司法活动一般在自己国家的主权领域内开展，其基本的法律依据是国内法的有关规定。国际刑事司法协助涉及国与国之间的合作，其法律依据除了国内法以外，还包括国家之间签订或者共同参加的刑事司法协助条约和其他国际条约。明确开展国际刑事司法协助的法律依据，有利于规范国际刑事司法协助工作，在开展国际刑事司法协助中维护国家的利益，并有效开展协助工作和执行外国的请求，加强与其他国家的刑事司法合作。

条文解读

本条共分三款。根据本条第一款的规定，我国和外国之间相互开展国际刑事司法协助，应当按照本法的规定进行。我国和外国之间的刑事司法协助，包括两个方面，一是外国向我国提出刑事司法协助请求，要求我国为其开展的刑事诉讼活动提供协助；二是我国向外国提出刑事司法协助请求，请求外国为我国正在进行的刑事案件的调查、侦查、起诉、审判、执行活动提供协助。在本法关于有关协助事项的具体规定中，对于外国向我国请求协助，和我国向外国请求协助，分别作了规定。对于外国向我国提出刑事司法协助请求的，从该请求的提出、需要提供什么文件和材料、如何由有关部门进行审查以及决定是否提供协助、如何开展具体的协助活动等，本法都作了具体规定。对此，应当依据本法的规定办理。对于我国向外国提出刑事司法协助请求的，由于是请求外国提供协助，对于外国如何进行审查、是否提供协助以及执行请求的具体程序等，我国的法律不可能作出具体规定，因此本法对这种情况只规定我国如何向外国提出刑事司法协助请求。向外国提出请求后，外国如何审查及是否同意提供协助，不属于我国国内法的调整范围。但是，在我国向外国提出请求的过程中，相关的国内程序，比如，办案机关提出请求时请求书的内容和格式、主管机关的审核等程序，应当依据本法的规定进行。

第二款是关于具体执行外国的请求按照本法以及刑事诉讼法等法律的规定办理的规定。外国向我国提出刑事司法协助请求之后，具体的执行活动是在我国领域内并由我国的有关主管机关进行的。这种刑事司法协助活动一定意义上转化为国内的刑事司法活动，应当适用我国的法律。针对我国执行外国提出的刑事司法协助请求的实际情况，刑事诉讼法、监察法等不同的法律分别作了规定。比如，本法对于具体执行外国请求作了基本、原则性规定，有些国际刑事司法协助中特有的内容也在本法中作出规定。刑事诉讼法、监察法等法律对刑事案件的调查取证、查封扣押冻结等的具体条件、程序等作了明确的规定。这些规定都是我国执行外国请求的法律依据。在具体执行过程中，对于本法有明确规定的，按照本法的规定执行；本法没有规定的，按照刑事诉讼法等法律的规定执行。

第三款是关于刑事司法协助中的一些具体事项，在不违反我国法律基本原则的情况下，可以按照刑事司法协助条约规定或者双方协商办理的规定。我国和外国之间的国际刑事司法协助，应当按照本法及刑事诉讼法等法律进行，但也要处理好本法与我国同外国之间签订的刑事司法协助条约的关系。从原则上说，不管我国已经与外国签订刑事司法协助条约，还是没有和外国签订刑事司法协助条约，在办理外国向我国提出的刑事司法协助请求时，都应当依照本法和刑事诉讼法等相关法律的规定进行。但是，对于我国已经与外国签订有刑事司法协助条约的情况下，有时会出现条约与本法、刑事诉讼法等相关法律的规定有不同规定的情况。在本法制定以前，我国已经与许多国家签订了刑事司法协助条约，还参加了一些载有刑事司法协助内容的国际公约。在这些刑事司法协助条约里，对于我国和外国之间如何进行刑事司法协助，如关于请求的提出和接受，审查依据的原则和条件等，也作了不少具体的规定。且由于与每一个国家签订条约的具体情况不同，双方的法律制度存在差异等因素，造成条约当中某些具体规定的表述可能会与本法的规定不尽相同。对这种条约有不同规定的情况，考虑到这些规定是经过两国谈判最后达成一致意见确定下来，并由两国政府共同签订的，条约按照两国各自立法程序批准后，即对两国都有约束力，而且我国签订的条约经过全国人大常委会批准后生效，我国今后在刑事司法协助中应当受该条约的约束，这也符合国际法上

“条约必须信守”的原则。因此，对于在本法生效之前，我国已经与外国签订的条约中存在与本法不同规定的，我们也要信守条约的规定，按照条约行使有关权利、履行有关义务。另外，目前我国与很多国家之间并没有签订刑事司法协助条约。根据本法的规定，如果相互之间开展刑事司法协助，需要临时联系和协商。因此，本法规定，请求书的签署机关、请求书及所附材料的语言文字、有关办理期限和具体程序等事项，在不违背我国法律的基本原则的情况下，可以按照刑事司法协助条约规定或者双方协商办理。本法第四条第二款明确规定，国际刑事司法协助不得损害中华人民共和国的主权、安全和社会公共利益，不得违反中华人民共和国法律的基本原则。在按照刑事司法协助条约规定或者双方协商办理过程中，应当遵循的一个基本要求是不违反我国法律的基本原则。根据本法第十六条的规定，在具体开展司法协助过程中，主管机关收到对外联系机关转交的刑事司法协助请求书及所附材料后，应当进行审查，如果认为违反我国法律的基本原则，应当拒绝协助，将请求书及所附材料退回对外联系机关并说明理由。

相关规定

《中华人民共和国国际刑事司法协助法》第4条、第16条

第四条　中华人民共和国和外国按照平等互惠原则开展国际刑事司法协助。

国际刑事司法协助不得损害中华人民共和国的主权、安全和社会公共利益，不得违反中华人民共和国法律的基本原则。

非经中华人民共和国主管机关同意，外国机构、组织和个人不得在中华人民共和国境内进行本法规定的刑事诉讼活动，中华人民共和国境内的机构、组织和个人不得向外国提供证据材料和本法规定的协助。

条文主旨

本条是关于与外国开展刑事司法协助必须遵守的基本原则的规定。

立法背景

互相尊重主权和领土完整、互不侵犯、互不干涉内政、平等互利、和平共处五项基本原则是我国提出的处理国际关系的基本准则。和平共处五项原则不仅是中国奉行独立自主和平外交政策的基础，而且已经被世界绝大多数国家接受，不仅在各国大量的双边条约中得到体现，也被许多国际多边条约和国家文献所确认，成为规范国际关系的重要准则。1970 年 25 届联大通过的《关于各国依联合国宪章建立友好关系及合作之国际法原则之宣言》，1974 年第 6 届特别联大通过的《关于建立新的国际经济秩序宣言》，都明确把和平共处五项原则包括在内。国际刑事司法协助是国际合作的一个重要领域，坚持和奉行这些原则，一方面要求我们在国际刑事司法协助工作中从平等互利出发，规范相关处理的程序和机制，更好地开展合作，促进各自司法活动的有效顺利开展，另一方面要求我们要坚持主权原则，维护国家主权、安全和社会公共利益，遵守我国法律的基本原则。我国在与其他国家签订的国际刑事司法协助条约中，一般均明确以相互尊重主权和平等互惠为基础。同时，考虑到有的国家无视别国主权、安全和社会公共利益，通过所谓的“长臂管辖权”等法律，将自己国家的司法主权凌驾于他国司法主权之上的做法，作出应对性规定，也有利于维护我国主权、安全和社会公共利益。我国在与外国开展刑事司法协助时，一直是坚持和遵循这些原则的。对于外国请求我国提供刑事司法协助，我们也要求他们遵循这些原则。

条文解读

本条共分三款。

第一款是关于按照平等互惠原则开展国际刑事司法协助的规定。

国际刑事司法协助是国家之间进行合作以有效打击刑事犯罪活动的一项制度。从国际的角度来说，这项制度得以建立和发展，一方面，反映了加强打击刑事犯罪的力度，丰富打击刑事犯罪的手段，是各国的共同利益和需要。在当前的全球化、国际化背景下，犯罪的形态和形式也发生了很大的变化，恐怖活动犯罪、毒品犯罪、国际电信诈骗等跨国犯罪、国际犯罪问题日益突出，各国对加强国际合作的需求日益凸显。另一方面，国际刑事司法协助涉及国家的司法主权，因此，其虽然在国内具体执行的时候适用国内法的有关规定，但在国际之间处理相关事务的时候，则既需要遵循相关司法规律，同时又必然以一定的外交关系为基础，遵循处理国际关系的有关准则。因此，各国在进行各种形式的国际刑事司法协助时，也必然要求国家之间具有平等关系和互助、互利关系。对于这一原则，从几个方面予以明确，一是在本法中作出明确规定。二是在国内相关法律中作出规定，比如，刑事诉讼法第十八条规定："根据中华人民共和国缔结或者参加的国际条约，或者按照互惠原则，我国司法机关和外国司法机关可以相互请求刑事司法协助。"引渡法第三条第一款也明确规定："中华人民共和国和外国在平等互惠的基础上进行引渡合作。"三是在我国与其他国家签订的国际刑事司法协助条约中作出明确约定。我国已经签订的国际刑事司法协助条约，均明确了这一原则。

在具体开展协助工作中，对于外国通过与我国签订国际刑事司法协助条约建立了固定的国际刑事司法协助关系的，这种平等互惠原则自然就体现在条约当中。两国在按照条约和各自的法律开展国际刑事司法协助工作时，自然要遵循这一原则。对于还没有同我国签订条约的国家向我国提出协助请求的，也应当以平等互惠原则为前提。对此，本法第十三条第二款明确规定，对于外国向我国提出刑事司法协助请求的，在没有刑事司法协助条约的情况下，请求应当作出互惠的承诺。如果外国与我国之间没有刑事司法协助条约，我国被请求向外国提供刑事司法协助时，如果对方没有做出承诺，也应当根据这一规定要求请求方给予互惠的承诺。请求方也可以在提出请求时主动先作出一定的承诺。这种承诺可以是将来该国在我国向其提出刑事司法协助请求的情况下向我国提供相应协助，也可以是该国以其他某种方式向我国提供某种外交上或其他司法上的协助。

第二款是关于国际刑事司法协助不得损害中华人民共和国的主权、安全和社会公共利益，不得违反中华人民共和国法律的基本原则的规定。国际刑事司法协助除了要体现平等互惠原则外，作为任何一个主权国家，在国际刑事司法协助工作中都必须维护国家主权、安全等国家利益和社会公共利益。从国际刑事司法协助的实践情况看，国际刑事司法协助不是纯粹的法律问题，不是仅仅由法律规定决定的，刑事司法合作往往涉及国家之间的政治、外交等关系，受各种复杂因素的影响。因此我们在对外开展国际刑事司法协助合作时，应当与国家的整体利益和外交政策保持一致，反映国家的政治和外交需要，维护国家的主权和安全，维护社会公共利益。一方面，通过对外开展国际刑事司法协助，可以发展与有关国家的友好关系。在开展合作过程中，坚持这一基本原则和要求，可以有效维护国家和国家之间和平共处的国际关系。另一方面，这也可以保障我国在向外国提出刑事司法协助请求时，或者审查外国向我国提出的刑事司法协助请求时，能够衡量好具体案件处理和国家利益的关系，避免片面强调眼前的利益而有损国家的主权或国家的长远利益。

本条将维护国家主权、安全和社会公共利益，遵守我国法律规定为我国开展国际刑事司法协助的基本原则，在开展相关工作中应当认真贯彻执行这一原则。在与外国签订国际刑事司法协助条约时，要遵循和体现这一原则。我国与外国已经签订的国际刑事司法协助条约，均明确要求相互尊重主权，并把执行请求将损害被请求方的主权、安全、公共秩序或者其他重大利益作为拒绝协助的理由。对于损害我国主权、安全和社会公共利益的协助请求，对外联系机关、主管机关要认真予以审查，根据本法规定作出处理。一是，主管机关要予以拒绝。根据本法第十六条的规定，主管机关收到对外联系机关转交的刑事司法协助请求，进行审查后发现根据本条应当全部或者部分拒绝协助的，应当将请求书及所附材料退回对外联系机关并说明理由。二是，为了切实维护国家主权、安全和社会公共利益，不仅主管机关可以拒绝，对外联系机关也可以直接拒绝。根据本法第十五条第二款的规定，对于刑事司法协助请求明显损害中华人民共和国的主权、安全和社会公共利益的，对外联系机关可以直接拒绝协助。这是为及时有效维护国家主权、安全和社会公共利益而作出的特别规定。对外联系机关在审查外国提出的刑事司法协助请求时，如果发现这种情况，就不需要再将请求转交主管机关再作拒绝，而是径行拒绝。另外，我国在请求外国提供刑事司法协助请求时，也应当注意遵循这一原则，避免提出的请求损害国家主权、安全和社会公共利益，或者违反我国法律的基本原则。外国对执行我国提出的请求提出附加条件或者要求做出承诺的，根据本法第十一条的规定，在不损害中华人民共和国的主权、安全和社会公共利益的情况下才可以做出承诺。

第三款是关于未经我国主管机关允许，不得向在我国境内进行刑事诉讼活动或者向外国提供协助的规定。司法是一个国家的主权领域，一个国家不得在别国领域内开展司法活动，这是国家主权原则的重要内容。同时，在一国范围内，司法活动也是由该国法律规定的司法机关进行的，其他的机关、社会组织和个人，也不能行使司法权。特别是刑事司法协助，由于涉及当事人的生命、健康、自由和财产等基本权利的处置，与民事领域的司法活动更是不同，因此必须遵循这些要求。但在实践中，却有外国司法、执法机关未经我国主管机关准许调取我国境内证据材料，或者要求我国境内的机构、组织和个人提供相关协助，损害我国司法主权和有关机构、组织和个人的合法权益的情况。这实际上是外国滥用所谓的“长臂管辖权”，将其司法权凌驾于我国的司法主权之上。为有效应对这种情况，抵制有的国家的所谓“长臂管辖”要求，本条对此作出规定。

第三款规定可以从以下几个方面进行解读。一是，外国机构、组织和个人不得在中华人民共和国境内进行本法规定的刑事诉讼活动。也就是说，不得从事送达文书，调查取证，安排证人作证或者协助调查，查封、扣押、冻结涉案财物，没收、返还违法所得及其他涉案财物，执行刑罚等刑事诉讼活动。这里的“等刑事诉讼活动”，除了本法列举的内容之外，也包括其他法律规定的应当由我国司法机关行使的其他诉讼职权行为。当然，外国机构、组织和个人根据我国刑事诉讼法等法律的规定，作为当事人、证人等诉讼参与人在我国参加刑事诉讼，包括出席法庭审判、出庭作证、提供证据等，这是我国司法机关根据法律开展的刑事诉讼活动，有关的外国机构、组织和个人应当按照我国刑事诉讼法等法律的规定进行。二是，中华人民共和国境内的机构、组织和个人不得向外国提供证据材料和本法规定的协助。也就是说，对于根据本法和其他有关法律的规定属于要通过国际刑事司法协助途径向外国提供证据材料和协助的情况，应当按照刑事司法协助的有关规定进行，公民和个人不得未经同意提供相关的证据材料。三是，考虑到实际情况，本条规定了有关机构、组织和个人可以做出有关行为的情况，即“经主管机关同意”，外国机构、组织和个人在中华人民共和国境内可以直接进行刑事诉讼活动，中华人民共和国境内的机构、组织和个人可以向外国提供证据材料和本法规定的协助。是否同意以及允许其直接进行的刑事诉讼活动的内容，由主管机关根据国际国内以及案件的具体情况等各方面的因素综合考量决定，并按照法律的规定执行。

相关规定

《中华人民共和国刑事诉讼法》第18条；《中华人民共和国引渡法》第3条

第五条 中华人民共和国和外国之间开展刑事司法协助，通过对外联系机关联系。

中华人民共和国司法部等对外联系机关负责提出、接收和转递刑事司法协助请求，处理其他与国际刑事司法协助相关的事务。

中华人民共和国和外国之间没有刑事司法协助条约的，通过外交途径联系。

条文主旨

本条是关于国际刑事司法协助对外联系机关的规定。

立法背景

刑事司法协助对外联系机关设置以及其与主管机关之间的职责划分，是国际刑事司法协助法需要处理好的一个重要问题。国际刑事司法协助请求的提出是启动协助工作的第一步。由于这种请求的提出和接受是在两个国家之间进行的，就必然要通过两个国家的有关部门就有关事项进行联系，至于各国指定由哪一个部门进行这种工作上的联系，是各国自己决定的，具体可由签订条约的国家协商确定。同时，国家之间开展刑事司法协助工作，与国内开展刑事司法活动存在很大的区别。国内的刑事诉讼，有关法律对刑事司法机关的职权、相互关系都有明确的规定，各机关依照法律的规定开展活动即可。由于各国刑事司法制度存在差异，不同事务的主管机关也有很大的差异。为了有利于建立有效的联系途径，法律中有必要明确对外联系机关，以明确划分其与主管机关之间的职责，既有利于规范国际刑事司法协助工作，也有利于执行国家的外交政策、维护国家利益。

条文解读

本条共分三款。

第一款是中国与外国开展刑事司法协助通过对外联系机关联系的规定。对外联系机关通常是指刑事司法协助条约中规定的，由一国国内法或政府确定的有权代表该国提出、接收、转递和执行国际刑事司法协助请求的机关。对外联系机关可以通过不同途径作出规定。在国家之间签订国际刑事司法协助条约时，一般会明确一个或者多个对外联系机关。我国与外国签订的刑事司法协助条约中，都约定了对外联系机关。涉及国际刑事司法协助的国际公约，也会明确履约的对外联系机关。在双方通过条约约定了对外联系机关的情况下，如果一方或者双方要改变对外联系机关，需要根据条约约定的机制办理。同时，有的国家还会在法律中作出规定。

根据本款的规定，在我国与外国签订了刑事司法协助条约的情况下，相互之间开展刑事司法协助通过对外联系机关联系。也就是说，外国要向我国提出刑事司法协助请求，需要与我国对外联系机关联系，将有关的协助请求书和所附材料提供给我国对外联系机关；在我国办理完毕后，通过对外联系机关将办理结果、材料通知或者转交给外国。我国需要向外国提出协助请求的，有关部门应当按照本法第九条的规定，制作刑事司法协助请求书并附相关材料，由对外联系机关及时向外国提出；外国办理后，将办理结果通过对外联系机关提供给我国，再由对外联系机关转交、转递给主管机关和办案机关。

应当注意的是，各国和不同条约对于对外联系机关的表述是不同的。比如，我国此前签订的有关条约，一直使用的是“中央机关”的表述。在审议过程中，也有意见提出，从遵循此前惯例，有利于履行相关条约，开展合作的角度，建议使用“中央机关”的表述。经过认真研究，一是对外联系机关的概念更能体现对外联系机关实质上的“提出、接收和转递”的职责。二是引渡法使用了引渡的“联系机关”的称谓，而引渡也是广义的国际刑事司法协助的范畴，使用“对外联系机关”的称谓有利于与引渡法保持衔接一致。三是具体办理有关协助请求的主管部门和办案机关之间也存在要区分“中央机关”与“地方机关”的问题，在国内法中使用“中央机关”易造成“对外联系机关”与中央“主管部门”的混淆。综合考量使用了“对外联系机关”的称谓。

第二款是关于对外联系机关职责的规定。有效理顺对外联系机关与主管机关的职责划分，有利于保持协助的渠道畅通，也有利于我国有效对外提出请求或者执行外国提出的请求。根据本款规定，中华人民共和国司法部等对外联系机关主要有以下职责：（1）向外国提出刑事司法协助请求。是否需要提出刑事司法协助请求，由办案机关根据实际情况考量决定，并经所属主管机关审核同意。对于经过主管机关审核同意的刑事司法协助请求，将请求书及所附材料提交给对外联系机关，由对外联系机关向外国提出。（2）接收和转递外国向我国提出的刑事司法协助请求。外国向我国提出的刑事司法协助请求，应当将请求书及所附材料提交给我国的对外联系机关，由对外联系机关转递给主管机关审查处理。（3）处理其他与国际刑事司法协助相关的事务，比如，与其他国家对相关刑事司法协助政策的协调、国内刑事协助工作协调、推动制度规范完善等。

在接收和转递外国提出的刑事司法协助请求过程中，根据本法第十五条的规定，对外联系机关要对外国提出的刑事司法协助请求的请求书及其所附材料进行一定的审查。主要是审查请求书的形式和内容是否符合要求。对于符合要求的，按照职责分工转交有关部门办理；对于不符合要求的，可以要求请求国补充材料或者重新提出请求。也就是说，对外联系机关主要是进行形式审查而不是实质审查。对于请求是否可以执行、是否予以拒绝等实质性内容，则由主管机关进行审查作出决定。这样规定，一方面，有利于保证外国提出的司法协助请求符合我国要求，以节约执法和司法资源；另一方面，也符合我国有关法律关于刑事诉讼职能分工的规定。本法也规定了对外联系机关在特定情形下享有一定的实质审查权。本法第十五条第二款规定，对于刑事司法协助请求明显损害中华人民共和国的主权、安全和社会公共利益的，对外联系机关可以直接拒绝协助。这样规定，有利于实践中更为主动地维护我国的主权、安全等国家利益和社会公共利益。

另外，本款对外联系机关使用了“司法部等对外联系机关”的表述。从目前我国签订的刑事司法协助条约来看，多数规定司法部为对外联系机关，但也有少数条约，根据实践情况、签约外国的要求等因素，确定国家监察委员会、最高人民法院、最高人民检察院、公安部等部门担任对外联系机关，或者确定司法部和其他一个或多个部门共同担任对外联系机关。对于这些情况，应当按照条约约定确定对外联系机关。

第三款是关于中华人民共和国和外国之间没有刑事

司法协助条约的，通过外交途径联系的规定。这一规定是原则性的，即在我国与外国对刑事司法协助的联系机关没有特别约定的情况下，可以通过外交途径进行联系，比如，通过外交部提出。这包括了外国向我国提出刑事司法协助请求和我国向外国提出刑事司法协助请求两种情况。在这种情况下，外交部等负责联系的部门实际上担负了对外联系机关的职责。

相关规定

《中华人民共和国引渡法》第4条

第六条 国家监察委员会、最高人民法院、最高人民检察院、公安部、国家安全部等部门是开展国际刑事司法协助的主管机关，按照职责分工，审核向外国提出的刑事司法协助请求，审查处理对外联系机关转递的外国提出的刑事司法协助请求，承担其他与国际刑事司法协助相关的工作。在移管被判刑人案件中，司法部按照职责分工，承担相应的主管机关职责。

办理刑事司法协助相关案件的机关是国际刑事

司法协助的办案机关，负责向所属主管机关提交需要向外国提出的刑事司法协助请求、执行所属主管机关交办的外国提出的刑事司法协助请求。

条文主旨

本条是关于国际刑事司法协助的主管机关、办案机关及其职责的规定。

立法背景

国际刑事司法协助工作包括与外国的联系工作以及在国内执行外国提出的请求两部分。对于向外国提出请求，由于工作涉及国与国之间的联系，是由双方商定的对外联系机关负责。在国内执行外国提出的司法请求，是由国内相应的机关进行的，有必要在国内法中对相关部门在国际刑事司法协助中的地位、职责作出规定。

条文解读

本条共分两款。第一款是关于哪些部门是国际刑事司法协助的主管机关的规定。根据本法第二条的规定，本法所称国际刑事司法协助是指在刑事案件调查、侦查、起诉、审判和执行等活动中相互提供协助。因此，国家主管刑事案件调查、侦查、起诉、审判和执行等工作的机关，是国际刑事司法协助的主管部门。宪法、监察法、刑事诉讼法等法律对主管机关及其职责作了明确规定。宪法第一百二十七条规定，监察委员会依照法律规定独立行使监察权，办理职务违法和职务犯罪案件，与审判机关、检察机关、执法部门互相配合，互相制约。宪法第一百二十八条、第一百三十一条规定，人民法院是国家的审判机关，依照法律规定独立行使审判权。宪法第一百三十四条、第一百三十六条规定，人民检察院是国家的法律监督机关，依照法律规定独立行使检察权。宪法第一百四十条规定，人民法院、人民检察院和公安机关办理刑事案件，应当分工负责，互相配合，互相制约，以保证准确有效地执行法律。这些法律同时对最高主管机关作了规定。宪法第一百二十五条规定，国家监察委员会是最高监察机关，领导地方各级监察委员会的工作。宪法第一百三十二条规定，最高人民法院是最高审判机关，监督地方各级人民法院和专门人民法院的审判工作，上级人民法院监督下级人民法院的审判工作。宪法第一百三十七条规定，最高人民检察院是最高检察机关，领导地方各级人民检察院和专门人民检察院的工作，上级人民检察院领导下级人民检察院的工作。另外，有的法律还对有关部门开展国际司法协助的主管机关作了明确规定。比如，监察法第五十条规定，国家监察委员会统筹协调与其他国家、地区、国际组织开展的反腐败国际交流、合作，组织反腐败国际条约实施工作。监察法第五十一条规定，国家监察委员会组织协调有关方面加强与有关国家、地区、国际组织在反腐败执法、引渡、司法协助、被判刑人移管、资产追回和信息交流等领域的合作。根据这些规定，国家监察委员会、最高人民法院、最高人民检察院、公安部、国家安全部等部门是开展国际刑事司法协助的主管机关。

根据本款规定，主管机关有以下职责：(1) 审核向外国提出的刑事司法协助请求。根据本法第九条的规定，办案机关需要向外国请求刑事司法协助请求的，需要经主管机关审核同意。(2) 审查处理对外联系机关转递的外国提出的刑事司法协助请求。根据本法第十六条的规定，对于是否可以执行外国的刑事司法协助请求，由主管机关进行审查，并作出协助执行或者拒绝协助的决定。对于同意执行的，安排有关办案机关执行；对于拒绝执行的，将请求书及所附材料退回对外联系机关并说明理由；也可以要求补充材料或者对执行请求提出附加条件，在补充材料或者对方做出保证后再决定是否协助执行。(3) 其他与本部门有关的国际刑事司法协助的行政事务、组织工作，以及相关制度规范建设完善等工作。对于哪些事项由哪个主管机关负责，按照职责分工办理。这里的“职责分工”是指国内有关法律和机制对其具体工作职责的规定。

另外，根据本法规定，司法部是国际刑事司法协助的对外联系机关。但是在国内，根据刑事诉讼法和监狱法的规定，监狱负责监禁刑罚的执行，国务院司法行政部门主管全国的监狱工作。因此，司法部是监狱的主管机关。国际刑事司法协助的一个重要领域，是相互移管被判刑人。对于司法部作为这一工作的主管部门应当承担的相应职责，本条也作了规定，即在办理这类国际刑事司法协助案件时，司法部按照职责分工，承担相应的主管机关职责。对此，本法第八章“移管被判刑人”中作了具体规定。

第二款是关于办案机关及其职责的规定。总的来说，办案机关就是根据有关法律承担相应的刑事案件调查、侦查、起诉、审判和执行等职责的机关。对于不同案件的办理机关，有关法律分别作了规定。监察法第十一条规定：“监察委员会依照本法和有关法律规定履行监督、调查、处置职责：（一）对公职人员开展廉政教育，对其依法履职、秉公用权、廉洁从政从业以及道德操守情况进行监督检查；（二）对涉嫌贪污贿赂、滥用职权、玩忽职守、权力寻租、利益输送、徇私舞弊以及浪费国家资财等职务违法和职务犯罪进行调查；（三）对违法的公职人员依法作出政务处分决定；对履行职责不力、失职失责的领导人员进行问责；对涉嫌职务犯罪的，将调查结果移送人民检察院依法审查、提起公诉；向监察对象所在单位提出监察建议。”刑事诉讼法第三条第一款规定，对刑事案件的侦查、拘留、执行逮捕、预审，由公安机关负责。检察、批准逮捕、检察机关直接受理的案件的侦查、提起公诉，由人民检察院负责。审判由人民法院负责。除法律特别规定的以外，其他任何机关、团体和个人都无权行使这些权力。刑事诉讼法第四条规定，国家安全机关依照法律规定，办理危害国家安全的刑事案件，行使与公安机关相同的职权。对于刑事案件的侦查管辖、审判管辖，刑事诉讼法也作了相应规定。对于刑罚执行，刑事诉讼法第二百六十四条第二款规定：“对被判处死刑缓期二年执行、无期徒刑、有期徒刑的罪犯，由公安机关依法将该罪犯送交监狱执行刑罚。对被判处有期徒刑的罪犯，在被交付执行刑罚前，剩余刑期在三个月以下的，由看守所代为执行。对被判处拘役的罪犯，由公安机关执行。”监狱法第二条规定，监狱是国家的刑罚执行机关。依照刑法和刑事诉讼法的规定，被判处死刑缓期二年执行、无期徒刑、有期徒刑的罪犯，在监狱内执行刑罚。上述这些部门在办理自己承办的案件时，成为办案机关。根据本款规定，办案机关承担两项职责，一是负责向所属主管机关提交需要向外国提出的刑事司法协助请求，二是执行所属主管机关交办的外国提出的刑事司法协助请求。

相关规定

《中华人民共和国宪法》第三章第七节、第八节；《中华人民共和国监察法》第11条、第50条、第51条；《中华人民共和国刑事诉讼法》第3条、第4条、第264条；《中华人民共和国监狱法》第2条、第10条

第七条　国家保障开展国际刑事司法协助所需经费。

条文主旨

本条是关于国际刑事司法协助经费保障的规定。

立法背景

在开展国际刑事司法协助过程中，必然产生许多相关的费用。这些费用如何承担，直接关系到国家之间国际刑事司法协助的长期合作，关系到具体案件能否得到及时有效处理。根据本法第八条的规定，我国和外国相互执行刑事司法协助请求产生的费用，有条约规定的，按照条约承担，没有条约或者条约没有规定的，按照平等互惠原则通过协商解决。对于根据条约或者双方协商应当由我国承担的费用，以及开展其他相关工作产生的费用，由法律作出规定，有利于保障国际刑事司法协助各项具体工作的顺利开展。

条文解读

从国际关系角度来说，一个国家的司法事务是国家主权的重要领域，与其他国家开展刑事司法协助，是一种具体的国家行为。因此，开展国际刑事司法协助的相关经费，是国家行为产生的费用，是国家财政支出的一部分，规定由国家保障，有利于有关工作能够获得及时充分的经费。开展国际刑事司法协助所需经费是在开展相关工作过程中产生的费用。包括国内有关部门在办理具体刑事司法协助事项时产生的费用，比如，提请外国协助或者办理外国提请的协助的费用，以及开展与国际刑事司法协助有关的规范、管理等工作产生的费用。具体来说，本法第五条第二款、第三款规定，对外联系机关负责提出、接收和转递刑事司法协助请求，处理其他与国际刑事司法协助相关的事务。中华人民共和国和外国之间没有刑事司法协助条约的，通过外交途径联系。本法第六条规定，有关主管机关按照职责分工，审核向外国提出的刑事司法协助请求，审查处理对外联系机关转递的外国提出的刑事司法协助请求，承担其他与国际刑事司法协助相关的工作。办理刑事司法协助相关案件的机关是国际刑事司法协助的办案机关，负责向所属主管机关提交需要向外国提出的刑事司法协助请求、执行所属主管机关交办的外国提出的刑事司法协助请求。在上述对外联系机关、主管机关和办案机关开展上述工作过程中产生的费用，都属于本条规定的开展国际刑事司法协助所需经费。对于具体保障的机制、项目、数额、拨付方式等，由国际刑事司法协助有关部门、财政部门根据有关法律法规和国家规定确定。

第八条 中华人民共和国和外国相互执行刑事司法协助请求产生的费用，有条约规定的，按照条约承担；没有条约或者条约没有规定的，按照平等互惠原则通过协商解决。

条文主旨

本条是关于执行刑事司法协助请求产生的费用如何承担和解决的规定。

立法背景

实践中，执行国际刑事司法协助一般会产生执行费用。明确执行费用的承担方式是国际上开展刑事司法协助的通行规则，也是国际刑事司法协助得以顺利进行的基础。在一些国际公约中，也有专门的规定。如《联合国打击跨国有组织犯罪公约》第十八条“司法协助”第二十八项规定：“除非有关缔约国另有协议，执行请求的一般费用应由被请求缔约国承担。如执行请求需要或将需要支付巨额或特殊性质的费用，则应由有关缔约国进行协商，以确定执行该请求的条件以及承担费用的办法。”再如，《联合国反腐败公约》第四十六条“司法协助”第二十八项规定：“除非有关缔约国另有协议，执行请求的一般费用应当由被请求缔约国承担。如果执行请求需要或者将需要支付巨额或者异常费用，则应当由有关缔约国进行协商，以确定执行该请求的条件以及承担费用的办法。”

我国与其他国家缔结双边刑事司法协助条约的，一般也会明确规定刑事司法协助产生费用的承担规则。主要考虑是，被请求国在执行刑事司法协助的过程中，不仅会产生一定的执行费用支出，有时还可能所付数额巨大，或者因特殊请求而产生特殊费用。若不明晰相关费用的承担规则，被请求国往往会拒绝给予刑事司法协助。因此，明确刑事司法协助产生费用的承担规则，有利于促进我国与其他国家相互进行刑事司法协助。同时还需要注意，我国虽然与一些国家缔结或共同参加了刑事司法协助条约、移管被判刑人条约或者载有刑事司法协助、移管被判刑人条款的其他条约，不排除有些条约中未就刑事司法协助产生费用该如何承担作出规定，也还有为数不少的国家与我国尚未就刑事司法协助缔结任何形式的条约。为此，有必要在本法中就没有条约或条约没有规定承担费用的情况，作出原则性的规定，以最大程度地满足可能出现的刑事司法协助的需求，保障刑事司法协助的实现。

条文解读

本条规定，中华人民共和国和外国相互执行刑事司法协助请求产生的费用，有条约规定的，按照条约承担。这里的“刑事司法协助请求”包括我国向外国提出的刑事司法协助请求和外国向我国提出的刑事司法协助请求。刑事司法协助请求的范围包括向特定人员调查取证、安排相关人员作证、移送在押人员作证或者协助调查、安排鉴定的费用和报酬等。这里的条约，根据本法第六十九条规定，是指中华人民共和国与外国缔结或者共同参加的刑事司法协助条约、移管被判刑人条约或者载有刑事司法协助、移管被判刑人条款的其他条约。我国与外国之间若具有上述条约的，在相互执行刑事司法协助时产生的费用，依照条约中的规定承担。例如，《中华人民共和国和委内瑞拉玻利瓦尔共和国关于刑事司法协助的条约》第二十一条规定，被请求方应当负担执行请求所产生的费用，但是请求方应当负担下列费用，包括被请求方同意请求方在执行时派员到场的，相关人员前往、停留和离开被请求方领土的费用；鉴定人的费用和报酬；笔译和口译的费用和报酬等。我国与委内瑞拉玻利瓦尔共和国相互执行刑事司法协助请求时，就应当按照该条约的规定承担执行产生的费用。还需要注意的是，我国与外国缔结的条约中既可能就费用承担问题作出一般性的规定，也可能根据协助的具体内容规定承担分项费用。例如，邀请证人前往请求方境内作证、协助调查或者出庭，证人有权得到津贴或相关费用的规定等，常被规定在公约里关于安排证人出庭作证的有关条文中。此外，条约中还可能就费用的预付问题，超常性费用的分担问题等作出规定。实践中出现这些情况的，也应按照条约的规定执行。

本条规定，关于执行刑事司法协助产生的费用如何承担的问题，如果我国与外国没有条约或者条约没有规定的，按照平等互惠原则通过协商解决。目前，我国与世界上的一些国家并没有缔结任何形式的刑事司法协助条约。有些缔结的条约中并未就刑事司法协助产生费用如何承担的问题作出明确规定。但是，不排除我国根据平等互惠原则，与这些国家相互进行刑事司法协助。因此，在这种情况下，本条规定我国应与其他国家通过协商解决。通常情况下，被请求方愿意协助请求方，将有利于请求方对具体刑事案件进行刑事诉讼工作。实践中，只有双方立足于平等互惠的原则，建立互利互惠的承诺和预期，请求方的协助请求才有可能被执行。具体互惠的项目、方式、内容和相关费用安排，双方可以通过协商的方式解决。

第二章　刑事司法协助请求的提出、接收和处理

第一节　向外国请求刑事司法协助

第九条　办案机关需要向外国请求刑事司法协助的，应当制作刑事司法协助请求书并附相关材料，经所属主管机关审核同意后，由对外联系机关及时向外国提出请求。

条文主旨

本条是关于向外国请求刑事司法协助的基本工作程序的规定。

立法背景

如何向外国请求刑事司法协助，需要有明确的负责部门和工作程序。根据本法第五条规定，我国和外国之

间开展刑事司法协助，通过对外联系机关联系。中华人民共和国司法部等对外联系机关负责提出、接收和转递刑事司法协助请求，处理其他与国际刑事司法协助相关的事务。中华人民共和国和外国之间没有刑事司法协助条约的，通过外交途径联系。第六条规定，我国开展国际刑事司法协助的主管机关包括国家监察委员会、最高人民法院、最高人民检察院、公安部、国家安全部等部门，各部门按照职责分工，审核向外国提出刑事司法协助请求，承担其他与国际刑事司法协助相关的工作。在移管被判刑人案件中，司法部承担相应的主管机关职责。办理刑事司法协助相关案件的机关是国际刑事司法协助的办案机关，负责向所属主管机关提交需要向外国提出的刑事司法协助请求。由此，我国向外国提出刑事司法协助请求，分别涉及国内的办案机关、主管机关和对外联系机关的工作。本条对上述机关如何完成向外国提出刑事司法协助请求，就其职责和程序作出规定。

条文解读

本条主要规定了以下三个方面的内容。

1. 办案机关启动向外国请求刑事司法协助工作。本条规定，“办案机关需要向外国请求刑事司法协助的，应当制作刑事司法协助请求书并附相关材料”。这里有四点需要注意的地方。一是，关于“办案机关”。办案机关是在刑事案件中负责调查、侦查、起诉、审判、执行的机关，如省、自治区、直辖市、自治州、县、自治县、市、市辖区的监察机关、公安机关、安全机关、检察机关、审判机关、司法行政机关等。二是，办案机关有向外国请求刑事司法协助的需求。办案机关在办理具体案件的过程中，为进一步弄清案件的事实真相，完成证据固定，支持公诉审判，执行判决等工作，需要向外国请求进行文书送达、调查取证、安排证人作证或协助调查、查封、扣押、冻结涉案财物、没收、返还违法所得及其他涉案财物、移管被判刑人等工作。三是，办案机关通过请求书启动向外国请求刑事司法协助的相关工作。根据本法第六条的规定，办理刑事司法协助相关案件的机关是国际刑事司法协助的办案机关。办案机关应当依照本法的规定开展刑事司法协助的相关工作。根据本条规定，办案机关应当制作刑事司法协助请求书并附相关材料。刑事司法协助请求书是开展国际刑事司法协助的重要文件。一般情况下，刑事司法协助请求书需要列明的内容包括：

请求机关的名称；案件性质、涉案人员基本信息及犯罪事实；案件适用的法律规定；请求的事项和目的；请求的事项与案件之间的关联性；希望请求得以执行的期限；其他必要的信息或者附加的要求等。需要注意的是，根据本法第十条的规定，向外国的刑事司法协助请求书，应当依照刑事司法协助条约的规定提出；没有条约或者条约没有规定的，可以参照本法第十三条的规定提出；被请求国有特殊要求的，在不违反中华人民共和国法律的基本原则的情况下，可以按照被请求国的特殊要求提出。因此，办案机关在制作刑事司法协助请求书的时候，要根据我国与被请求国缔结或共同参加的刑事司法协助条约或者载有刑事司法协助条款的其他条约中规定的请求书的内容和事项来准备。如果两国之间没有条约或者条约没有规定的，可以依照本法第十三条的规定准备请求书。考虑到是我国主动请求外国予以刑事司法协助，如果被请求国就刑事司法协助的提出方式、内容等附有特殊要求的，只要不与我国法律的基本原则相冲突，一般可予以满足，按照其要求提出相关请求。四是，办案机关应附上支持刑事司法协助请求的相关材料。这些材料与请求书一并构成我国向外国提出刑事司法协助的请求材料，应当正式、完整和充分。

外国负责刑事司法协助的相关机构主要审核请求书和相关材料，判断能否提供刑事司法协助。因此，相关材料应有助于进一步解释和阐述我国提出请求的原因、内容、必要性，应有利于外国有关机关准确理解和判断我国提出的请求，并推动外国有关机关执行我国提出的请求。请求书及相关材料应根据案件的具体情况和我国办案机关希望外国协助的内容，有侧重地予以准备。本法对请求协助的内容有特殊要求的，如向外国请求查封、扣押、冻结涉案财物的，还应按照本法规定的要求在请求书及所附材料中载明相关事项和内容。

2. 主管机关审核拟向外国提出的刑事司法协助请求。本条规定，办案机关制作刑事司法协助请求书并附上相关材料后，应当经所属主管机关审核。这里规定主管机关审核，有两方面的考虑：一是主管机关需要把关。相关案件涉及国际合作，在司法公正方面还要关注国际评价，主管机关有审核把关的需要。二是主管机关可以指导。办案机关申请国际刑事司法协助的请求书及相关材料可能准备得不太完整和充分。主管机关可以通过审核，对办案机关进行指导，提高向外提出请求的成功率。根据本法第六条的规定，主管机关有国家监察委员会、最高人民法院、最高人民检察院、公安部、国家安全部等部门。办案机关拟向外国请求刑事司法协助的，应将请求书和相关材料层报其所属的主管机关，由主管机关审核。主管机关应尽到审核义务，对请求外国刑事司法协助的原因、请求书的内容和所附材料等进行审核；对外国提出的特殊要求是否违反我国法律的基本原则进行审核。主管机关认为请求书及相关材料存在缺漏的，可以要求办案机关补充。主管机关审核同意办案机关制作的刑事司法协助请求书及相关材料的，应将其转交刑事司法协助的对外联系机关。

3. 对外联系机关向外国提出刑事司法协助请求。本条规定“由对外联系机关及时向外国提出请求”。根据本法第五条的规定，我国和外国之间开展刑事司法协助，通过对外联系机关联系。实践中，相关请求具体由哪一个对外联系机关向外国提出，要根据请求协助的事项、被请求国的国别、所依据的条约等确定，分为以下几种情况：一是，一般情况下，司法部作为对外联系机关，监察机关、检察机关、公安机关、安全机关、审判机关将司法协助请求交由司法部向外国提出。二是，根据请求协助的事项和所依据的条约确定对外联系机关。如国家监察委员会、最高人民检察院、公安部在一些我国与外国缔结或共同参加的刑事司法协助条约中被规定为我国的对外联系机关。根据请求协助的事项，司法部是主管机关时，也应将请求交由条约确定的我国的对外联系机关向外国提出。三是，根据外交途径。如果我国与被请求国没有条约的，主管机关一般交由外交部向被请求国提出请求。

相关规定

《中华人民共和国国际刑事司法协助法》第5条、第6条、第10条、第13条

第十条　向外国的刑事司法协助请求书，应当依照刑事司法协助条约的规定提出；没有条约或者条约没有规定的，可以参照本法第十三条的规定提出；被请求国有特殊要求的，在不违反中华人民共和国法律的基本原则的情况下，可以按照被请求国的特殊要求提出。

请求书及所附材料应当以中文制作，并附有被请求国官方文字的译文。

条文主旨

本条是关于向外国提出的刑事司法协助请求书应符合的相关要求和选用语言文字的规定。

立法背景

向外国提出的刑事司法协助请求书是外国审查刑事司法协助的主要文件，应当在提出方式、文本形式和内容上符合相关要求，最大化地争取外国的刑事司法协助。我国向外国请求刑事司法协助的，需要符合被请求国对请求书设置的要求，这也是尊重被请求国主权的具体体现。这些要求一般会规定在我国与外国缔结或者共同参加的刑事司法协助条约中。此外，一些国家与我国尚未缔结任何有关刑事司法协助的条约或者共同参加的条约中没有规定请求书应含有的具体内容，我国在向该类国家请求刑事司法协助时，也需要就如何恰当地提出请求书予以明确。实践中还反映，在向外国提出刑事司法协助请求的时候，有些国家会明确提出附加要求或者特殊要求，需要我国在请求书中对该类要求予以明确。甚至有时候，我国与被请求国已经缔结了刑事司法协助条约，这些附加要求或者特殊要求属于条约规定之外的内容，有的还涉及对我国具体法律规定的突破。如果不满足这些附加要求或者特殊要求，我国向外国提出的刑事司法协助请求可能会落空。如果把握不好判断这些附加要求或者特殊要求的尺度和界限，又容易破坏我国法律制度的稳定，影响我国法律的正常施行。因此，本条对在上述情况下如何最大化地实现外国接受我国提出的请求，同时兼顾我国法律制度的稳定，提供了判断标准。另外，我国的办案机关在准备刑事司法协助请求书的时候，常常对于使用哪种语言文字更为恰当存有疑问，本条对此也作了规定。

条文解读

本条分为两款。第一款是关于向外国提出的刑事司法协助请求书应符合的相关要求的规定。本款规定了以下几个方面：

1. 我国与外国有刑事司法协助条约的，向其提出的刑事司法协助请求书应当依照两国条约的规定提出。本款规定，“向外国的刑事司法协助请求书，应当依照刑事司法协助条约的规定提出”。一般情况下，提出刑事司法协助请求，需要满足被请求国的相关要求。这些要求在我国与被请求国共同缔结的刑事司法协助条约中有明确规定。比如，《中华人民共和国和波兰人民共和国关于民事和刑事司法协助的协定》第七条“司法协助请求书”规定，司法协助请求书的内容应包括：请求和被请求机关的名称，当事人的姓名、国籍、职业、住所或居所，代理人的姓名和地址，请求提供司法协助的具体案由。执行该请求所必需的其他文件和资料也须随请求书一并提供。请求书应由缔约一方的请求机关签署和盖章。再如，《中华人民共和国和大不列颠及北爱尔兰联合王国关于刑事司法协助的条约》第四条“请求的形式和内容”中规定，协助请求应当包括以下内容：（1）请求涉及的侦查、起诉或者审判程序的主管机关的名称和地址；（2）为请求目的进行的侦查、起诉或者审判程序的案由和性质；（3）请求所依据的信息摘要，包括事实概要和所适用的法律规定；（4）对所需证据或者其他请求协助事项、协助的目的及其与案件相关性的说明；（5）希望请求得以执行的期限。因此，如果我国与被请求国之间有刑事司法协助条约的，我国提出的请求书应当按照条约中明确规定的内容提出。

2. 我国与外国没有刑事司法协助条约或者条约中没有规定的，可以参照有关规定提出。本款规定，“没有条约或者条约没有规定的，可以参照本法第十三条的规定提出”。本法第十三条规定，外国向我国提出的请求书中应当包括：请求机关的名称；案件性质、涉案人员基本信息及犯罪事实；本案适用的法律规定；请求的事项和目的；请求的事项与案件之间的关联性；希望请求得以执行的期限；其他必要的信息或者附加的要求。由于我国与被请求国之间尚未缔结刑事司法协助条约或者条约中没有就刑事司法协助内容作出规定，我国向被请求国提交请求书的内容有待进一步明确。需要注意的是，本款规定的是可以参照第十三条的规定，并非完全按照第十三条规定的事项准备请求书。本法第十三条规定的内容是我国对外提出的要求，基本反映了国际上的通行做法，因此当我国与被请求国之间没有条约或者条约没有规定的时候，我国向被请求国提出请求书的内容可以参照该条适用，以获取必要的指导。

3. 被请求国有特殊要求的，在不违反中华人民共和国法律的基本原则的情况下，可以按照被请求国的特殊要求提出。实践中，不论我国与被请求国之间有无刑事司法协助条约或者条约中是否涵盖刑事司法协助请求书的相关内容，被请求国对于我国提出的请求都有可能再附加特殊要求。这里的特殊要求，可能在我国与被请求国之间签署的条约当中没有规定，还可能超出本法第十三条列举的事项内容。多数情况下，这类特殊要求是被请求国为有效执行我国提出的请求，针对请求所涉案件的具体情况，根据其国内法的规定作出的个案要求。这里的审核标准，是否违反中华人民共和国法律的基本原则。我国法律的基本原则及其精神主要体现在我国宪法和各种法律规定中的基本原则。我国一切法律活动必须遵守宪法，符合宪法的精神。因此，我国开展刑事司法协助工作必须要遵守宪法，同时还应遵守根据宪法及宪法的精神制定的包括刑法、刑事诉讼法、反恐怖主义法、反分裂国家法、国际刑事司法协助法等法律总则规定之基本原则。如果被请求国提出的特殊要求与我国法律的具体规定不一致，但并不违反我国宪法及所涉及法律总则规定的基本原则的，如“国家尊重和保障人权”“罪刑法定”等基本原则，我国有关机关可以按照被请求国的特殊要求向其提出刑事司法协助请求。

第二款是关于向外国提出的刑事司法协助请求书应

符合的语言文字要求的规定。本款规定我国向外国提出的请求书及所附材料应当以中文制作。中文是我国的官方语言文字。请求书及所附材料使用中文，表明我国向外国请求刑事司法协助是我国官方的法律活动，提出的请求书是我国正式的法律性文本。同时，我国对中文的法律文本拥有最终和最权威的解释权，有利于我国开展国际刑事司法协助工作。此外，考虑到是我国请求外国协助，还应附上被请求国官方文字的译文，以方便被请求国开展工作。一般情况下，我国与外国缔结刑事司法协助条约的，条约中会就语言文字作出要求，有时还会对语言文字出现争议的情况作出规定。根据本法第三条第三款规定，对于请求书及所附材料的语言文字在不违反中华人民共和国法律的基本原则的情况下，可以按照刑事司法协助条约规定或者双方协商办理。

相关规定

《中华人民共和国国际刑事司法协助法》第3条、第13条

第十一条 被请求国就执行刑事司法协助请求提出附加条件，不损害中华人民共和国的主权、安全和社会公共利益的，可以由外交部作出承诺。被请求国明确表示对外联系机关作出的承诺充分有效的，也可以由对外联系机关作出承诺。对于限制追诉的承诺，由最高人民检察院决定；对于量刑的承诺，由最高人民法院决定。

在对涉案人员追究刑事责任时，有关机关应当受所作出的承诺的约束。

条文主旨

本条是关于我国就请求刑事司法协助对外作出承诺的条件、负责机关以及承诺具有约束力的规定。

立法背景

实践中，外国在审核我国向其提出的刑事司法协助请求的时候，有时会夹杂政治、外交、司法等领域的其他考虑，反向对我国提出额外要求。比如，在法律层面，由于国家之间法律体系、规定和执法习惯的差异，有些国家在执行我国的请求时会遇到其本国法律的障碍。有的行为在我国应追诉数罪但一些国家仅追诉一罪，有的犯罪行为在我国最高可以判处死刑而在有些国家不适用死刑等，均成为这些国家拒绝执行我国请求的理由。这种情况下，被请求国的有关机关有可能会向我国提出关于执行刑事司法协助的附加条件，特别是对于限制追诉和量刑方面的要求。如果我国能够满足被请求国提出的附加条件，被请求国仍能执行协助。因此，我国需要对被请求国提出的附加条件予以评估，判断能否接受，同时还需要明确我国对外作出承诺的责任机关，特别是决定限制追诉承诺和量刑承诺的机关。此外，司法机关是否尊重承诺的法律效力，事关国家信誉和国际刑事司法协助工作的持续和稳定。本条对于相关承诺的法律效力也作出了规定。

条文解读

本条共分为两款。第一款是关于我国可对外作出承诺及其负责机关的规定。本款规定了三个方面的内容：

1. 被请求国就执行刑事司法协助提出附加条件，不损害中华人民共和国的主权、安全和社会公共利益的，可以由外交部作出承诺。这里的“附加条件”，一般指被请求国对申请协助的刑事诉讼如何进行提出条件，如果请求国不能满足，则拒绝协助。原因是请求国与被请求国在各自的刑事法律上存在冲突或者不一致。总体上，附加条件的内容和精神在请求国与被请求国缔结或者共同参加的条约中是有所体现的，也尚在双方平等互惠的共识之下。但有些时候，所提的“附加条件”可能超越本法第六十九条规定的我国与其缔结或者共同参加条约中所列的条件和要求，或者是超越了我国与被请求国之间基于平等互惠原则所达成的共识。被请求国提出附加条件的时间，既可能发生在我国向其提出请求的时候，也可能发生在被请求国执行我国请求的进程中。因此，我国如何回应该类附加条件，直接影响被请求国的最终决定。本款规定，我国判断能否对被请求国提出的附加条件作出承诺，以是否会损害中华人民共和国的主权、安全和社会公共利益为标准。如有的国家质疑我国依照反恐怖主义法认定的恐怖组织和个人，要求为其正名，提出不予以起诉或者判决不构成犯罪的附加条件的，就明显违反了我国的主权、安全和社会公共利益，应予以明确拒绝。而在有些情况下，如基于法律体系和法律规定的不同，被请求国提出在刑事诉讼上的额外要求，在不违反我国的主权、安全和社会公共利益的情况下，作出承诺后仍然利大于弊的，就可以作出承诺。根据本款的规定，作出该类承诺的单位为我国的外交部。外交部主管外事工作，对外代表国家。由外交部代表国家作出承诺也是国际惯例。根据本法第五条规定，外交部是我国的对外联系机关之一。对于在我国请求外国刑事司法协助，被请求国提出附加条件的情况下，外交部是法律规定的对外承诺机关。需要注意的是，外交部是承担对外承诺任务的工作机关，而非决定机关。我国在评判被请求国提出的附加条件时，能否作出承诺，应根据附加条件所涉的相关机关共同判断并作出决定，由外交部对外作出承诺。

2. 被请求国明确表示对外联系机关作出的承诺充分有效的，也可以由对外联系机关作出承诺。如果被请求国认可我国司法部等对外联络机关作出的承诺充分有效，则对外联络机关的承诺就可以视为我国作出的承诺。还应注意的是，被请求国向我国数个对外联络机关提出相同的附加条件或者提出不同的附加条件的，我国应统一由一个对外联络机关负责承诺。

3. 对于限制追诉的承诺，由最高人民检察院决定；对于量刑的承诺，由最高人民法院决定。限制追诉的承诺是指承诺对行为人涉嫌触犯的部分或者全部罪名不得再进行调查、侦查，也不得向法院移送起诉。量刑承诺是指审判机关对于行为人触犯的罪行应依照法律规定在承诺的量刑范围内判处刑罚。本款对于限制追诉的承诺和量刑承诺规定了不同的决定机关，主要是依据最高人民检察院和最高人民法院所具有的不同职权。上述两个机关均为我国开展刑事司法协助的主管机关，同时根据刑事诉讼法的规定分别负责刑事案件的公诉和审理工作，因此作为特定的承诺机关专门回应被请求国提出的关于限制追诉以及量刑的附加条件，符合我国的法律规定和司法习惯。

第二款是关于我国的有关机关应受作出承诺的约束的规定。对于我国作出的承诺，有关机关在对涉案人员追究刑事责任的时候，应当受所作出的承诺的约束。这里有两层意思，一是向被请求国证明我国作出的承诺具有法律效力。承诺是否真实有效，会影响被请求国对我国请求的判断与执行。通过本法规定，一旦我国作出承诺，在对涉案人员追究刑事责任的时候，有关机关受承诺约束，可以消除被请求国担心的“口惠而实不至”的情况。二是要求我国有关机关切实受我国作出承诺的约束。我国作出的承诺可能会在某种程度上与我国现行法律的规定不一致，在实体或程序上不同于寻常。有关机关在对涉案人员追究刑事责任的时候，应当接受承诺，而不能以与现行法律冲突为由拒绝。实践中，外方可能会在刑事诉讼程序、犯罪行为是否追诉、量刑上能否适用死刑、无期徒刑等方面提出附加要求，我国相关机关一旦作出依照本法有效的对外承诺的，承诺内容中涉及的执法司法机关应当遵守。

相关规定

《中华人民共和国引渡法》第50条

第十二条　对外联系机关收到外国的有关通知或者执行结果后，应当及时转交或者转告有关主管机关。

外国就其提供刑事司法协助的案件要求通报诉讼结果的，对外联系机关转交有关主管机关办理。

条文主旨

本条是关于对外联系机关应将外国有关通知、结果或要求转交、转告主管机关的规定。

立法背景

我国在向外国请求刑事司法协助的过程中，会与外国有关部门进行高频率的接洽。我国的对外联系机关负责与外国进行联系和沟通，对于向外国请求的具体工作由我国的主管机关负责。对外联系机关需要及时将外国的反馈转至主管机关，以便于继续或者接续向外国请求刑事司法协助工作。本条对我国向外国提出刑事司法协助请求时，对外联系机关就外国提出的哪些内容应当及时向主管机关转达作出了规定。

条文解读

本条共分为两款。第一款是关于对外联系机关应当将外国的通知和执行结果转交或者转告有关主管机关的规定。这里的对外联系机关是本法第五条规定的负责对外联系的国家机关，主要是司法部、外交部等单位。我国向外国请求刑事司法协助，由对外联系机关负责联系。外国也会通过我国的对外联系机关反馈情况，包括相关通知或者执行结果。这里的“通知”，可能涉及刑事司法协助工作各个阶段的各项任务，包括外国对我国提出刑事司法协助请求的审查情况；执行我国相关请求的阶段性进展；要求我国补充有关材料；向我国提出附加条件；为安排证人赴我国作证或者通过视频、音频作证确定时间、地点、方式、人员、费用等事宜；要求返还其向我国提供的证据材料或者物品；就协助没收、返还违法所得及其他涉案财物提出分享等。这里的“执行结果”，为执行我国提出的刑事司法协助申请的结果，包括已送达传票、通知书、起诉书、判决书和其他司法文书的情况；开展调查取证的情况；查封、扣押、冻结涉案财物的情况；向我国返还犯罪人违法所得及其他涉案财物等。对外联系机关应当将外国的有关通知和执行结果及时转交或者转告有关主管机关。主管机关在收到相关通知、执行结果后还需要及时转送、转告有关办案机关，或者对办案机关作出指导、进行工作部署和安排。对可能影响外国审查、协助、执行我国请求的情况，主管机关应及时开展工作，汇总并收集办案机关提供的相关情况，通过对外联系机关与外国沟通。对外联系机关收到外国关于执行我国请求的相关结果的，也应及时转交或者转告有关主管机关，以便于刑事诉讼工作的进行。

第二款是关于对外联系机关应及时将外国要求通报

诉讼结果的情况转交有关主管机关办理的规定。实践中，外国可能会就其执行我国提出的刑事司法协助请求，要求我国通报相关案件的诉讼结果。这里有以下三种情况：一是，外国根据与我国缔结的相关条约的规定，了解由其执行的涉及我国提出请求案件的诉讼结果。二是，外国附条件地执行我国提出的刑事司法协助请求，以通报诉讼结果的方式了解我国履行相关承诺的情况。比如，在执行我国的请求前，外国要求我国有关机关对量刑或者限制追诉作出相应承诺，事后要求我国通报相关案件的诉讼结果。三是，除上述两种情况以外，外国主动了解由其执行的其他涉及我国提出请求案件的诉讼结果。本款规定，对外联系机关收到外国要求通报诉讼结果的，应及时将相关情况转交主管机关办理。这里主管机关办理分为几种情况：一是根据我国与外国缔结的刑事司法协助条约的规定，应当就刑事司法协助的案件的诉讼结果通报被请求国。主管机关在收到对外联系机关转交的材料后应及时提供相关案件的诉讼结果。二是我国对外国作出承诺的，当外国要求通报诉讼结果的时候，我国的主管机关应当将履行承诺的情况予以反馈。三是当我国与外国没有缔结刑事司法协助条约或者条约没有就相关情况作出规定，刑事司法协助工作是基于平等互惠原则开展的，主管机关在办理外国主动了解相关案件诉讼结果的情况时，应根据我国与外国平等互惠的协商情况，作出是否提供的决定。

相关规定

《中华人民共和国国际刑事司法协助法》第5条

第二节　向中华人民共和国请求刑事司法协助

第十三条　外国向中华人民共和国提出刑事司法协助请求的，应当依照刑事司法协助条约的规定提出请求书。没有条约或者条约没有规定的，应当在请求书中载明下列事项并附相关材料：

（一）请求机关的名称；

（二）案件性质、涉案人员基本信息及犯罪事实；

（三）本案适用的法律规定；

（四）请求的事项和目的；

（五）请求的事项与案件之间的关联性；

（六）希望请求得以执行的期限；

（七）其他必要的信息或者附加的要求。

在没有刑事司法协助条约的情况下，请求国应当作出互惠的承诺。

请求书及所附材料应当附有中文译文。

条文主旨

本条是关于外国向我国提出刑事司法协助的请求书需要满足的条件的规定。

立法背景

外国向我国提出刑事司法协助请求的时候，应按照相关规定递交请求书。实践中，外国与我国缔结刑事司法协助条约的，一般会在条约中就请求书的具体内容作出明确规定。也有一些情况下，我国与外国缔结的刑事司法协助条约中未就请求书的具体要求作出规定。此时，就需要明确请求书中应载有的事项和内容，以便于我国进行刑事司法协助工作。同时，考虑到仍有不少国家与我国尚未缔结刑事司法协助条约，但也会向我国请求协助。本条对上述几种情况下外国向我国提出的请求书应载明的相关内容和应满足的条件作了规定，同时对向我国提出的请求书的语言文字方面的要求作出了规定。

条文解读

本条共分三款。第一款是关于外国向我国提出刑事司法协助请求书的基本要求。本款规定，外国向我国提出刑事司法协助请求的，应当依照刑事司法协助条约的规定提出请求书。我国与外国缔结的刑事司法协助条约中，一般会就请求书应载有的事项和内容作出规定。如《中华人民共和国政府和意大利共和国政府关于刑事司法协助的条约》中第四条“请求的形式和内容”规定，请求应包括以下内容：（1）请求所涉及刑事诉讼程序的主管机关的名称；（2）请求所涉及犯罪的性质的说明和事实的描述以及可适用的法律规定；（3）对于请求提供的协助事项的说明。在必要和可能的范围内，请求还应当包括以下内容：（1）关于被取证人员的身份和居住地的信息；（2）关于受送达人的身份、居住地以及该人在诉讼中的身份的信息；（3）关于需查找或者辨别的人员的身份及下落的信息；（4）关于需勘验或者检查的场所或者物品的说明；（5）希望在执行请求时遵循的特别程序及理由的说明；（6）关于搜查的地点和查询、冻结、扣押的财物的说明；（7）保密需要及其理由的说明；（8）关于被邀请前往请求方境内的证人或者鉴定人有权得到的津贴和费用的说明；（9）有助于执行请求的其他信息。当意大利向我国提出相关刑事司法协助请求时，请求书中的内容就应当根据我国与意大利缔结的条约中规定的要求准备。同时还需要注意的是，我国对不同国家缔结的条约中规定的协助项目可能存在差异；开展同样的协助项目，我国对不同国家的要求可能也不同。因此，外国作为请求国向我国提出请求时，应严格依照与我国缔结的条约中相关协助项目的要求，在请求书中载明相应的信息、辅助说明等材料。

本款规定，如果我国与外国缔结的刑事司法协助条约中没有对请求书的要求作出规定或者我国与外国尚未缔结相关条约的，应在请求书中载明下列事项并附相关材料，具体包括：（1）请求机关的名称；（2）案件性质、涉案人员基本信息及犯罪事实；（3）本案适用的法律规定；（4）请求的事项和目的；（5）请求的事项与案件之间的关联性；（6）希望请求得以执行的期限；（7）其他必要的信息或者附加的要求。这里有四层意思：一是，符合特定条件的情况下，外国向我国提出的请求书应当涵盖上述事项。这里的条件是指我国与外国的条约中没有就请求书的要求作出规定或者我国与外国尚未缔结相关条约。在这种情形下，外国向我国提出的请求书如果缺少上述事项的，属于形式上不符合请求书的基本要素，内容上不符合请求书的应有内容，将会影响请求国提出相关请求的结果。二是，上述事项为外国向我国请求刑事司法协助的请求书的必有项。请求书中包含的关于请求机关、案件性质、涉案人员的信息及犯罪事实等本条中规定的要素，构成了我国认可的较为完整的刑事司法协助的请求材料。因此，向我国提出的请求书中必须具有上述内容。在这些事项中，本款第七项还规定了“其他必要的信息或者附加的要求”作为兜底条款。考虑到具体事项的请求，如文书送达、调查取证、安排证人作证、协助调查，以及查封、扣押、冻结涉案财物等在本法中分别规定了不同的具体要求，向我国提出的请求书中应根据协助内容的具体要求提供完整的有关材料和信息。外国向我国提出附加要求的，也应通过请求书的形式按照请求书的格式和要求提出。三是，上述事项是外国向我国递交刑事司法协助请求书中需要被审查的内容。我国的对外联系机关负责对请求书进行初步审查。如果请求书中的内容明显损害中华人民共和国的主权、安全和社会公共利益的，我国对外联系机关可以直接拒绝协助。如果请求书的形式和内容不符合要求，不利于我国的主管机关对请求进行全面审查并作出判断的，我国对外联系机关可以要求请求国补充材料或者重新提出请求。经过对外联系机关的初步审核，我国的主管机关还可以通过上述事项对请求进行全面的实质性审查，判断能否接受相关请求。根据本法第十四条的规定，具有下列情形的，我国可以拒绝提供协助：根据我国法律，外国向我国提出的刑事司法协助请求针对的行为不构成犯罪的；在收到请求时，在我国境内对于请求针对的犯罪正在进行调查、侦查、起诉、审判，已经作出生效判决，终止刑事诉讼程序，或者犯罪已过追诉时效期限的；请求针对的犯罪属于政治犯罪的；请求针对的犯罪纯属军事犯罪的；请求的目的是基于种族、民族、宗教、国籍、性别、政治见解或者身份等方面的原因而进行调查、侦查、起诉、审判、执行刑罚，或者当事人可能由于上述原因受到不公正待遇的；请求的事项与请求协助的案件之间缺乏实质性联系的；具有其他可以拒绝的情形。

审查的内容就是请求书中载明的情况。此外，经过审查，如果我国对执行请求有保密要求或者有其他附加条件的，也可以通过对外联系机关向外国提出，在外国接受条件并且作出书面保证后，决定附条件执行。根据本法的规定认为可以协助执行的，我国的主管机关作出协助执行的决定并安排有关办案机关执行。四是，上述事项为外国向我国递交刑事司法协助请求书的实质性内容。根据请求书中提供的事项，我国的对外联系机关可以确定请求涉及的我国的主管机关。对于符合本法规定的请求，由主管机关安排有关办案机关具体执行。

第二款是关于请求国应当作出互惠承诺的规定。本款规定，如果我国与请求国没有刑事司法协助条约，请求国向我国提出刑事司法协助请求的时候，应当作出互惠的承诺。适用本款的条件是我国与请求国没有刑事司法协助条约，而请求国向我国提出刑事司法协助请求。这里的互惠承诺既包括承诺当我国向其提出刑事司法协助请求时应向我国提供协助，也包括该国承诺以其他某种方式向我国提供某种外交或司法上的协助。一般而言，如果请求国无法作出互惠承诺，我国将拒绝予以协助。

第三款是关于请求书及所附材料的语言文字要求的

规定。本款规定，外国向我国提出刑事司法协助请求的，应当附有中文译文，以便于我国有关机关对相关请求开展审查、提出要求、执行请求等刑事司法协助工作。此外，本法第三条第三款规定，对于请求书及所附材料的语言文字，在不违反中华人民共和国法律的基本原则的情况下，可以按照刑事司法协助条约规定或者双方协商办理。

相关规定

《中华人民共和国国际刑事司法协助法》第3条、第14条

第十四条　外国向中华人民共和国提出的刑事司法协助请求，有下列情形之一的，可以拒绝提供协助：

（一）根据中华人民共和国法律，请求针对的行为不构成犯罪；

（二）在收到请求时，在中华人民共和国境内对于请求针对的犯罪正在进行调查、侦查、起诉、审判，已经作出生效判决，终止刑事诉讼程序，或者犯罪已过追诉时效期限；

（三）请求针对的犯罪属于政治犯罪；

（四）请求针对的犯罪纯属军事犯罪；

（五）请求的目的是基于种族、民族、宗教、国籍、性别、政治见解或者身份等方面的原因而进行调查、侦查、起诉、审判、执行刑罚，或者当事人可能由于上述原因受到不公正待遇；

（六）请求的事项与请求协助的案件之间缺乏实质性联系；

（七）其他可以拒绝的情形。

条文主旨

本条是关于拒绝提供刑事司法协助情形的规定。

立法背景

刑事司法协助是国家间在刑事案件调查、侦查、起诉、审判和执行等活动中相互提供协助，包括送达文书，调查取证，安排证人作证或者协助调查，查封、扣押、冻结涉案财物，没收、返还违法所得及其他涉案财物，移管被判刑人等协助。这种协助既有利于打击跨国犯罪和潜逃境外的犯罪，也有利于充分尊重对方的司法制度。

随着全球化的发展，各国之间的刑事司法合作越来越广泛，为了保障我国在与有关国家进行刑事司法协助时，体现我国的国家主权原则，保证国家的主权、安全和社会公共利益，并体现人道主义原则，法律明确规定了在外国向我国提出刑事司法协助请求时可以拒绝提供协助的情形。这也是国际刑事司法协助的一项普遍原则，在《联合国打击跨国有组织犯罪公约》等国际公约以及各国相互缔结的双方及多边刑事司法协助条约中均有规定。

2017 年 12 月全国人大外事委员会提请全国人大常委会审议的《国际刑事司法协助法（草案)》对拒绝提供协助作了规定，并分别规定了“应当拒绝提供协助”的情形和“可以拒绝提供协助”的情形。在全国人大常委会审议过程中，有的常委委员提出，“应当”拒绝提供协助和“可以”拒绝提供协助差别不大，“应当”拒绝提供协助的情形中有的可以纳入“可以”拒绝提供协助的范畴，建议将两条合并规定为“可以”拒绝提供协助的情形。有的部门和社会公众提出，刑事司法协助事项，特别是其中的文书送达和调查取证等，主要以确保司法公正、保障当事人的辩护权、知情权等诉讼权利为目的。在有的情况下，即使不符合双重犯罪原则或者诉讼所针对的是政治犯罪，被请求方也可以保留对某些司法协助事项是否予以执行的裁量权。我国缔结或者参加的国际条约多数将拒绝协助规定为任择性的，建议将“应当拒绝提供协助”改为“可以拒绝提供协助”，以保留更大的裁量权。宪法和法律委员会经研究，赞成将两条合并，明确规定七种情形“可以拒绝提供协助”。这样规定，既体现了我国的法律精神，也具有一定的灵活性，同时也符合国际惯例。

条文解读

根据本条规定，外国向中华人民共和国提出的刑事司法协助请求，具有本条规定的七种情形之一的，可以拒绝提供协助。这里的“可以拒绝提供协助”，是指当外国向中华人民共和国提出刑事司法协助请求时，我国的有关部门可以根据我国法律、平等互惠原则、双方缔结的刑事司法协助条约及其他有关情况决定是否拒绝协助。本条规定可以拒绝提供协助包括以下七种情形：

一是，根据中华人民共和国法律，请求针对的行为属不构成犯罪的情形，可以拒绝提供协助。这一规定主要体现了对司法主权的尊重和对被请求人的权利的保护。

对于依照我国法律，被请求人的行为属于不构成犯罪的情形，如果仍然为请求国提供协助，显然是不合适的，也是对被请求人利益的侵害。在实践中，有关部门需要认真审查依照我国法律是否构成犯罪，如果不构成犯罪，可以拒绝提供协助。当然这是选择性的，不是必须严格遵守的刚性原则。这是因为在刑事司法协助中，像文书送达、调查取证等这些司法协助活动具有明显的服务性和中立性，它们有着保护有关当事人包括犯罪嫌疑人或被告人的合法权益的目的和作用，甚至能够使他们避免陷入请求国的追诉，或者使他们有机会证明自己的清白等。对此，我国与有关国家缔结的刑事司法协助条约也有类似规定，如《中华人民共和国政府和美利坚合众国政府关于刑事司法协助的协定》第三条第一款一项规定，当请求涉及的行为根据被请求方境内的法律不构成犯罪时，被请求方可以拒绝提供协助，“但双方可以商定，就某一特定犯罪或特定领域的犯罪提供协助，不论该行为是否根据双方境内的法律均构成犯罪”。

二是，在收到请求时，在中华人民共和国境内对于请求针对的犯罪正在进行调查、侦查、起诉、审判，已经作出生效判决，终止刑事诉讼程序，或者犯罪已过追诉时效期限，可以拒绝提供协助。这一规定也体现了对司法主权的尊重和对被请求人的权利的保护。这里所说的“调查”，是指根据监察法的规定，调查公职人员涉嫌职务违法和职务犯罪，这是监察委员会的一项经常性工作，它是监察委员会开展廉政建设和反腐败工作，维护宪法和法律尊严的一项重要措施。“侦查”，是指侦查机关对于刑事案件，依照法律进行的收集证据、查明案情的工作和采取的有关强制性措施的刑事诉讼活动。“起诉”，是指人民检察院对侦查机关侦查终结，移送审查起诉的案件，经全面审查，对事实清楚，证据确实、充分，依法应当处以刑罚的，提交人民法院进行审判的刑事诉讼活动。“审判”，是指人民法院依照法定程序对于人民检察院提起公诉的案件或者自诉人自诉的案件进行审理并判决的一项刑事诉讼活动。“已经作出生效判决”，是指根据刑事诉讼法第二百五十九条的规定，由人民法院作出的，已经发生法律效力的判决和裁定，包括已过法定期限没有上诉、抗诉的判决和裁定，终审的判决和裁定，最高人民法院核准的死刑的判决和高级人民法院核准的死刑缓期二年执行的判决。“终止刑事诉讼程序”，是指刑事诉讼程序的终结，对于根据我国刑事诉讼法第十六条规定不追究刑事责任的情形，已经追究的，应当作出撤销案件、不起诉、终止审理、宣告无罪等决定。“犯罪已过追诉时效期限”，是指根据我国刑法第八十七条至第八十九条的规定，被请求人所犯罪行已经超过了追究其刑事责任的期限，如法定最高刑为不满五年有期徒刑的经过五年；法定最高刑为五年以上不满十年有期徒刑的经过十年；法定最高刑为十年以上有期徒刑的经过十五年；法定最高刑为无期徒刑、死刑的经过二十年。我国有关部门在收到请求时，被请求人存在上述情形之一的，可以拒绝提供协助。对此，我国与有关国家缔结的刑事司法协助条约也有类似规定，如《中华人民共和国和澳大利亚关于刑事司法协助的条约》第四条第二款第二项规定“提供协助会损害被请求方的侦查、起诉或者诉讼”，可以拒绝提供协助。《中华人民共和国和大不列颠及北爱尔兰联合王国关于刑事司法协助的条约》第三条第一款第五项规定，“被请求方正在对请求所涉及的同一犯罪嫌疑人或者被告人就同一犯罪进行刑事诉讼，或者已经终止刑事诉讼，或者已经作出生效判决”，可以拒绝提供协助。

三是，请求针对的犯罪属于政治犯罪，可以拒绝提供协助。所谓“政治犯罪”主要是指依照我国法律或者请求国法律，协助请求所指的犯罪具有政治性质的犯罪，这是引渡和刑事司法协助的一个特有概念，是一个法律上的概念。当今世界上绝大多数国家的引渡法和刑事司法协助法以及签署的双边、多边引渡和刑事司法协助条约都规定了“政治犯罪不引渡”“政治犯罪拒绝提供刑事司法协助”的原则。各国广泛采用政治犯罪拒绝提供刑事司法协助原则的主要理由是，一方面，各国愿意在打击普通刑事犯罪方面开展刑事司法合作；另一方面，各国由于社会制度和意识形态不同，对于涉及他国的政治性质的犯罪，一般不愿提供刑事司法协助。从各国实践看，即使是社会制度和意识形态基本相同的国家，出于国家利益和外交关系方面的考虑，一般也遵守“政治犯罪拒绝提供刑事司法协助”的原则。当然对于恐怖主义犯罪或者共同参加的国际公约不认为是政治犯罪的，不应当视为政治犯罪。1987 年我国与波兰缔结第一个含有刑事司法协助内容的双边条约，第一次将政治犯罪列为拒绝协助的理由，该条约第二十四条第一项规定，“如果被请求的缔约一方认为该项请求涉及的犯罪具有政治性质”，被请求的缔约一方可拒绝提供刑事司法协助。《中华人民共和国和大不列颠及北爱尔兰联合王国关于刑事司法协助的条约》第三条第一款第二项规定，“被请求方认为请求涉及的犯罪是政治犯罪”可以拒绝提供协助，“但恐怖主义犯罪和双方均为缔约国的国际公约不认为是政治犯罪的除外”。

四是，请求针对的犯罪纯属军事犯罪，可以拒绝提供协助。“纯属军事犯罪”，主要是指依照我国法律或者请求国法律，协助请求所指的犯罪仅构成军事性质的犯罪，而不构成其他犯罪，如我国刑法第十章军人违反职责罪规定的相关罪名，属于纯军事犯罪。“军事犯罪不引渡”“军事犯罪拒绝提供刑事司法协助”也属于国际上的通行做法。国际刑事司法协助将军事犯罪排除在外，主要是因为军事犯罪不是普通犯罪，它违反的是某一国家法律规定的军事义务，侵犯的只是该国的军事利益，这种利益具有鲜明的政治性，如果在这种仅涉及侵犯一国军事利益的犯罪方面进行司法合作，无异于是一种军事上的合作，远远超出了刑事司法协助的范畴。1987 年我国与波兰缔结第一个含有刑事司法协助内容的双边条约，将军事犯罪列为拒绝协助的理由，该条约第二十四条第一项规定，如果被请求的缔约一方认为该项请求涉及的犯罪为军事犯罪，被请求的缔约一方可拒绝提供刑事司法协助。

五是，请求的目的是基于种族、民族、宗教、国籍、性别、政治见解或者身份等方面的原因而进行调查、侦查、起诉、审判、执行刑罚，或者当事人可能由于上述原因受到不公正待遇，可以拒绝提供协助。这一规定也是国际上普遍接受的一项刑事司法协助原则，是针对犯有普通罪行的人的一项人权保护制度，目的是防止被指控或者被判决有普通罪行的人在请求国受到迫害或者不公正的待遇。这是针对任何犯罪的调查、侦查、起诉、审判、执行刑罚等，如被请求人因为故意伤害罪被请求刑事司法协助，但由于被请求人的种族或者政治见解等原因，被请求人在司法程序中可能会受到不公正待遇的，可以拒绝提供刑事司法协助。对此，我国与有关国家缔结的刑事司法协助条约也有类似规定，《中华人民共和国政府和意大利共和国政府关于刑事司法协助的条约》第三条第一款第四项规定，“被请求方有充分理由认为，请求的目的是基于某人的种族、性别、宗教、国籍或者政治见解而对该人进行侦查、起诉、处罚或者其他诉讼程序，或者该人的地位可能由于上述任何原因受到损害”，可以拒绝提供协助。

六是，请求的事项与请求协助的案件之间缺乏实质性联系，可以拒绝提供协助。刑事司法协助请求应当是明确的，有特定范围限定和有具体要求的，如果请求方提出的协助请求笼统甚至漫无边际，如笼统要求“调取与本案有关的所有证据材料”“查清并扣押被告人在当地的所有财产”等，这种笼统的司法协助请求使被请求方在执行协助时无从下手，加重被请求方的执行负担，同时也不利于对当事人合法权益的保护。在这种情况下，被请求方可以认为有关请求的事项与请求协助的案件之间缺乏实质性联系，以此为由可以拒绝提供协助。如《中华人民共和国和大不列颠及北爱尔兰联合王国关于刑事司法协助的条约》第三条第一款第六项规定，“被请求方认为请求提供的协助与案件缺乏实质联系”，可以拒绝提供协助。

七是，其他可以拒绝的情形。这项规定是一个兜底条款，主要考虑司法实践中各类刑事司法协助的情况较为复杂，有些确实不宜提供协助的情形，又难以在法律中一一列举，在此作原则性规定，可以由有关部门根据具体情况掌握。此外，条约中也有规定可以拒绝的其他情形，也属于本项的兜底情形。

相关规定

《中华人民共和国引渡法》第8－9条；《中华人民共和国刑法》第87－89条；《中华人民共和国刑事诉讼法》第16条、第259条；《中华人民共和国政府和美利坚合众国政府关于刑事司法协助的协定》第3条；《中华人民共和国和波兰人民共和国关于民事和刑事司法协助的协定》第24条；《中华人民共和国和大不列颠及北爱尔兰联合王国关于刑事司法协助的条约》第3条；《中华人民共和国和澳大利亚关于刑事司法协助的条约》第4条；《中华人民共和国政府和意大利共和国政府关于刑事司法协助的条约》第3条

第十五条 对外联系机关收到外国提出的刑事司法协助请求，应当对请求书及所附材料进行审查。对于请求书形式和内容符合要求的，应当按照职责分工，将请求书及所附材料转交有关主管机关处理；对于请求书形式和内容不符合要求的，可以要求请求国补充材料或者重新提出请求。

对于刑事司法协助请求明显损害中华人民共和

国的主权、安全和社会公共利益的，对外联系机关可以直接拒绝协助。

条文主旨

本条是关于对外联系机关对刑事司法协助请求进行初步审查和处理的规定。

立法背景

刑事司法协助的程序包括请求的提出、接收和处理。请求国将请求书送至被请求国后，被请求国都会按照本国法律、缔结的条约、共同参加的国际公约，或者根据互惠关系，对请求书所载的内容进行审查，并决定是否提供协助。实践中，审查一般包括两个方面：一是初步审查。审查请求是否按照法律、条约的要求向有关对外联系机关提出，请求书是否载明所需事项并附相关材料，请求国是否办理了必要的手续等。二是实质审查。审查请求事项是否损害被请求国主权、安全、国家利益，是否违反本国现行的法律制度，是否符合国际公约和双边条约，是否属于需要拒绝提供协助的情形，协助事项的可行性、可操作性等。对外联系机关负责接收并最先见到请求书，有收发室的作用，及时进行初步审查，尽早发现和避免错误和疏漏，可以保证后续工作顺利进行。据此，本法规定由司法部等对外联系机关对刑事司法协助请求进行初步审查，审查后作出处理。在刑事司法协助过程中，请求协助国和被请求协助国，只有在双方互相尊重对方的主权，尊重对方的司法制度的情况下进行国际司法合作，协助才能有可能顺利有效实施。因此，考虑到有的国家提出的刑事司法协助请求，可能出现明显损害我国的主权、安全和社会公共利益的情况，法律也明确赋予了对外联系机关直接予以拒绝的权力。

条文解读

本条共分两款。第一款是关于对外联系机关对刑事司法协助请求进行初步的形式审查和处理的规定。

本款主要规定以下几个方面的内容：第一，对外联系机关收到外国提出的刑事司法协助请求，应当对请求书及所附材料进行审查。司法部等对外联系机关在收到外国提出的刑事司法协助请求后所进行的审查主要是初步审查，即审查刑事司法协助请求是否符合国际刑事司法协助法和刑事司法协助条约有关要求。对外联系机关对刑事司法协助请求的审查，包括两个方面：一方面，审查请求书载明的事项是否齐全，是否提供了必要的法律文书、被请求人的身份材料及犯罪证据材料，是否作出必要的保证和承诺，请求书或者有关文件是否有主管机关签署或者盖章，是否附有中文译文等事项；另一方面，我国与请求国缔结有刑事司法协助条约的，还应当审查刑事司法协助请求书及所附材料是否符合条约的有关规定。这里所说的“请求书及所附材料是否符合有关规定”是指是否符合本法第十三条和其他条文中的有关规定及双方缔结的刑事司法协助条约中的有关规定。本法第十三条规定：“外国向中华人民共和国提出刑事司法协助请求的，应当依照刑事司法协助条约的规定提出请求书。没有条约或者条约没有规定的，应当在请求书中载明下列事项并附相关材料：（一）请求机关的名称；（二）案件性质、涉案人员基本信息及犯罪事实；（三）本案适用的法律规定；（四）请求的事项和目的；（五）请求的事项与案件之间的关联性；（六）希望请求得以执行的期限；（七）其他必要的信息或者附加的要求。在没有刑事司法协助条约的情况下，请求国应当作出互惠的承诺。请求书及所附材料应当附有中文译文。”同时，对于不同的协助事项，本法对请求书内容还有一些专门性的要求，对外联系机关也需要根据不同事项的要求予以审查。

第二，对于请求书形式和内容符合要求的，应当按照职责分工，将请求书及所附材料转交有关主管机关处理。这里所说的“按照职责分工”，根据本法第六条规定，国家监察委员会、最高人民法院、最高人民检察院、公安部、国家安全部等部门是开展国际刑事司法协助的主管机关，按照职责分工，审查处理对外联系机关转递的外国提出的刑事司法协助请求；在移管被判刑人案件中，司法部承担相应的主管机关职责。上述部门对于案件的具体职责分工是根据我国监察法、刑事诉讼法、反间谍法等有关法律对于案件管辖等的规定确定的。实践中，司法部等对外联系机关对于请求书形式和内容符合要求的，应当按照我国有关法律的规定，将请求书转交有关主管机关处理，在转交请求书时，还要将所附材料一并转交给有关主管机关。

第三，对于请求书形式和内容不符合要求的，可以要求请求国补充材料或者重新提出请求。实践中请求书形式和内容不符合要求的情况主要有：请求书未载明本法规定应当载明的事项；请求国未按规定提供足够的犯罪证据材料以及有关被请求人的身份材料；请求书未经请求国的主管机关正式签署或者盖章；请求书没有中文译本；请求国未作出必要保证或者承诺等。对于请求书形式和一般内容不符合要求的，司法部等对外联系机关可以要求请求国提供相应的补充材料；对于请求书主要内容不符合要求的，一般应当要求请求国根据要求重新再提出请求。

第二款是关于对外联系机关可以直接拒绝协助的规定。

根据本款规定，对于刑事司法协助请求明显损害中华人民共和国的主权、安全和社会公共利益的，对外联系机关可以直接拒绝协助。本款规定赋予了司法部等对外联系机关直接拒绝的权力。作为一个主权国家，在刑事司法协助工作中必须维护本国的安全、国家利益和社会公共利益。从刑事司法协助的实践情况看，刑事司法协助不是纯粹的法律问题，不是仅仅由法律规定决定的，往往涉及国家之间的政治、外交等关系，受各种复杂因素的影响。因此，我们在对外开展刑事司法协助合作时，应当与国家的整体利益和外交政策保持一致，服从国家的政治和外交需要，维护国家的主权和安全，维护社会公共利益，对于请求国提出的刑事司法协助请求明显损害我国的主权、安全和社会公共利益的，司法部等对外联系机关应当直接拒绝提供协助。

实践中需要注意的是，主管机关负责对是否符合协助条件进行审查时，也需要适用本法第四条第二款的规定。实践中，对外联系机关如果发现请求国提出的协助请求明显损害我国的主权、安全和社会公益的，可以直接拒绝提供协助；如果未发现上述情形，也不妨碍主管机关以损害我国的主权、安全和社会公益为由拒绝提供协助。

相关规定

《中华人民共和国国际刑事司法协助法》第6条、第13条；《中华人民共和国政府和法兰西共和国政府关于刑事司法协助的协定》第3条

第十六条　主管机关收到对外联系机关转交的刑事司法协助请求书及所附材料后，应当进行审查，并分别作出以下处理：

（一）根据本法和刑事司法协助条约的规定认为可以协助执行的，作出决定并安排有关办案机关执行；

（二）根据本法第四条、第十四条或者刑事司法协助条约的规定，认为应当全部或者部分拒绝协助的，将请求书及所附材料退回对外联系机关并说明理由；

（三）对执行请求有保密要求或者有其他附加条件的，通过对外联系机关向外国提出，在外国接受条件并且作出书面保证后，决定附条件执行；

（四）需要补充材料的，书面通知对外联系机关要求请求国在合理期限内提供。

执行请求可能妨碍中华人民共和国有关机关正在进行的调查、侦查、起诉、审判或者执行的，主管机关可以决定推迟协助，并将推迟协助的决定和理由书面通知对外联系机关。

外国对执行其请求有保密要求或者特殊程序要求的，在不违反中华人民共和国法律的基本原则的情况下，主管机关可以按照其要求安排执行。

条文主旨

本条是关于主管机关对刑事司法协助请求进行实质审查和处理的规定。

立法背景

本法对刑事司法协助请求的审查规定了初步审查和实质审查。第十五条规定了对外联系机关对外国提出的刑事司法协助请求进行初步审查。本条规定了由主管机关对外国提出的刑事司法协助请求进行实质审查。这样规定主要是考虑到国家监察委员会、最高人民法院、最高人民检察院、公安部、国家安全部、司法部等主管机关，根据我国的有关法律的规定，分别承担对案件的调查、侦查、起诉、审判、执行等不同职能，了解和熟悉情况，对外国提出的刑事司法协助请求进行实质审查更加有针对性，也能够及时有效提出是否批准执行或者拒绝提供协助。同时，批准执行后还能够及时安排有关的办案机关执行。

《联合国打击跨国有组织犯罪公约》第十八条第二十五款和《联合国反腐败公约》第四十六条第二十五款都

规定："被请求缔约国可以司法协助妨碍正在进行的侦查、起诉或审判为由而暂缓进行。"我国与许多国家缔结的刑事司法协助条约对此也有规定。为此，2017 年 12 月全国人大外事委员会提请全国人大常委会审议的《国际刑事司法协助法（草案)》对推迟协助也作了规定，草案一次审议稿第十七条第四款规定，主管机关认为执行外国请求将会妨碍中华人民共和国司法机关正在进行的侦查、起诉或者审判活动，可以决定推迟协助，并将推迟协助的决定和理由书面通知对外联系机关。草案二次审议稿第十六条第二款规定，执行请求可能妨碍中华人民共和国正在进行的调查、侦查、起诉或者审判的，主管机关可以决定推迟协助。在常委会审议过程中，有的常委委员提出，实践中，如果执行外国提出的请求有可能妨碍我国正在进行的执行活动，也应当推迟协助，建议明确，对可能妨碍正在进行的执行活动的，可以决定推迟协助。宪法和法律委员会经研究，建议采纳这一意见，增加了妨碍执行活动也可以推迟协助的内容。

条文解读

本条共分三款。第一款是关于主管机关实质审查和处理的规定。

根据本款规定，主管机关收到对外联系机关转交的刑事司法协助请求书及所附材料后，应当进行审查。这里所说的“主管机关”，包括国家监察委员会、最高人民法院、最高人民检察院、公安部、国家安全部、司法部等部门。主管机关应当根据我国的有关法律和条约对请求进行审查，主要审查以下内容：该请求是否符合提供刑事司法协助的条件；对执行请求是否需要提出附加条件；是否具有拒绝协助的情形；是否妨碍我国有关机关正在进行的调查、侦查、起诉、审判或者执行活动等。刑事司法协助的请求种类很多，如送达文书，调查取证，安排证人作证或者协助调查，查封、扣押、冻结涉案财物，没收、返还违法所得及其他涉案财物，移管被判刑人等，对不同的请求能够提供协助的要求和条件也不同，主管机关需要认真审查，根据不同请求的要求和条件作出决定。

本款对主管机关审查后的处理规定了四种方式：第一，根据本法和刑事司法协助条约的规定认为可以协助执行的，作出决定并安排有关办案机关执行。主管机关根据本法的规定对是否符合刑事司法协助的条件进行审查，同时还要审查是否符合我国与请求国缔结或者共同参加的有关条约中关于刑事司法协助的规定。如果经审查，认为符合提供协助条件的，应当作出提供协助的决定，并交相关办案机关予以执行。办案机关由主管机关根据职能分工和案件情况确定。

第二，根据本法第四条、第十四条或者刑事司法协助条约的规定，认为应当全部或者部分拒绝协助的，将请求书及所附材料退回对外联系机关并说明理由。本法第四条第一款、第二款规定："中华人民共和国和外国按照平等互惠原则开展国际刑事司法协助。""国际刑事司法协助不得损害中华人民共和国的主权、安全和社会公共利益，不得违反中华人民共和国法律的基本原则。"第十四条规定："外国向中华人民共和国提出的刑事司法协助请求，有下列情形之一的，可以拒绝提供协助：（一）根据中华人民共和国法律，请求针对的行为不构成犯罪；（二）在收到请求时，在中华人民共和国境内对于请求针对的犯罪正在进行调查、侦查、起诉、审判，已经作出生效判决，终止刑事诉讼程序，或者犯罪已过追诉时效期限；（三）请求针对的犯罪属于政治犯罪；（四）请求针对的犯罪纯属军事犯罪；（五）请求的目的是基于种族、民族、宗教、国籍、性别、政治见解或者身份等方面的原因而进行调查、侦查、起诉、审判、执行刑罚，或者当事人可能由于上述原因受到不公正待遇；（六）请求的事项与请求协助的案件之间缺乏实质性联系；（七）其他可以拒绝的情形。”有上述情形之一的，主管机关经综合判断，可以拒绝提供协助，可以执行协助，还可以附条件执行协助。主管机关认为应当全部或者部分拒绝提供协助的，应当将请求书及所附材料退回对外联系机关并具体说明拒绝提供协助的事项和理由，以便于对外联系机关反馈给请求国。

第三，对执行请求有保密要求或者有其他附加条件的，通过对外联系机关向外国提出，在外国接受条件并且作出书面保证后，决定附条件执行。这里所说的“保密要求”，主要是指根据法律及案件情况，执行请求过程和结果涉及有关内容，需要请求国予以保密。“其他附加条件”，主要是指对于请求国提出的请求，必须附加一些特定的条件，才能够执行。根据本款规定，主管机关对于请求国提出的需要执行的请求，如果认为需要保密，或者需要附加一些特定的条件，可以通过对外联系机关向外国提出，要求对方承诺对执行事项予以保密或者同意所附加的条件，外国如果接受条件并作出书面保证，对执行事项予以保密或者遵守所附加的条件，主管机关可以决定附条件执行。这一要求在我国与许多国家缔结的条约中均有规定，如《中华人民共和国政府和马来西亚政府关于刑事司法协助的条约》第九条第二款规定："请求方应当对被请求方提供的证据和资料保密，除非该证据和资料需要在请求所述的侦查、起诉和其他刑事诉讼程序中使用。"第四款规定："在起诉罪名变更的情况下，提供的资料或者证据可以用于针对由请求所涉及的同一犯罪行为构成的罪名的指控。"

第四，需要补充材料的，书面通知对外联系机关要求请求国在合理期限内提供。根据本款规定，主管机关在审查请求国提出的请求时，如果发现需要请求国补充相关证据等材料，应当以书面的形式列明需要补充材料明细，然后通知司法部等对外联系机关，由对外联系机关向请求国提出要求，在一定的合理期限内提供需要补充的材料。这　要求在我国与许多国家缔结的条约中均有规定，如《中华人民共和国和日本国关于刑事司法协助的条约》第四条第四款规定："被请求方如果认为请求中包括的内容未能满足本条约规定的使该请求得以执行的条件，被请求方中央机关可以要求提供补充资料。”

第二款是关于主管机关可以决定推迟协助的规定。

本款规定了以下内容：第一，主管机关可以决定推迟协助，并将推迟协助的决定和理由书面通知对外联系机关。“推迟协助”，主要是指由于某种原因暂时不能执行请求国提出的协助请求，待原因消失后再继续执行该请求。根据本款规定，主管机关在执行请求国请求时，一旦发现存在需要推迟协助的情形，应当及时作出推迟协助的决定，并将推迟协助决定和理由书面通知对外联系机关，由对外联系机关告知请求国。第二，推迟协助的原因主要是执行请求可能妨碍我国有关机关正在进行的调查、侦查、起诉、审判或者执行。实践中，对于我国有关机关正在进行的调查、侦查、起诉、审判或者执行，如果作出适当安排能够不妨碍我国正在进行的调查等活动，则应当及时予以执行协助。本款规定的相关内容在我国与许多国家缔结的条约中均有规定，如《中华人民共和国和日本国关于刑事司法协助的条约》第五条第三款规定：“被请求方中央机关如果认为执行请求将妨碍在被请求方境内正在进行的侦查、起诉或者其他诉讼程序，可以推迟执行，或者在经双方中央机关协商后认为必要的条件下执行请求。如果请求方接受上述条件，则应当遵守。”

第三款是关于保密要求或者特殊程序要求的规定。

根据本款规定，外国对执行其请求有保密要求或者特殊程序要求的，在不违反中华人民共和国法律的基本原则的情况下，主管机关可以按照其要求安排执行。这里所说的“外国对执行其请求有保密要求”，主要是指请求国提出的协助请求，要求我国在执行该请求时遵守保密义务。“特殊程序要求”，主要是指请求国提出的协助请求，要求我国在执行该请求时遵守某些特定的程序要求。根据本款规定，请求国对执行请求有保密要求或者有其他特殊程序要求的，如果这些特殊要求不违反我国法律的基本原则，主管机关可以按照其提出的要求安排执行。如果提出的要求违反我国法律的基本原则，主管机关应当予以拒绝。本款规定的相关内容在我国与许多国家缔结的条约中均有规定，如《中华人民共和国政府和马来西亚政府关于刑事司法协助的条约》第六条第二款规定：“在必要情况下，协助请求还可以包括以下信息：……（七）请求方希望遵循的任何特别程序或者要求的理由和具体内容；（八）任何保密的特别要求及其理由……”第九条第一款规定：“如果请求方提出要求，被请求方应当对请求，包括其内容和辅助文件，以及按照请求所采取的任何行动予以保密。如果不违反保密要求则无法执行请求，被请求方应当将此情况通知请求方，请求方应当随即决定该请求是否仍然应当予以执行。”

相关规定

《中华人民共和国国际刑事司法协助法》第4条、第14条；《中华人民共和国和日本国关于刑事司法协助的条约》第5条；《中华人民共和国政府和马来西亚政府关于刑事司法协助的条约》第9条

第十七条　办案机关收到主管机关交办的外国刑事司法协助请求后，应当依法执行，并将执行结果或者妨碍执行的情形及时报告主管机关。

办案机关在执行请求过程中，应当维护当事人和其他相关人员的合法权益，保护个人信息。

条文主旨

本条是关于办案机关执行刑事司法协助请求的规定。

立法背景

刑事司法协助的执行是完成刑事司法协助请求的重要环节，这是被请求国根据请求协助行为的性质和特点，按照请求国提出的具体实施要求，由被请求国负有相应职能的机关协助执行的行为，包括送达文书，调查取证，安排证人作证或者协助调查，查封、扣押、冻结涉案财物，没收、返还违法所得及其他涉案财物，移管被判刑人以及其他协助。实践中执行的程序、方式一般由被请求国自行按本国法律确定，请求国不能随意干涉。许多国家在本国法律中都明确规定具体执行刑事司法协助请求的相应职能部门，我国法律明确规定，对于外国刑事司法协助请求由我国的办案机关依法执行。

条文解读

本条共分两款。第一款是关于办案机关执行外国刑事司法协助请求的规定。

本款规定包括两个方面的内容：第一，办案机关收到主管机关交办的外国刑事司法协助请求后，应当依法执行。这里所说的“办案机关”，主要是指我国的监察机关、人民法院、人民检察院、公安机关、国家安全机关、司法行政机关等部门。根据本款规定，办案机关一旦收到主管机关经审查符合协助执行条件的外国刑事司法协助请求，应当依照我国的国际刑事司法协助法、监察法、刑事诉讼法等有关法律的规定，执行相应的请求，如开展送达文书、调查取证、查封、扣押、冻结有关财物等活动。“依法执行”是指依照本法第三条第二款的规定，执行外国提出的刑事司法协助请求，适用本法、刑事诉讼法及其他相关法律的规定。

第二，办案机关应当将执行结果或者妨碍执行的情形及时报告主管机关。这里所说的“执行结果”，主要是指我国办案机关执行请求国的协助请求的具体执行情况，如送达文书的情况、调查取证的情况、财产查封、冻结的情况等。“妨碍执行的情形”，主要是指办案机关在执行请求国请求时存在的不能执行的情形，如查无此人，财产被转移或灭失，有关人员不同意等。办案机关在执行请求国提出的协助请求时，可能存在不同情况：一是，请求事项全部执行完成，由办案机关将执行结果及时报告主管机关，再转告请求国。二是，请求事项部分完成，除了将已完成部分的情况报告主管机关外，还应当将未完成部分的原因予以说明，以便于请求国及时采取必要措施予以处理。三是，请求事项完全不能完成，应当将不能完成的结果及理由报告主管机关，再转告请求国。本款规定的相关内容在我国与许多国家缔结的条约中均有规定，《中华人民共和国政府和美利坚合众国政府关于刑事司法协助的协定》第六条第一款、第三款、第六款规定："被请求方中央机关应迅速执行请求，或者安排通过适当的主管机关执行。被请求方应在其权力范围内尽最大努力执行请求。""协助请求应按照被请求方境内的法律予以执行。在符合被请求方境内的法律的前提下，协助请求应按照请求方所要求的方式予以执行。""被请求方中央机关应将执行请求的结果迅速通知请求方中央机关。如果不能提供或推迟提供所请求的协助，被请求方中央机关应将理由通知请求方中央机关。"

第二款是关于办案机关在执行请求时应当维护相关人员的合法权益的规定。

根据本款规定，办案机关在执行请求过程中，必须做到以下两点：一是，维护当事人和其他相关人员的合法权益。这里所说的"当事人和其他相关人员"，主要是指请求国要求执行行为的对象或者与执行行为有关的其他相关人员，如被送达人、证人、财产所有人、利害关系人等。办案机关在执行请求国提出的请求时，必须严格按照法律规定的程序和方法进行，不得侵犯当事人或者其他相关人员的权利，维护当事人和其他相关人员的合法权益。如办案机关在执行请求国要求的查封、扣押、冻结当事人或者其他相关人员涉案财物或者没收、返还违法所得及其他涉案财物时，应当慎重，查清被执行的财物是否确实属于被执行人的财物或确属于应当执行的财物，否则将会给当事人和其他相关人员造成严重损失。二是，保护个人信息。办案机关在执行请求国提出的请求时，不可避免地会知悉一些当事人或者其他相关人员的个人隐私或者其他信息，为维护当事人的合法利益，对这些信息，办案机关应当予以保密，保护这些信息。这里规定的“个人信息”，主要是指个人的姓名、住址、身份证号、电话号码、银行账号和财产状况等能够识别个人身份情况的信息。

相关规定

《中华人民共和国国际刑事司法协助法》第 3 条；《中华人民共和国政府和美利坚合众国政府关于刑事司法协助的协定》第 6 条

第十八条　外国请求将通过刑事司法协助取得的证据材料用于请求针对的案件以外的其他目的的，对外联系机关应当转交主管机关，由主管机关作出是否同意的决定。

条文主旨

本条是关于将刑事司法协助取得的证据材料用于请求以外的其他目的的规定。

立法背景

《联合国反腐败公约》第四十六条第十九款和《联合国打击跨国有组织犯罪公约》第十八条第十九款都规定："未经被请求缔约国事先同意，请求缔约国不得将被请求缔约国提供的资料或者证据转交或者用于请求书所述以外的侦查、起诉或者审判程序。"请求国通过刑事司法协助取得的证据材料应当按照请求提出时的用途使用，实践中一般多用于特定案件的调查、侦查、起诉、审判和执行活动，不能用于请求针对的案件以外的其他目的。考虑到实际情况较为复杂，有些证据材料也需要在其他方面使用，如在刑事案件中收集的证据材料有时也需要在民事案件、行政案件或者其他刑事案件中使用，因此，法律明确规定由主管机关决定是否同意请求国用于其他目的。

条文解读

根据本条规定，外国请求将通过刑事司法协助取得的证据材料用于请求针对的案件以外的其他目的的，对外联系机关应当转交主管机关，由主管机关作出是否同意的决定。这一规定主要表达两层意思：一是，请求国通过刑事司法协助取得的证据材料一般只能用于请求针对的案件，未经被请求国同意，不得用于其他目的。二是，经主管机关同意，请求国也可以将证据材料用于请求针对的案件以外的其他目的。当请求国提出将通过刑事司法协助取得的证据材料用于请求针对的案件以外的其他目的时，对外联系机关应当将这一请求转交主管机关，由主管机关作出是否同意的决定。只有经我国主管机关同意后，请求国才能将通过刑事司法协助得到的证据材料用于其他目的，否则不能用于其他目的。主管机关审查时，需要考虑：第一，请求国将证据材料用于其他目的是否会损害我国主权、安全和社会公共利益；第二，请求国将证据材料用于其他刑事案件，针对的犯罪是否属于政治犯罪、军事犯罪等；第三，是否属于故意隐瞒真实目的的情形等情况。我国与许多国家缔结的双边条约对此也有规定，如《中华人民共和国和比利时王国关于刑事司法协助的条约》第七条第三款规定："未经被请求方事先同意，请求方不得将根据本条约所获得的资料或者证据用于请求所述案件以外的任何目的。"

相关规定

《中华人民共和国和比利时王国关于刑事司法协助的条约》第7条；《联合国反腐败公约》第46条；《联合国打击跨国有组织犯罪公约》第18条

第十九条　对外联系机关收到主管机关的有关通知或者执行结果后，应当及时转交或者转告请求国。

对于中华人民共和国提供刑事司法协助的案件，主管机关可以通过对外联系机关要求外国通报诉讼结果。

外国通报诉讼结果的，对外联系机关收到相关材料后，应当及时转交或者转告主管机关，涉及对

中华人民共和国公民提起刑事诉讼的，还应当通知外交部。

条文主旨

本条是关于将有关通知、执行结果转告请求国及要求外国通报诉讼结果的规定。

立法背景

我国与许多国家缔结的双边条约都明确规定，被请求国应当将执行请求的结果通知请求国，同时还规定请求国应当向被请求国通报协助请求所涉及的刑事诉讼结果。如《中华人民共和国和大不列颠及北爱尔兰联合王国关于刑事司法协助的条约》第六条第三款规定："被请求方应当将执行请求的结果迅速通知请求方。如果无法提供所请求的协助，被请求方应当迅速将理由通知请求方。"第二十一条规定："请求方应当根据被请求方的要求，向被请求方通报协助请求所涉及的刑事诉讼的结果。"因此，本法根据条约的有关规定及我国的实践情况，对请求国请求协助的执行结果和刑事诉讼结果的通报作了程序性的规定。

条文解读

本条共分三款。第一款是关于对外联系机关及时将有关通知和执行结果告知请求国的规定。

根据本款规定，对外联系机关收到主管机关的有关通知或者执行结果后，应当及时转交或者转告请求国。这里所说的“有关通知”，主要是指主管机关根据请求国提出的请求需要转交或者转告请求国的有关事项的通知，如需要请求国补充材料；同意请求国将证据材料用于请求针对的案件以外的其他目的；拒绝提供协助，推迟协助；保密要求或其他附加条件等。“执行结果”，主要是指办案机关按照请求国提出的协助请求具体执行的有关情况，如法律文书是否已经送达当事人；是否完成调查取得证据材料；查封、扣押、冻结当事人的涉案财物是否完成；是否存在妨碍执行情形以及理由等。

第二款是关于有权要求外国通报诉讼结果的规定。

根据本款规定，对于我国提供刑事司法协助的案件，主管机关可以通过对外联系机关要求外国通报诉讼结果。也就是说，如果主管机关希望了解我国提供刑事司法协助案件的处理结果，可以通过司法部等对外联系机关要求请求国通报对该案件的具体处理情况。这一规定有利于主管机关了解我国提供刑事司法协助案件的处理结果。这里所说的“通报诉讼结果”，主要是指通报立案、侦查、采取强制措施、起诉或者不起诉、判决或者裁定、执行等有关情况。

第三款是关于外国通报诉讼结果后对外联系机关如何处理的规定。

本款规定了以下两层意思：一是，外国通报诉讼结果的，对外联系机关收到相关材料后，应当及时转交或者转告主管机关。根据本条第二款的规定，对于我国提供刑事司法协助的案件，主管机关如需要了解提供刑事司法协助案件的情况，可以通过对外联系机关要求外国通报诉讼结果。对于外国通报诉讼结果的，对外联系机关收到相关材料后，应当及时转交或者转告主管机关，以便于主管机关了解、掌握该案的有关情况。

二是，涉及对中华人民共和国公民提起刑事诉讼的，对外联系机关还应当通知外交部。这一规定是对我国公民的保护。在引渡和刑事司法协助领域中，一些国家基于刑事司法管辖的保护原则不愿意为外国追诉本国国民的诉讼行为提供引渡和刑事司法协助，防止本国国民在请求国刑事追诉活动中受到不公正的调查或审判，从而维护本国国民的合法权益。我国引渡法第八条也规定，外国向我国提出的引渡请求，根据我国法律，被请求引渡人具有中华人民共和国国籍的，应当拒绝引渡。引渡法的这一规定，也是有利于维护我国公民的合法权益。我国刑事司法协助法没有将我国公民作为拒绝提供协助的理由，主要是考虑到刑事司法协助提供的有些证据材料有可能有利于我国公民在外国进行刑事诉讼活动，使他们有机会证明自己的清白。法律没有规定因本国公民而拒绝提供协助，但我国政府也会时刻关注我国公民在域外的情况，因此，本款规定涉及对我国公民提起刑事诉讼的，应当通知外交部，以便于外交部及时了解和掌握我国公民在外国接受刑事审判的情况。

相关规定

《中华人民共和国引渡法》第8条；《中华人民共和国和大不列颠及北爱尔兰联合王国关于刑事司法协助的条约》第6条、第21条

第三章　送 达 文 书

第一节　向外国请求送达文书

第二十条　办案机关需要外国协助送达传票、通知书、起诉书、判决书和其他司法文书的，应当制作刑事司法协助请求书并附相关材料，经所属主管机关审核同意后，由对外联系机关及时向外国提出请求。

条文主旨

本条是关于向外国请求协助送达文书程序的规定。

立法背景

刑事诉讼的任务是准确及时查明犯罪事实，正确适用法律，惩罚犯罪分子，并保障无罪的人不受刑事追究。为实现这一任务，办案机关既需要对犯罪嫌疑人、被告人依法采取强制措施并收集证据材料，也需要被害人、证人、鉴定人、翻译人等有关诉讼参与人的参与和配合。办案机关向上述当事人和诉讼参与人送达文书，告知诉讼权利和义务，既是保障当事人和诉讼参与人知情权的重要途径，也是刑事诉讼正常进行的重要保障。

根据司法主权原则，一国法律仅在本国领域内有效，一国办案机关不得到他国执法。送达文书是执行本国法律的司法行为，如向在本国领域外的当事人和诉讼参与人送达文书，则需要通过刑事司法协助途径请求外国办案机关予以协助。因此，我国与其他国家签订的刑事司法协助条约中基本都有关于相互请求协助送达文书的规定。如我国与阿根廷签订的刑事司法协助条约第七条中规定，“被请求方应当根据本国法律并依请求，送达请求方递交的文书”；我国与马来西亚签订的刑事司法协助条约第十九条中规定，“被请求方应当依请求并根据本国法律，送达请求方转递的文书。但是对于要求某人作为被告人出庭的文书，被请求方不负有送达的义务”。

随着国际交往活动的日渐频繁，我国实际发生的犯罪情况越来越复杂，在我国进行的刑事诉讼中需要向境外当事人和诉讼参与人送达文书的情形也越来越多。比如：在国际电信诈骗犯罪案件中，被害人有一人或者多人在我国境外，需要向其送达询问通知书、判决书和起诉状副本；证人、鉴定人在境外，需要向其送达作证或者出庭通知书；犯罪嫌疑人、被告人在境外，需要向其送达传票、起诉书、判决书等。为满足实践需要，本条结合有关刑事司法协助条约规定和各方面意见，对我国向外国请求协助送达文书程序作了规定。

条文解读

正确理解和掌握本条，需要注意以下几点：

一是办案机关、主管机关和对外联系机关的范围及其在请求协助送达文书中的职责。本法第六条第二款中规定，“办理刑事司法协助相关案件的机关是国际刑事司法协助的办案机关”。这一规定明确了办案机关的范围，其中既包括对外国请求予以协助执行的机关，也包括需要外国予以协助的具体承办案件的机关。刑事案件的调查、侦查、审查起诉和审判都会涉及送达文书，因此，各级监察委员会、人民法院、人民检察院、公安机关和国家安全部门都是本条中的办案机关。本法第六条中规定，“国家监察委员会、最高人民法院、最高人民检察院、公安部、国家安全部等部门是开展国际刑事司法协助的主管机关……在移管被判刑人案件中，司法部按照职责分工，承担相应的主管机关职责”。根据上述规定，在请求外国协助送达文书的案件中，办案机关所属的中央机关是主管机关。具体包括：在刑事案件的调查中，国家监察委员会是主管机关；在刑事案件的侦查中，公安部、国家安全部等是主管机关；在刑事案件的审查起诉中，最高人民检察院是主管机关；在刑事案件的审判中，最高人民法院是主管机关；在被判刑人移管案件中，司法部是主管机关。本法第五条规定：“中华人民共和国和外国之间开展刑事司法协助，通过对外联系机关联系。中华人民共和国司法部等对外联系机关负责提出、接收和转递刑事司法协助请求，处理其他与国际刑事司法协助相关的事务。中华人民共和国和外国之间没有刑事司法协助条约的，通过外交途径联系。”根据上述规定，在我国和外国签订了刑事司法协助条约的情况下，司法部等是对外联系机关；在没有条约的情况下，外交部等是对外联系机关。

在请求外国协助送达文书案件中，办案机关的职责是根据办案需要，制作刑事司法协助请求书并附相关材料，报所属机关审核。主管机关的职责是对办案机关报请审核的请求书及所附材料把关，认为符合本法和有关国际条约要求的，转送对外联系机关向外国提出请求；认为不符合本法和有关国际条约要求的，可以退回办案机关要求其更正补充材料或者不再提出请求。对外联系机关的职责是将主管机关审核同意的请求书及所附材料依程序向外国提出。

二是请求协助送达的文书种类。根据本条规定，传票、通知书、起诉书、判决书和其他司法文书都可以请求协助送达。传票包括传唤有关人员接受讯问或者出庭的各种书面通知，如对犯罪嫌疑人、被告人的传票等。通知书包括告知有关人员在刑事诉讼中作证、出庭、接受询问等的各种书面通知。起诉书是指人民检察院对刑事案件被告人提起公诉，请求人民法院对其进行审判的法律文书。判决书是指人民法院根据事实和法律，对被告人判处无罪、有罪并确定刑罚轻重的法律文书。其他司法文书是指传票、通知书、起诉书、判决书之外的其他文书，如人民法院的裁定书、决定书等。

相关规定

《中华人民共和国国际刑事司法协助法》第5条、第6条

第二十一条　向外国请求送达文书的，请求书应当载明受送达人的姓名或者名称、送达的地址以及需要告知受送达人的相关权利和义务。

条文主旨

本条是关于向外国请求协助送达文书请求书应当载明事项的规定。

立法背景

法律文书都有固定的格式和内容。刑事司法协助请求书作为法律文书的一种，无论在有关刑事司法协助条约中还是在各国的刑事司法协助实践中，也都有固定的格式和内容。根据请求协助事项的不同，各国法律和有关刑事司法协助条约对刑事司法协助请求书的内容要求可能会有较大差异，但总体都是围绕着协助事项能够得

到顺利执行来设计的。比如：我国与意大利签署的刑事司法协助条约第四条第三款将“被取证人员的身份和居住地的信息”“受送达人的身份、居住地以及该人在诉讼中的身份的信息”“需查找或者辨别的人员的身份及下落的信息”等规定为刑事司法协助请求书应当载明的事项；我国与葡萄牙签订的刑事司法协助条约第四条将“需查找或者辨别的人员的身份及下落的资料”“需勘验或者检查的场所或者物品的说明”“需搜查的地点和需查询、冻结、扣押的财物的说明”等规定为刑事司法协助请求书应当载明的事项；我国与英国签订的刑事司法协助条约第四条将“询问证人或鉴定人的问题清单”“在执行请求时需遵循的特别程序及理由的说明”“被邀请前往请求方境内作证或协助调查的人员有权得到的津贴和费用的信息”等规定为刑事司法协助请求书应当载明的事项。

向外国请求协助送达文书，要明确受送达人的相关信息，以保证文书能够准确及时送达，协助请求能够得到执行。为此，本条对向外国请求协助送达文书应当载明的事项作了规定。本法草案一审稿规定：“向外国请求送达文书的，请求书及所附材料应当符合本法第十条或者有关条约规定，附上受送达人的姓名或者名称以及送达的准确地址，并注明受送达人遵守相关文书义务所享有的权利和保障措施，以及未能遵守相关文书义务的法律后果。”草案在审议和征求意见过程中，有的提出，不是所有文书均需要注明有关内容，且针对证人的传票或者通知书不得含有强制措施或者惩罚内容，建议删去关于注明权利、保障措施和法律后果的规定；有的提出，文书送达属于对当事人知情权的保障，受送达人是否履行文书中的义务，主要是受送达人的意愿，不能实施强制或者追究责任，建议删去关于受送达人义务及法律后果的规定。立法机关经研究，采纳了上述意见并对草案一审稿进行了修改完善。

条文解读

正确理解和掌握本条，要注意以下两个方面：

一是向外国请求协助送达文书请求书应当载明的一般事项。

刑事司法协助事项包括很多种类，如协助调查取证，协助查封、扣押、冻结，协助安排证人作证或者协助调查等。协助送达文书是刑事司法协助事项中的一种。请求协助送达文书请求书的内容，除了要有与该协助事项有关的特殊内容外，还要有所有协助事项请求书均需载明的一般内容。对于刑事司法协助请求书需载明的一般内容，本法有关条文作了规定。本法第十条规定："向外国的刑事司法协助请求书，应当依照刑事司法协助条约的规定提出；没有条约或者条约没有规定的，可以参照本法第十三条的规定提出；被请求国有特殊要求的，在不违反中华人民共和国法律的基本原则的情况下，可以按照被请求国的特殊要求提出。请求书及所附材料应当以中文制作，并附有被请求国官方文字的译文。"第十三条第一款规定："向中华人民共和国提出刑事司法协助请求的，应当依照刑事司法协助条约的规定提出请求书。没有条约或者条约没有规定的，应当在请求书中载明下列事项并附相关材料：（一）请求机关的名称；（二）案件性质、涉案人员基本信息及犯罪事实；（三）本案适用的法律规定；（四）请求的事项；（五）请求的事项与案件之间的关联性；（六）希望请求得以执行的期限；（七）其他必要的信息或者附加的要求。"根据上述规定，向外国请求协助送达文书请求书应当按照以下顺序判断应当载明的一般事项：首先，在我国与外国签订刑事司法协助条约的情况下，应当按照国际条约的规定载明应载明事项；其次，在没有国际条约的情况下，可以参照本法第十三条第一款的规定载明应当载明的事项；再次，被请求国如果对请求书应当载明的事项有特殊要求的，在不违反我国法律基本原则的情况下，还可以依照其特殊要求载明应当载明的事项。

二是向外国请求协助送达文书请求书应当载明的特殊内容。

本条即是关于向外国请求协助送达文书请求书应当载明的特殊内容的规定。根据本条规定，除与其他类型的刑事司法协助请求书共有的一般内容外，向外国请求协助送达文书请求书，还应当载明受送达人的姓名或者名称、送达的地址以及需要告知受送达人的相关权利义务。其中，受送达人的姓名针对的是受送达人是自然人的情况，名称针对的是受送达人是法人或者其他组织的情况。送达的地址应是保证受送达人能够收到文书的有效地址，如自然人的住所地、经常居住地，法人或者其他组织的注册地、主要经营所在地等。需要告知受送达人的相关权利义务是指根据我国法律规定，受送达人所享有的权利义务。

相关规定

《中华人民共和国国际刑事司法协助法》第10条、第13条

第二节 向中华人民共和国请求送达文书

第二十二条 外国可以请求中华人民共和国协助送达传票、通知书、起诉书、判决书和其他司法文书。中华人民共和国协助送达司法文书，不代表对外国司法文书法律效力的承认。

请求协助送达出庭传票的，应当按照有关条约规定的期限提出。没有条约或者条约没有规定的，应当至迟在开庭前三个月提出。

对于要求中华人民共和国公民接受讯问或者作为被告人出庭的传票，中华人民共和国不负有协助送达的义务。

条文主旨

本条是关于外国向我国请求协助送达文书程序的规定。

立法背景

本法充分体现了国际交往中的平等互惠和对等原则，并积极促进有关刑事司法协助条约义务的落实。在关于所有刑事司法协助事项的规定中，不仅对我国向外国请求协助的程序作了规定，而且也对外国向我国请求协助的程序作了相应的规定。与关于我国向外国请求协助送达文书程序的规定相对应，本条是关于外国向我国请求协助送达文书程序的规定。

与本法第二十条关于我国向外国请求协助的规定相比，本条规定的内容更加具体和充实。比如：在第一款中增加了“中华人民共和国协助送达司法文书，不代表对外国司法文书法律效力的承认”的规定，并增加规定了第二款和第三款。这些增加的规定基本都属于有关刑事司法协助条约规定的内容。比如，我国与新西兰签署的刑事司法协助国际条约第七条中规定，“请求送达传唤某人在请求方作为证人出庭的文书，应当在不迟于预定的出庭日六十天前递交给被请求方。在紧急情况下，被请求方可以放弃这项要求”；我国与澳大利亚签署的国际刑事司法协助条约第九条中规定，“对于要求某人作为被告人出庭的文书，被请求方不负有执行送达的义务。请求方要求有关人员到其境内出庭的文书送达请求，应当在不迟于预定的出庭日 60 天前转递给被请求方。在紧急情形下，被请求方可以同意在较短期限内转递”；我国与亚美尼亚签署的国际刑事司法协助条约第八条中规定，“被请求方应当根据本国法律并依请求，送达请求方递交的文书。但是对于要求某人作为被告人出庭的文书，被请求方不负有送达的义务”。国际条约的这些规定属于多边或者双边权利义务，本法将它们规定在本条而在第二十条中没有规定，并不表示我国请求外国协助时没有这些权利义务，仅外国请求我国协助时有这些权利义务。我国请求外国协助时一方面要遵守国际条约的规定，另一方面还要根据被请求国法律的规定享有权利、承担义务。本条关于这些内容的规定，是从我国法律角度对外国请求我国协助时享有的权利和承担的义务作出的规定。

草案一审稿规定：“外国可以请求中华人民共和国协助送达传票、通知书、起诉书、判决书和其他司法文书。中华人民共和国协助送达司法文书，不代表对外国司法文书法律效力的承认。请求协助送达出庭传票的，应当按照有关条约规定的期限提出。没有条约或者条约没有规定的，应当至少在开庭前三个月提出。对于要求中华人民共和国公民接受讯问或者作为被告人出庭的传票，中华人民共和国不负有协助送达的义务。”有的意见提出，文书一旦送达在实践中对请求国而言即发生法律效力，规定“相关文书对受送达人也不具有强制约束力”易引发误解；有的建议将“外国司法文书的承认”改为“外国司法文书法律效力的承认”。经研究，采纳了上述意见。

条文解读

本条共分三款：

第一款是关于外国可以请求我国协助送达的文书种类和我国对协助送达的文书的法律效力的态度规定。与我国请求外国协助送达文书的种类一致，外国可以请求我国协助送达的文书包括各种法律文书，传票、通知书、起诉书、判决书和其他司法文书。这种规定既遵循了刑事司法协助中的平等互惠原则，也履行了有关国际刑事司法协助条约规定的义务。在我国与各国签订的刑事司法协助条约中，除有特别规定的外，对协助送达的文书种类均没有限制。比如：根据我国与立陶宛签署的司法协助国际条约第十一条和第二十二条的规定，两国间可以相互请求协助送达文书，文书种类不受任何限制；中国与巴西签署的刑事司法协助国际条约第九条仅规定，“被请求方应当根据本国法律并依请求，送达请求方递交的文书”，对请求协助送达的文书种类也没有限制；根据我国与墨西哥签署的刑事司法协助国际条约第七条的规定，除要求某人作为被指控犯罪的人员出庭的文书外，“被请求方都应当根据本国法律并依请求，送达请求方递交的文书”。

根据司法主权原则，一国法律文书一般仅在本国司法管辖领域内具有法律效力，在他国没有法律效力。出于刑事司法协助的需要，国家间相互协助送达文书的，协助国仅负有对文书的送达义务，协助送达既不代表协助国对司法文书法律效力的承认，也不能依据文书的内容、受送达人是否接收及其是否履行文书义务而对受送达人作任何强制或者处罚。因此，本条明确了我国协助他国送达文书的，不代表我国对该文书法律效力的承认。

本条第二款是关于向我国请求协助送达出庭传票的

期限的规定。在国内法上，对于需要出庭的当事人和诉讼参与人，要在开庭的固定期限内将有关法律文书予以送达，以保证其有充分的在途和准备时间，保障其享有诉讼权利和其他合法权益。如刑事诉讼法第一百八十七条第一款规定："人民法院决定开庭审判后，应当确定合议庭的组成人员，将人民检察院的起诉书副本至迟在开庭十日以前送达被告人及其辩护人。"对于需要受送达人到请求国出庭的文书，如请求协助证人、鉴定人出庭作证的文书等，由于文书的履行涉及受送达人离境、入境等方面的准备工作，需要给予受送达人更长的准备时间。有关刑事司法条约对此也有明确规定，比如：我国与巴基斯坦签署的刑事司法协助条约第十一条中规定，"送达文书的请求应当在当事人被要求出庭之日至少六十日前向被请求方提出。在紧急情况下，被请求方可放弃时间要求"；我国与阿尔及利亚签署的国际刑事司法协助条约第七条中规定，"送达要求某人出庭的文书的请求，应当在不迟于其出庭日六十天前向被请求方提出。在紧急情形下，被请求方可以同意较短的期限"；我国与新西兰签署的刑事司法协助条约第七条中规定，"请求送达传唤某人在请求方作为证人出庭的文书，应当在不迟于预定的出庭日六十天前递交给被请求方。在紧急情况下，被请求方可以放弃这项要求”。

根据本款规定，向我国请求协助送达出庭传票，有关刑事司法协助国际条约对提出或者递交请求的期限作出规定的，应当按照规定期限提出；对于没有条约或者条约没有规定的，应当依照本法的规定，至迟在开庭前三个月提出。

本条第三款是关于对要求我国公民接受讯问或者作为被告人出庭的传票，我国不负有协助送达义务的规定。根据引渡法第八条的规定，根据中华人民共和国法律，被请求引渡人具有我国国籍的，应当拒绝引渡。为了防止有的国家绕过引渡法上述规定，以接受讯问或者以被告人出庭的名义变相引渡我国公民，本款规定了对于要求我国公民接受讯问或者作为被告人出庭的传票，我国不负有协助送达的义务。

相关规定

《中华人民共和国刑事诉讼法》第 187 条；《中华人民共和国引渡法》第 8 条

第二十三条 外国向中华人民共和国请求送达文书的，请求书应当载明受送达人的姓名或者名称、送达的地址以及需要告知受送达人的相关权利和义务。

条文主旨

本条是关于外国向我国请求协助送达文书请求书应当载明事项的规定。

立法背景

本条是与本法第二十条相对应的规定。第二十条规定了我国向外国请求协助送达文书请求书应当载明的事项，本条从相反方向，对外国向我国请求协助送达文书请求书应当载明的事项作了规定。

条文解读

与本法第二十条一致，正确理解和掌握本条，要注意以下两个方面：

一是向我国请求协助送达文书请求书应当载明的一般事项。

本法第十三条第一款规定："向中华人民共和国提出刑事司法协助请求的，应当依照刑事司法协助条约的规定提出请求书。没有条约或者条约没有规定的，应当在请求书中载明下列事项并附相关材料：（一）请求机关的名称；（二）案件性质、涉案人员基本信息及犯罪事实；（三）本案适用的法律规定；（四）请求的事项；（五）请求的事项与案件之间的关联性；（六）希望请求得以执行的期限；（七）其他必要的信息或者附加的要求。"根据上述规定，向我国请求协助送达文书请求书应当按照以下顺序判断应当载明的一般事项：首先，在我国与外国签订刑事司法协助条约的情况下，应当按照国际条约的规定载明应载明事项；其次，在没有国际条约的情况下，按照本法第十三条第一款的规定载明应当载明的事项。

二是向我国请求协助送达文书请求书应当载明的特殊内容。

根据本条规定，除与其他类型的刑事司法协助请求书共有的一般内容外，向我国请求协助送达文书请求书，还应当载明受送达人的姓名或者名称、送达的地址以及需要告知受送达人的相关权利和义务。其中，受送达人的姓名针对的是受送达人是自然人的情况，名称针对的是受送达人是法人或者其他组织的情况，送达的地址应是保证受送达人能够收到文书的有效地址，如自然人的住所地、经常居住地，法人或者其他组织的注册地、主要经营所在地等。需要告知受送达人的相关权利、义务是指根据外国法律规定，受送达人所享有的权利、义务。

相关规定

《中华人民共和国国际刑事司法协助法》第 13 条、第 20 条

第二十四条　负责执行协助送达文书的人民法院或者其他办案机关，应当及时将执行结果通过所属主管机关告知对外联系机关，由对外联系机关告知请求国。除无法送达的情形外，应当附有受送达人签收的送达回执或者其他证明文件。

条文主旨

本条是关于我国负责执行协助送达文书的人民法院或者其他办案机关向外国告知执行结果程序的规定。

立法背景

文书送达当事人和其他诉讼参与人是保障其知情权的需要，也是查明案情、保障诉讼公正的需要。比如：我国刑事诉讼法第一百九十二条中规定："公诉人、当事人或者辩护人、诉讼代理人对证人证言有异议，且该证人证言对案件定罪量刑有重大影响，人民法院认为证人有必要出庭的，证人应当出庭作证……公诉人、当事人或者辩护人、诉讼代理人对鉴定意见有异议，人民法院认为鉴定人有必要出庭的，鉴定人应当出庭作证。经人民法院通知，鉴定人拒不出庭作证的，鉴定意见不得作为定案的根据。"根据上述规定，有些证人证言和鉴定意见是查明案情、确定判决结果的重要依据。出庭作证文书送达证人或者鉴定人后，如果该证人或者鉴定人拒不出庭，则该证人证言或者鉴定意见不得作为定案根据。我国刑事司法协助案件的审理也受我国刑事诉讼法上述规定的限制，如果境外证人或者鉴定人在收到出庭作证文书后拒不出庭，则其证言或者鉴定意见不得作为定案的根据，这就对诉讼公正的实现产生了不良影响，需要司法机关另外寻找其他定案根据。在一些案件中，文书能否送达被告人，还是诉讼程序能否正常进行的需要。比如：刑事诉讼法第三章对缺席审判程序作了规定。其中，第二百九十二条规定："人民法院应当通过有关国际条约规定的或者外交途径提出的司法协助方式，或者被告人所在地法律允许的其他方式，将传票和人民检察院的起诉书副本送达被告人。传票和起诉书副本送达后，被告人未按要求到案的，人民法院应当开庭审理，依法作出判决，并对违法所得及其他涉案财产作出处理。"根据上述规定，传票和起诉书送达被告人是适用缺席审判程序的前提，如果未能送达，则不能适用缺席审判程序。

考虑到文书送达及其协助执行结果告知在诉讼程序中的重要性，有关国际条约也对执行结果的告知程序专门作了规定。比如：我国与委内瑞拉签订的刑事司法协助条约第七条中规定，"被请求方在执行送达后，应当向请求方出具送达证明。送达证明应当包括对送达日期、地点和送达方式的说明，并且应当由送达文书的机关签署或者盖章。如果无法执行送达，则应当通知请求方，并且说明原因"；我国与马耳他签订的刑事司法协助条约第九条中规定，"被请求方应当以请求中指定的方式，或者在不能以此方式的情况下，应当以国内法律规定的方式，向请求方提供送达证明。如果不能送达，送达证明应当包括不能送达的原因”；我国与英国签订的刑事司法协助条约第九条中规定，“被请求方完成送达后，应当向请求方出具送达证明。送达证明应当载明送达日期、送达地点和送达方式，并且应当由送达文书的机关签署或者盖章”。

为履行有关国际条约义务，满足实践需要，本条对我国负责执行协助送达文书的人民法院或者其他办案机关向外国告知执行结果程序作了规定。

条文解读

正确理解和掌握本条需要掌握以下几点：

一是告知的程序。根据本条规定，向外国告知协助执行送达结果的具体程序是：先按照“谁办案谁负责”的原则，由具体负责执行的人民法院或者其他办案机关按照“条线关系”将执行结果报告其所属主管机关；再由主管机关告知对外联系机关，最后由对外联系机关告知外国。

二是告知所用的证明文件。根据本条规定，对于文书已经送达的情况，应当根据送达方式和案件具体情况，附上有关证明文件。对于能够直接送达的，应当附上其签收的送达回执；对于采用留置送达等方式送达的，应当附上送达现场视频、照片等其他证明文件。

三是无法送达时是否需要告知。在一些情况下，文书可能无法送达，如外国提供的受送达人名称、姓名或者送达地址错误，受送达人已经死亡等。对于这些无法送达的情形，也要向外国告知执行结果并提供有关情况的说明。

相关规定

《中华人民共和国刑事诉讼法》第 192 条、第 292 条

第四章 调查取证

第一节 向外国请求调查取证

第二十五条 办案机关需要外国就下列事项协助调查取证的，应当制作刑事司法协助请求书并附相关材料，经所属主管机关审核同意后，由对外联系机关及时向外国提出请求：

（一）查找、辨认有关人员；

（二）查询、核实涉案财物、金融账户信息；

（三）获取并提供有关人员的证言或者陈述；

（四）获取并提供有关文件、记录、电子数据和物品；

（五）获取并提供鉴定意见；

（六）勘验或者检查场所、物品、人身、尸体；

（七）搜查人身、物品、住所和其他有关场所；

（八）其他事项。

请求外国协助调查取证时，办案机关可以同时请求在执行请求时派员到场。

条文主旨

本条是关于向外国请求协助调查取证的规定。

立法背景

以事实为根据，以法律为准绳，是办理刑事案件的基本原则之一，也是我国长期以来刑事司法的重要经验，是正确惩治犯罪，防止错案，保障无罪的人不受追究的重要保证。一个人是否犯罪，是罪轻还是罪重，都要以事实为根据，而认定事实需要证据，因此在刑事司法中，证据具有重要的地位和作用。在国际刑事司法协助过程中，由于案件发生在国外或者案件的涉及人员、证人、证据等在国外，很多情况下都涉及请求外国协助调查取证的问题。中国需要向外国请求调查取证，同理，在很多案件中外国也需要向中国申请协助调查取证。因此，法律对调查取证作了专章规定，为协助调查取证提供法律依据，同时也从法律上对调查取证的程序、条件等进行规范，以便于实践中执行。

条文解读

本条共分两款，第一款是关于向外国请求调查取证程序的规定。本款中列举了八种可以向外国请求协助调查取证的事项：（1）查找、辨认有关人员。这里的有关人员，主要包括犯罪嫌疑人、被告人、被害人、附带民事诉讼的当事人、证人等。犯罪嫌疑人、被告人、被害人是刑事案件的当事人，其在刑事案件中的作用不可替代。需要查找犯罪嫌疑人、被告人、被害人、证人，或者是需要辨认犯罪嫌疑人、被害人的，可以向外国请求协助调查取证。（2）查询、核实涉案财物、金融账户信息。这里的涉案财物，是指刑事案件涉及的，用于计算涉案数额、对定罪量刑有重要影响的现金、物品等，金融账户包括股票、基金、有价证券等账户。（3）获取并提供有关人员的证言或者陈述。主要是指请求外国协助获取并提供犯罪嫌疑人、被告人供述和被害人、附带民事诉讼的当事人陈述和证人证言。（4）获取并提供有关文件、记录、电子数据和物品。这里的文件、记录、电子数据、物品，主要是作为证据使用的证据材料。（5）获取并提供鉴定意见。这里的鉴定意见，是指有专门知识的鉴定人对案件中的专门性问题进行鉴定后提出的书面意见，如法医鉴定报告、指纹鉴定报告、血迹鉴定报告等。（6）勘验或者检查场所、物品、人身、尸体。勘验、检查，是指侦查人员对与犯罪有关的场所、物品、人身、尸体等进行现场勘验、检查，并形成记录，可以作为证据使用。（7）搜查人身、物品、住所和其他有关场所。搜查是侦查中获取证据、查获犯罪嫌疑人的重要手段，请求外国协助搜查人身、物品、住所和其他有关场所，对防止犯罪嫌疑人逃跑、毁灭和转移证据、及时查获犯罪嫌疑人具有重要意义。（8）其他事项。本项属于兜底性规定，对于不属于上述事项，但是根据案件情况需要外国协助调查取证的其他事项，也可以提出协助请求。

对于上述事项，办案机关根据案件情况，需要外国协助调查取证的，应当制作刑事司法协助请求书并附相关材料，经所属主管机关审核同意后，由对外联系机关及时向外国提出请求。这里的“办案机关”，根据本法第六条第二款的规定，办理刑事司法协助相关案件的机关是国际刑事司法协助的办案机关，负责向所属主管机关提交需要向外国提出的刑事司法协助请求、执行所属主管机关交办的外国提出的刑事司法协助请求。“刑事司法协助请求书”，是指符合一定格式要件的正式的法律文件，具体载明事项本法第二十六条作了专门规定。“相关材料”，是指与申请协助调查取证事项有关的说明、材料等，如本法第二十六条规定的，被调查人的姓名、性别、住址、身份信息、联系方式和有助于确认被调查人的其他资料；需要向被调查人提问的问题；需要查找、辨认人员的姓名、性别、住址、身份信息、联系方式、外表和行为特征以及有助于查找、辨认的其他资料；需要查询、核实的涉案财物的权属、地点、特性、外形和数量等具体信息；需要查询、核实的金融账户相关信息；需要获取的有关文件、记录、电子数据和物品的持有人、地点、特性、外形和数量等具体信息；需要鉴定的对象的具体信息；需要勘验或者检查的场所、物品等的具体信息；需要搜查的对象的具体信息；有助于执行请求的其他材料。

本条第二款是关于办案机关可以请求在执行请求时派员到场。在协助调查取证时由请求国派员到场，在一些双边刑事司法协助条约中有明确规定，主要是考虑到不同的国家对于证据的形式、标准等有不同的要求，由请求国派员到场，可以保证调查取证的效果，提高调查取证的效率，也有利于做好沟通、解释工作，督促被请求国积极采取调查取证措施。我国办案机关请求外国协助调查取证时，办案机关可以同时请求在执行请求时派员到场。实践中，根据办理案件的需要，办案机关如果认为外国协助调查取证时派员到场更有利于收集、固定证据，可以更好地进行说明、解释、沟通工作，可以在请求外国协助调查取证的同时，提出在执行请求时派员到场的申请。经同意到场的人员应当遵守被请求国的法律规定，服从主管机关和办案机关的安排，与外方工作人员做好配合，在努力完成好调查取证任务的同时，自觉维护中国执法人员的良好形象。需要注意的是，本款规定的是“可以同时请求在执行请求时派员到场”，是否需要申请派员到场，由办案机关根据案件情况决定。

相关规定

《中华人民共和国国际刑事司法协助法》第26条

第二十六条 向外国请求调查取证的，请求书及所附材料应当根据需要载明下列事项：

（一）被调查人的姓名、性别、住址、身份信息、联系方式和有助于确认被调查人的其他资料；

（二）需要向被调查人提问的问题；

（三）需要查找、辨认人员的姓名、性别、住址、身份信息、联系方式、外表和行为特征以及有助于查找、辨认的其他资料；

（四）需要查询、核实的涉案财物的权属、地点、特性、外形和数量等具体信息，需要查询、核实的金融账户相关信息；

（五）需要获取的有关文件、记录、电子数据和物品的持有人、地点、特性、外形和数量等具体信息；

（六）需要鉴定的对象的具体信息；

（七）需要勘验或者检查的场所、物品等的具体信息；

（八）需要搜查的对象的具体信息；

（九）有助于执行请求的其他材料。

条文主旨

本条是关于向外国请求调查取证的请求书及所附材料需载明事项的规定。

立法背景

根据本法第二十五条的规定，办案机关需要外国协助调查取证的，应当制作刑事司法协助请求书并附相关材料，经所属主管机关审核同意后，由对外联系机关及时向外国提出请求。为了规范刑事司法协助请求书及所附材料，根据以往外国对我国请求调查取证申请要求事项的经验和双边、多边刑事司法协助条约的规定，同时也便于主管机关审核其请求的必要性和可行性，需要法律对刑事司法协助请求书及所附材料需要载明的事项做出明确规定。

条文解读

办案机关需要外国协助调查取证的，应当制作刑事司法协助请求书并附相关材料。这里的“刑事司法协助请求书”，是指符合一定格式要件的正式的法律文件。请求书及所附材料应当根据需要载明下列事项：

（1）被调查人的姓名、性别、住址、身份信息、联系方式和有助于确认被调查人的其他资料。这里的“有助于确认被调查人的其他资料”，主要是指办案机关掌握的被调查人的其他资料，以便于外国协助机关确认被调查人的身份，如照片、视频、相貌特征等。

（2）需要向被调查人提问的问题。主要包括询问核对被调查人身份信息，涉及案件的有关情况等，以方便外国调查机关根据我方提供的问题开展工作，保证调查取证的效率和效果。

（3）需要查找、辨认人员的姓名、性别、住址、身份信息、联系方式、外表和行为特征以及有助于查找、辨认的其他资料。提供这些资料，为外方查找、辨认相关人员提供帮助。

（4）需要查询、核实的涉案财物的权属、地点、特性、外形和数量等具体信息，需要查询、核实的金融账户相关信息。这里的“涉案财物”，是指与请求协助调查取证的刑事案件有关的财物，如赃物等。与查找、辨认人员不同，一般情况下，财物的特征不够明显，查找较为困难，对于请求外方协助查询、核实涉案财物的，应当尽可能详尽地提供财物的权属、地点、特性、外形和数量等具体信息。

（5）需要获取的有关文件、记录、电子数据和物品的持有人、地点、特性、外形和数量等具体信息。这里的文件、记录、电子数据和物品基本上都属于书证、物证、电子数据等证据范畴，随着电子技术的广泛应用，越来越多的证据以电子数据的形式表现出来，如电子邮件、聊天记录、电子签名、访问记录，这些都需要外方协助提供。

(6) 需要鉴定的对象的具体信息。鉴定，是指有专门知识的鉴定人对案件中的专门性问题进行鉴定，如法医鉴定、笔迹鉴定等。鉴定的结果不是最终结论，仍然要经过司法机关结合全案情况和其他证据进行审查判断，查证属实之后，才能作为定案的根据。如果需要外国协助进行鉴定，需要办案机关在请求书及所附材料中提供需要鉴定的对象的具体信息，如鉴定的目的、对象、对鉴定机构的资质要求等。

(7) 需要勘验或者检查的场所、物品等的具体信息。勘验、检查是常用的刑事侦查手段，主要用于对与案件事实可能有关联的血迹、指纹、足迹、字迹、毛发、体液、人体组织等痕迹和物品的鉴别、提取和检查。请求外国协助进行勘验、检查活动对于及时发现和固定犯罪证据具有重要意义。

(8) 需要搜查的对象的具体信息。搜查是侦查中获取证据、查获犯罪嫌疑人的重要手段，它对防止犯罪嫌疑人逃跑、毁灭和转移证据、及时查获犯罪嫌疑人具有重要意义。但搜查也可能对犯罪嫌疑人、被告人及其他人员的人身、财产及隐私权造成侵害。因此，需要办案单位在申请材料中提供搜查对象的具体信息。

(9) 有助于执行请求的其他材料。本项属于兜底性规定，对于不属于前面所列的八种需要载明的事项，但是有助于执行请求的其他材料，也可以在请求书及所附材料中载明。

需要注意的是，本条规定的上述事项是选择性的，并不一定全部都载明，在具体案件中，根据需要载明即可。

相关规定

《中华人民共和国国际刑事司法协助法》第25条

第二十七条　被请求国要求归还其提供的证据材料或者物品的，办案机关应当尽快通过对外联系机关归还。

条文主旨

本条是关于归还外国提供的证据材料或者物品的规定。

立法背景

根据本法第二十五条和第二十六条的规定，办案机关可以向外国请求协助调查取证。如果外国同意我国的请求，在调查取证之后会将取证结果，包括证据材料、物品提供给我国。如果被请求国要求归还其提供的证据材料或者物品的，应当如何处理，需要法律作出规定。这一方面指导实践，另一方面也是对被请求国的一种法律承诺，有利于国际刑事司法协助的顺利开展。

条文解读

被请求国要求归还其提供的证据材料或者物品的，办案机关应当尽快通过对外联系机关归还。国际刑事司法协助的目的是加强国际合作，有效惩治犯罪，外国根据我国的要求提供的证据材料、物品，除非有特别约定，一般仍属于外国所有。当被请求国要求归还其提供的证据材料或者物品时，办案机关应当尽快通过对外联系机关归还。这样规定首先是满足被请求国的要求，要求归还提供的证据材料或者物品，通常是事出有因，根据办案需要或者是根据当事人的申请提出归还请求，及时归还有利于被请求国相应开展工作。其次，及时归还被请求国提供的证据材料或者物品，也是建立良好的刑事司法协助关系的需要，有利于中国与外国形成“请求—协助—归还—再请求”的良好协作关系，为之后的刑事司法协助工作奠定基础。

“尽快通过对外联系机关归还”的规定要求需要通过对外联系机关归还，而不能自行归还。本法第五条第一款规定，中华人民共和国和外国之间开展刑事司法协助，通过对外联系机关联系。统一由外联系机关联系和归还，有利于对外联系机关全面掌握刑事司法协助的具体进展情况，统筹与外国开展刑事司法协助相关工作的顺利进行，督促办案机关尽快归还相关证据材料或者物品。

第二节　向中华人民共和国请求调查取证

第二十八条　外国可以请求中华人民共和国就本法第二十五条第一款规定的事项协助调查取证。

外国向中华人民共和国请求调查取证的，请求书及所附材料应当根据需要载明本法第二十六条规定的事项。

条文主旨

本条是关于外国向中国请求协助调查取证的规定。

立法背景

国际刑事司法协助是一个相互协助的过程，根据本法第二十五条和第二十六条的规定，中国可以向外国申请协助调查取证，根据互惠原则，外国也可以向中国申请协助调查取证。本条规定为外国向中国请求协助调查取证提供了法律依据，同时，对外国向中国请求协助调查取证的事项范围、程序也作出了明确规定。

条文解读

本条共分两款。第一款规定，外国可以请求中华人民共和国就本法第二十五条第一款规定的事项协助调查取证。这一规定为外国可以请求中国协助调查取证提供了法律依据。关于可以向中国协助调查取证的事项范围，需要依据本法第二十五条第一款的规定，即（1）查找、辨认有关人员；（2）查询、核实涉案财物、金融账户信息；（3）获取并提供有关人员的证言或者陈述；（4）获取并提供有关文件、记录、电子数据和物品；（5）获取并提供鉴定意见；（6）勘验或者检查场所、物品、人身、尸体；（7）搜查人身、物品、住所和其他有关场所；（8）其他事项。对于属于上述事项范围的，外国可以请求中国协助调查取证。规定较为明确具体的事项范围，一是可以供外国在向我国提出协助调查取证申请时参考，让其掌握哪些事项可以向我国提出申请，不能超过法律规定的范围申请；二是明确范围，也有利于我国接受申请的部门在实践中执行，对于属于可以申请事项范围的，应当根据互惠原则尽可能地提供协助，对于超出申请事项范围的，应当依据法律规定做好说明解释工作。

本条第二款是关于外国向中华人民共和国请求调查取证的请求书及所附材料需载明事项的规定。根据本款规定，外国向中华人民共和国请求调查取证的，应当制作刑事司法协助请求书并附相关材料。这里的“刑事司法协助请求书”，是指符合一定格式要件的正式的法律文件。根据本款规定和本法第二十六条的规定，外国向中华人民共和国请求调查取证的请求书及所附材料需载明以下事项：（1）被调查人的姓名、性别、住址、身份信息、联系方式和有助于确认被调查人的其他资料；（2）需要向被调查人提问的问题；（3）需要查找、辨认人员的姓名、性别、住址、身份信息、联系方式、外表和行为特征以及有助于查找、辨认的其他资料；（4）需要查询、核实的涉案财物的权属、地点、特性、外形和数量等具体信息，需要查询、核实的金融账户相关信息；（5）需要获取的有关文件、记录、电子数据和物品的持有人、地点、特性、外形和数量等具体信息；（6）需要鉴定的对象的具体信息；（7）需要勘验或者检查的场所、物品等的具体信息；（8）需要搜查的对象的具体信息；（9）有助于执行请求的其他材料。明确外国向中国请求调查取证的请求书及所附材料需载明事项，有利于外国在向我国提交申请材料时尽可能提供较为详实、具体的材料，方便我国办案机关采取调查取证措施，保证调查取证的效果，同时也有利于我国有关部门在接受外国申请时，对外方的协助调查取证请求书及所附材料依法进行审查，对于不符合载明事项要求的，可以及时提出补充完善意见，提高调查取证的效率。

第二十九条　外国向中华人民共和国请求调查取证时，可以同时请求在执行请求时派员到场。经同意到场的人员应当遵守中华人民共和国法律，服从主管机关和办案机关的安排。

条文主旨

本条是关于外国向中国请求调查取证可以请求派员在场的规定。

立法背景

在协助调查取证时由请求国派员到场，在一些双边刑事司法协助条约中有明确规定，主要是考虑到不同的国家对于证据的形式、标准等有不同的要求，由请求国派员到场，可以保证调查取证的效果，提高调查取证的效率，做好沟通、解释工作。根据本法第二十五条的规定，中国在向外国申请协助调查取证时，办案机关可以同时请求在执行请求时派员到场。根据互惠原则，外国也可以向中国申请协助调查取证，同时请求在执行请求时派员到场。本条的规定为外国向中国请求协助调查取证时，申请派员到场提供了法律依据，同时，对经同意到场的外国工作人员应当遵守中国法律等也作出了明确规定。

条文解读

外国向中华人民共和国请求调查取证时，可以同时请求在执行请求时派员到场。经同意到场的人员应当遵守中华人民共和国法律，服从主管机关和办案机关的安排。“外国向中华人民共和国请求调查取证”，是指根据本法第二十五条、第二十六条的规定，外国就具体刑事案件的特定事项请求中国协助调查取证。“在执行请求时”是指中国同意外国的协助调查取证申请，经过一定的内部程序，开始就外国请求事项进行调查取证，采取具体措施查找、辨认有关人员；查询、核实涉案财物、金融账户信息；获取并提供有关人员的证言或者陈述；获取并提供有关文件、记录、电子数据和物品；勘验或者检查场所、物品、人身、尸体；搜查人身、物品、住所和其他有关场所等侦查、调查程序时。外国办案机关根据办理案件的需要，如果认为在中国有关机关协助调查取证时派员到场更有利于收集、固定证据，更好地进行说明、解释、沟通工作，可以在请求中国协助调查取证的同时，提出在执行请求时派员到场的申请。对于外方申请派员到场的请求，中国可以根据具体情况做出是否同意外国派员到场的决定。是否同意外国派员到场，要从是否妨碍我方工作、外方派员到场的必要性等方面考虑，根据互惠原则做出决定。在条件允许、不妨碍办案机关调查取证的情况下，可以同意外方的请求，并为外方人员到场提供必要便利。需要注意的是，本款规定的是“可以”申请派员在场，由外国根据案件需要决定是否提出派员在场的申请。

经同意到场的人员应当遵守中华人民共和国的法律，服从主管机关和办案机关的安排。这样规定，是对到场的外国人员的要求，目的是保证调查取证工作的合法顺利进行。考虑到不同国家的法律规定并不完全相同，执法机关的工作方式、工作程序等也有较大区别，因此要求外国到场的人员遵守中国法律，服从安排，避免影响调查取证工作的顺利进行。

第三十条　办案机关要求请求国保证归还其提供的证据材料或者物品，请求国作出保证的，可以提供。

条文主旨

本条是关于请求国提供保证，办案机关可以提供证据材料或者物品的规定。

立法背景

对需要归还的证据材料或者物品做出保证，是双边或者多边国际刑事司法协助条约中的常见规定。根据本法第二十八条和第二十九条的规定，外国可以向我国请求协助调查取证，如果中国同意其请求，在调查取证之后在什么条件下可以将取证结果，包括证据材料、物品提供给请求国，需要法律明确作出规定。本条规定，办案机关要求请求国保证归还其提供的证据材料或者物品，请求国作出保证的，可以提供。这样一方面指导实践部门掌握提供证据材料或者物品的标准，另一方面也是对请求国提出的法律要求，有利于国际刑事司法协助的顺利开展。

条文解读

原则上，我国的办案机关应请求国的要求采取措施进行调查取证，获取的证据材料或者物品，如果不需要归还的，如复印的证据材料、电子数据等，应当提供给请求国，方便请求国办理案件。对于需要归还的证据材料或者物品，如证据材料为不可复制物品，对于我国办理相关案件具有重要意义，或者特定物品的所有权属于单位或者个人所有的，应当要求请求国作出保证，请求国保证如期归还的，可以提供。

本条规定办案机关要求请求国保证归还其提供的证据材料或者物品，请求国作出保证的，可以提供。这里的“办案机关”，根据本法第六条第二款的规定，办理刑事司法协助相关案件的机关是国际刑事司法协助的办案机关，负责向所属主管机关提交需要向外国提出的刑事司法协助请求、执行所属主管机关交办的外国提出的刑事司法协助请求。“请求国作出保证的”，这里的保证除书面保证归还外，请求国还应当就如何保管和归还证据材料或者物品作出说明，以确保归还上述物品的可实现性。如果请求国拒绝提供保证，或者我方认为请求国的保证很有可能无法实现的，可以拒绝提供。

国际刑事司法协助的目的是加强国际合作，有效惩治犯罪，在维护国家、单位及个人利益的前提下，应请求国的要求积极提供证据材料或者物品，协助其开展相应工作，是建立良好的刑事司法协助关系的需要，有利于中国与外国形成“请求—协助—归还—再请求”的良好协作关系，为之后的刑事司法协助工作奠定基础。

第五章 安排证人作证或者协助调查

第一节 向外国请求安排证人作证或者协助调查

第三十一条 办案机关需要外国协助安排证人、鉴定人来中华人民共和国作证或者通过视频、音频作证，或者协助调查的，应当制作刑事司法协助请求书并附相关材料，经所属主管机关审核同意后，由对外联系机关及时向外国提出请求。

条文主旨

本条是关于办案机关向外国请求安排证人、鉴定人作证或者协助调查程序的规定。

立法背景

刑事诉讼是通过对证据材料的综合审查判断，查明案情，正确适用法律的过程。证人证言和鉴定意见作为主要的证据种类，在刑事诉讼中具有至关重要的作用。证人、鉴定人作证主要有三种途径：一是提供书面证言，如证人就目击的案件发生经过书写证言后提交法院等办案机关、鉴定人就鉴定意见的形成过程提供书面说明提交法院等办案机关；二是通过视频、音频作证或者协助调查，即通过即时通讯设备以视频或者音频的方式作证或者协助调查；三是当场作证或者协助调查，即证人、鉴定人以出庭接受控辩双方质证或者到办案机关当场提供证言等方式作证或者协助调查。上述三种途径中，当场作证或者协助调查效果最好，通过视频、音频作证或者协助调查效果次之，提供书面证言效果为最后方式。鉴于此，有关国际条约对证人、鉴定人到请求国作证或者协助调查，或者通过视频、音频作证或者协助调查作了规定。例如，我国与马耳他签署的刑事司法协助条约第十三条中规定，“被请求方应当根据请求方的请求，邀请有关人员前往请求方境内出庭作证或者协助调查”；我国与英国签署的刑事司法协助条约第十三条中规定，“在符合第十四条规定的情况下，被请求方应当根据请求方的请求，邀请有关人员前往请求方境内的有关机关作证或者协助调查”；我国与阿尔及利亚签署的刑事司法协助条约第十条中规定："被请求方应当根据请求方的请求，邀请有关人员前往请求方境内出庭作证。"

为保证证人如实作证、鉴定人如实提供鉴定意见，刑事诉讼法对证人、鉴定人应当出庭的情况及拒不出庭的法律后果作了明确规定。刑事诉讼法第一百九十二条第一款规定，"公诉人、当事人或者辩护人、诉讼代理人对证人证言有异议，且该证人证言对案件定罪量刑有重大影响，人民法院认为证人有必要出庭作证的，证人应当出庭作证"；第三款规定，"公诉人、当事人或者辩护人、诉讼代理人对鉴定意见有异议，人民法院认为鉴定人有必要出庭的，鉴定人应当出庭作证。经人民法院通知，鉴定人拒不出庭作证的，鉴定意见不得作为定案的根据"。根据上述规定，证人、鉴定人在法定情形下应当出庭接受庭审质证，否则其提供的证人证言和鉴定意见不得作为定案根据。实践中，当刑事诉讼涉及境外证人或者鉴定人时，就有请求他国协助安排证人、鉴定人来我国作证的实际需要。

为履行国际条约规定的义务，满足实践需要，本条对我国办案机关向外国请求安排证人作证或者协助调查程序作了规定。

条文解读

正确理解和掌握本条，需注意以下两点：

一是请求安排证人、鉴定人来我国作证或者通过视频、音频作证，或者协助调查的程序。根据本条规定，请求外国安排证人、鉴定人来我国作证或者通过视频、音频作证，或者协助调查的程序可以分为三个步骤：第一，办案机关根据办案的实际需要，判断是否需要请求外国安排证人、鉴定人来我国作证或者通过视频、音频作证，或者协助调查，如果确有需要的，应当制作刑事司法协助请求书并附相关材料，报其所属的主管机关审核。例如，在案件审理过程中，公诉人、当事人或者辩护人、诉讼代理人对鉴定意见有异议，人民法院认为境外鉴定人有必要出庭的，审理案件的人民法院应当制作刑事司法协助请求书并附相关材料，报最高人民法院审核。第二，主管机关对办案机关报送的刑事司法协助请求书及所附材料进行审核。主管机关经审核，认为没有必要向外国提出刑事司法协助请求的，将材料退回承办案件的人民法院并说明理由；认为有必要向外国提出刑事司法协助请求的，将材料转送对外联系机关。如在前例中，最高人民法院经审核，认为境外鉴定人没有必要出庭的，应当将材料退回审理案件的人民法院并说明理由；认为有必要出庭的，应当将材料转送司法部。第三，对外联系机关向外国提出刑事司法协助请求。对外联系机关收到主管机关转送的刑事司法协助请求后，应当向外国提出。也就是说，对外联系机关对主管机关转送的材料没有进行审核的权力，应当一律向外国提出。

二是证人、鉴定人来我国作证或者通过视频、音频作证，或者协助调查的自愿性。刑事诉讼法第五十四条第一款规定："人民法院、人民检察院和公安机关有权向有关单位和个人收集、调取证据。有关单位和个人应当如实提供证据。"第六十一条规定："证人证言必须在法庭上经过公诉人、被害人和被告人、辩护人双方质证并且查实以后，才能作为定案的根据。法庭查明证人有意作伪证或者隐匿罪证的时候，应当依法处理。"第六十二条第一款规定："凡是知道案件情况的人，都有作证的义务。"第一百四十七条规定："鉴定人进行鉴定后，应当写出鉴定意见，并且签名。鉴定人故意作虚假鉴定的，应当承担法律责任。"根据上述规定，境内证人、鉴定人如实作证是一种义务。与此不同的是，我国法律在他国没有效力，因此境外证人、鉴定人是否同意在我国进行的刑事诉讼中作证或者协助调查、是否同意到我国作证或者协助调查均是出于其自愿，不属于其需履行的法律义务。

相关规定

《中华人民共和国刑事诉讼法》第54条、第62条、第147条

第三十二条　向外国请求安排证人、鉴定人作证或者协助调查的，请求书及所附材料应当根据需要载明下列事项：

（一）证人、鉴定人的姓名、性别、住址、身份信息、联系方式和有助于确认证人、鉴定人的其他资料；

（二）作证或者协助调查的目的、必要性、时间和地点等；

（三）证人、鉴定人的权利和义务；

（四）对证人、鉴定人的保护措施；

（五）对证人、鉴定人的补助；

（六）有助于执行请求的其他材料。

条文主旨

本条是关于向外国请求安排证人、鉴定人作证或者协助调查的请求书及所附材料应当载明事项的规定。

立法背景

为查明案情进行刑事诉讼活动，根据需要请求安排证人、鉴定人作证或者协助调查，是国际刑事司法协助中的一项重要工作。本条对向外国请求安排证人作证或者协助调查的请求书及所附材料应当载明的事项作了规定。关于向外国的刑事司法协助请求书的一般性内容和要求，本法第十条作了规定。即，依照刑事司法协助条约的规定提出，没有条约或者条约没有规定的，可以参照本法第十三条外国向我国提出刑事司法协助请求书应载明事项的规定，被请求国有特殊要求的，在不违背我国法律基本原则的情况下，可以按照被请求国的特殊要求提出。上述规定同样适用于向外国请求安排证人作证或者协助调查请求书的要求。同时，本法对向外国请求送达文书、调查取证、安排证人作证或者协助调查等具体刑事司法协助事项，又根据各事项请求的不同情况、需求和特点，对向外国提出上述具体协助请求书的内容另外作了特别规定。本条是从对我国办案机关提出规范和要求的角度作出的规定，目的是要求办案机关必须提供有关具体信息，促成请求达成，便于外方执行请求，提供有效协助。同时，根据本法第三十六条的规定，上述应当载明事项的要求也适用于外国向我国请求安排证人作证或者协助调查请求书。

条文解读

本条规定，向外国请求安排证人、鉴定人作证或者协助调查的，请求书及所附材料应当根据需要载明有关事项。请求对象包括证人、鉴定人，请求事项包括出庭作证和在刑事诉讼中协助调查，请求载体是请求书和所附材料。请求书和所附材料应当“根据需要”载明有关事项，也就是说一方面不限于本条所列事项，另一方面对本条所列事项确实暂时无法提供确切信息的，也可以提供有关线索。总的要求是依照本条所列事项载明，同时根据案件情况、查明案情需要、为对方提供有效信息，满足对方要求等，决定应当载明的其他有关事项。

（1）有关证人、鉴定人的个人基本信息。目的是确定具体对象，为外国提供有效信息，让外国司法机关能够找到证人、鉴定人，并征询他们的意见和要求。上述信息包括姓名、性别、住址、身份信息、联系方式和有助于确认证人、鉴定人的其他资料。我国办案机关应当尽量提供准确、详细的个人信息，在有的信息暂时还不清楚或者信息不全的情况下，还可以提供有助于确认证人、鉴定人的其他资料，如相片、有关活动信息等。

（2）作证或者协助调查的目的、必要性、时间和地点。这是对请求协助事项的具体说明，以及请求作证、协助调查活动的具体安排，目的是告诉外方、被请求人有关案件情况、需要作证或者协助的事项及其重要性、必要性，来我国作证或者提供协助的时间、地点等，让外国司法机关、被请求人了解有关情况，判断是否予以协助、能否在一定时间内提供协助。

（3）有关证人、鉴定人的权利和义务。根据我国刑事诉讼法的规定，证人、鉴定人作为刑事诉讼参与人，依法享有各项诉讼权利，如不被非法取证等。同时，证人、鉴定人负有如实作证、鉴定的义务。我国刑事诉讼法第一百二十五条规定，询问证人，应当告知他应当如实地提供证据、证言和有意作伪证或者隐匿罪证要负的法律责任；第一百四十七条第二款规定，鉴定人故意作虚假鉴定的，应当承担法律责任。对提供协助的证人、鉴定人的有关权利义务，可以参照刑事诉讼法的上述有关规定提出。同时，对证人、鉴定人在作证或者协助调查期间的权利根据我国法律予以保护。

（4）对证人、鉴定人的保护措施。一是，从我国与各国签订的国际刑事司法协助条约的规定来看，有关保护措施首先是关于有关犯罪不受追诉的保护，以及不在其他未经请求的事项中作证或者提供协助的保护。如《中华人民共和国和澳大利亚关于刑事司法协助的条约》第十四条对作证或者协助侦查人员的保护规定："（一）该人不得由于在其离开被请求方前的任何作为或者不作为所涉及的犯罪受到侦查、羁押、起诉、处罚或者受到人身自由方面的任何其他限制；（二）在未取得该人同意的情况下，不得要求该人在请求所未涉及的任何诉讼中作证或者协助侦查；（三）如果该人不在请求方境内时无法对其进行某项民事诉讼，则不得对该人进行此类民事诉讼。"这一点在本法第三十三条作了专门规定。二是，对证人、鉴定人可能面临的有关危险采取必要的保护措施。《联合国打击跨国有组织犯罪公约》第二十四条

“保护证人”规定：“一、各缔约国均应在其力所能及的范围内采取适当的措施，为刑事诉讼中就本公约所涵盖的犯罪作证的证人并酌情为其亲属及其他与其关系密切者提供有效的保护，使其免遭可能的报复或恐吓。二、在不影响被告人的权利包括正当程序权的情况下，本条第一款所述措施可包括：1. 制定向此种人提供人身保护的程序，例如，在必要和可行的情况下将其转移，并在适当情况下允许不披露或限制披露有关其身份和下落的情况；2. 规定可允许以确保证人安全的方式作证的证据规则，例如，允许借助于诸如视像连接之类的通信技术或其他适当手段提供证言。”《中华人民共和国政府和马来西亚政府关于刑事司法协助的条约》第十三条中规定，“在适当的情况下，被请求方关于为有关人员提供安全保障措施的要求应当得到满足”。上述规定是对证人、鉴定人提供人身安全保护措施的规定。我国刑事诉讼法第六十四条对证人、鉴定人的保护作了规定：“对于危害国家安全犯罪、恐怖活动犯罪、黑社会性质的组织犯罪、毒品犯罪等案件，证人、鉴定人、被害人因在诉讼中作证，本人或者其近亲属的人身安全面临危险的，人民法院、人民检察院和公安机关应当采取以下一项或者多项保护措施：（一）不公开真实姓名、住址和工作单位等个人信息；（二）采取不暴露外貌、真实声音等出庭作证措施；（三）禁止特定的人员接触证人、鉴定人、被害人及其近亲属；（四）对人身和住宅采取专门性保护措施；（五）其他必要的保护措施。证人、鉴定人、被害人认为因在诉讼中作证，本人或者其近亲属的人身安全面临危险的，可以向人民法院、人民检察院、公安机关请求予以保护。人民法院、人民检察院、公安机关依法采取保护措施，有关单位和个人应当配合。”上述规定同样适用于国际刑事司法协助中证人、鉴定人的保护。对证人、鉴定人的其他保护措施，在不违背中华人民共和国法律基本原则的情况下，还可根据被请求国或者证人、鉴定人的要求协商确定。

（5）关于证人、鉴定人的补助。对证人、鉴定人因作证或者协助调查产生的费用、报酬等，由请求国负责予以补助。如《中华人民共和国和日本国关于刑事司法协助的条约》第三十一条中规定，“被请求方应当根据请求方的请求，邀请被请求方的有关人员前往请求方作证或者在侦查、起诉或者其他诉讼程序中提供协助，请求方中央机关应当向被请求方中央机关说明请求方将向该人支付的津贴和费用的范围。”《中华人民共和国政府和美利坚合众国政府关于刑事司法协助的协定》第十一条中也规定，“当请求方要求某人到其境内作证或协助调查时，被请求方应请该人前往请求方境内的有关机关。请求方应说明所付费用的范围。”我国刑事诉讼法第六十五条中规定，“证人因履行作证义务而支出的交通、住宿、就餐等费用，应当给予补助。”上述规定同样适用于国际刑事司法协助的证人、鉴定人。被请求作证或者协助调查的证人、鉴定人的补助包括交通、住宿、就餐等费用，以及其他报酬、补贴等。

（6）有助于执行请求的其他材料。一是，根据本法第十条、第十三条的规定，向外国司法协助请求书一般所应载明的事项，如请求机关的名称，案件性质、涉案人员基本信息及犯罪事实，本案适用的法律规定等。这些材料属于这里规定的其他材料。二是，根据案件具体情况、刑事司法协助条约规定和外方、证人或者鉴定人的要求作出的有关保证和说明。如对证人、鉴定人的保护措施，需要证人回答的问题的清单、对案件保密的需要及其理由的说明等。被请求方如果认为请求中包括的内容尚不足以使其处理该请求，可以要求提供补充资料。

需要注意的是，我国与有关国家刑事司法协助条约一般均规定，刑事司法协助请求应当于开庭日期前六十天内提出，除非紧急情况下，被请求方同意在较短期限内提出。如《中华人民共和国和葡萄牙共和国关于刑事司法协助的协定》第九条规定：“请求国邀请有关人员到其境内出庭的文书送达请求，应当在不迟于预定的出庭日六十天前递交给被请求国。在紧急情形下，被请求国可以同意在较短期限内转交。”因此，请求书应当按照有关条约规定及早提出。

相关规定

《中华人民共和国刑事诉讼法》第64条；《联合国打击跨国有组织犯罪公约》第24条；《中华人民共和国和葡萄牙共和国关于刑事司法协助的协定》第9条

第三十三条 **来中华人民共和国作证或者协助调查的证人、鉴定人在离境前，其入境前实施的犯罪不受追诉；除因入境后实施违法犯罪而被采取强制措施的以外，其人身自由不受限制。**

证人、鉴定人在条约规定的期限内或者被通知

无需继续停留后十五日内没有离境的，前款规定不再适用，但是由于不可抗力或者其他特殊原因未能离境的除外。

条文主旨

本条是有关证人、鉴定人入境前犯罪不受追诉和人身自由不受限制及其期限的保护措施的规定。

立法背景

向外国请求安排证人、鉴定人作证或者协助调查的目的是查明刑事案件的案情，开展本案刑事诉讼工作。有的证人、鉴定人可能曾在我国境内实施过犯罪，或者在境外实施犯罪根据我国刑法规定具有管辖权的，如果对证人、鉴定人来我国作证不能保证其不受犯罪追诉，则难以请求到证人、鉴定人来我国作证。同时，对请求作证的证人、鉴定人承诺在作证期间不受犯罪追诉、不被限制人身自由，也是国际刑事司法协助实践中的普遍做法，在有关国际公约、我国与其他国家签订的国际刑事司法协助条约中多有规定。如《联合打击跨国有组织犯罪公约》第二十七规定："在不影响本条第十二款的适用的情况下，应请求缔约国请求而同意到请求缔约国就某项诉讼作证或为某项侦查、起诉或审判程序提供协助的证人、鉴定人或其他人员，不应因其离开被请求缔约国领土之前的作为、不作为或定罪而在请求缔约国领土内被起诉、羁押、处罚，或在人身自由方面受到任何其他限制。如该证人、鉴定人或其他人员已得到司法当局不再需要其到场的正式通知，在自通知之日起连续十五天内或在缔约国所商定的任何期限内，有机会离开但仍自愿留在请求缔约国境内，或在离境后又自愿返回，则此项安全保障即不再有效。”《联合国反腐败公约》第十二条规定：“除非依照本条第十款和第十一款的规定移送某人的缔约国同意，否则，不论该人国籍为何，均不得因其在离开移送国领域前的作为、不作为或者定罪而在被移送前往的国家领域使其受到起诉、羁押、处罚或者对其人身自由进行任何其他限制。”《中华人民共和国政府和美利坚合众国政府关于刑事司法协助的协定》第十一条之二规定：“被请求方可要求请求方承诺，对于根据本条被要求到请求方境内的人员，不得因该人进入请求方境内之前的任何作为或不作为或定罪而予以起诉、羁押、发出传票或以其他形式限制其人身自由，也不应强制该人在该请求所未涉及的任何其他侦查、起诉或诉讼中作证或协助调查，除非事先取得被请求方和该人的同意。如果请求方不能作出上述保证，则被要求前往的人可以拒绝接受要求。如果请求方作出上述保证，则还应具体说明该项保证的适用期限与条件。”

条文解读

本条共分两款。第一款是关于来我国作证或者协助调查的证人、鉴定人有关犯罪不受追诉和人身自由不受限制的规定。一是，来中华人民共和国作证或者协助调查的证人、鉴定人在离境前，其入境前实施的犯罪不受追诉。入境前实施的犯罪，包括曾在我国境内实施的犯罪，也包括根据我国刑法规定，在境外实施的针对我国国家或者公民的犯罪，或者根据有关国际条约规定我国享有管辖权的犯罪案件。不受追诉时间点是入境后离境前，不受追诉的“犯罪”是“其入境前实施的犯罪”。也就是说，一方面，并不是承诺一直不追诉，只是在作证期间不追诉，证人、鉴定人作证完成返回被请求国的，或者之后又来到我国的，可依法追诉犯罪。另一方面，对其在入境前实施的犯罪不追诉，对于作证期间在我国实施新犯罪的，如作伪证或者实施其他犯罪的，则应当依法追诉。如《中华人民共和国与澳大利亚关于刑事司法协助的条约》第十四条规定，证人、鉴定人“应当服从该方有关藐视法庭、伪证和虚假陈述方面的法律”。二是，除因入境后实施违法犯罪而被采取强制措施的以外，其人身自由不受限制。也就是说作证期间，证人、鉴定人的人身自由不受限制，不受约束和监控。但证人、鉴定人应当遵守中国法律，不得妨碍、干扰刑事诉讼活动的进行，更不能进行非法串供等违法活动。如果实施新的违法犯罪，根据我国法律规定应当予以行政拘留，或者采取有关刑事强制措施的，将依法限制其人身自由。另外，根据本法第三十五条的规定，来我国作证人员如系在押人员，入境前已被羁押的，则依据有关移送协议继续予以羁押。

第二款是关于未按规定期限离境，前款保护措施不再适用的规定。对证人、鉴定人不予追诉和人身自由不受限制的措施仅限于作证期间和作证需要。对于作证或者协助调查工作已经完成，未按规定时间离境的，将不再受到不追诉犯罪和人身自由的保护。对于离境后又自愿返回的，也将不再受到上述保护。根据本款规定，期间包括两种情况：一是，条约规定的期限内。我国和有关国家刑事司法协助条约中对证人、鉴定人离境的期限一般都有所规定。如《中华人民共和国和葡萄牙共和国关于刑事司法协助的协定》第十一条规定，证人、鉴定人“在被正式通知无需继续停留后四十五天内未离开请求国，或者离开后又自愿返回，则不再适用本条第一款。但是，该期限不包括该人由于本人无法控制的原因而未离开请求国领土的期间”。《中华人民共和国和巴西联邦共和国关于刑事司法协助的条约》第十四条规定，证人、鉴定人“在被正式通知无需继续停留后十五天内未离开请求方，或者离开后又自愿返回，则不再适用本条第一款。但是，该期限不包括该人由于本人无法控制的原因而未能离开请求方的期间”。对于条约明确作出规定的，按照条约确定的期限作为保护期限。二是，被通知无需继续停留后十五日内没有离境。对于条约没有规定，或者我国与其尚未签署刑事司法协助条约的，期限按照通知离境后十五日内确定。对于经过以上期限没有离境的，有关保护措施不再适用，对其入境前实施的犯罪依法追诉，采取有关强制措施，限制人身自由。根据本款规定，对于在规定期限内未离境，是由于不可抗力或者其他特殊原因造成的，如发生自然灾害，证人、鉴定人遭受严重疾病或者伤害暂时无法离境的，可继续采用有关保护措施。在有关不可抗力或者特殊原因情形消除后，应当及时离境，否则将不受保护。

相关规定

《联合打击跨国有组织犯罪公约》第27条；《中华人民共和国政府和美利坚合众国政府关于刑事司法协助的协定》第11条；《中华人民共和国和葡萄牙共和国关于刑事司法协助的协定》第11条；《中华人民共和国和巴西联邦共和国关于刑事司法协助的条约》第14条

第三十四条　对来中华人民共和国作证或者协助调查的证人、鉴定人，办案机关应当依法给予补助。

条文主旨

本条是关于依法给予证人、鉴定人补助的规定。

立法背景

请求方请求他国人员前往请求国境内作证或者协助

调查，由请求国支付有关费用，是国际刑事司法协助实践中的通常做法，也是证人、鉴定人前往请求国作证或者协助调查的基本保障。《联合国打击跨国有组织犯罪公约》第二十八条规定："除非有关缔约国另有协议，执行请求的一般费用应由被请求缔约国承担。如执行请求需要或将需要支付巨额或特殊性质的费用，则应由有关缔约国进行协商，以确定执行该请求的条件以及承担费用的办法。"《中华人民共和国政府和法兰西共和国政府关于刑事司法协助的协定》第十三条规定，如果请求证人、鉴定人到请求国作证或者协助调查，"请求方应当说明将支付的津贴的大概数额，特别是旅行和住宿费用的大概数额"。本条将国际刑事司法实践做法和有关国家公约、条约的规定总结为法律规定，明确对来中国作证或者协助调查的证人、鉴定人依法给予补助。

条文解读

一是，"办案机关"应当依法给予补助。办案机关是提出具体刑事司法协助请求的机关，是该刑事诉讼案件的承办机关，应当由其予以补助。有关主管机关、对外联系机关不负责给予补助，对此，法律作了明确规定。

二是，依法给予补助。我国刑事诉讼法第六十五条规定：“证人因履行作证义务而支出的交通、住宿、就餐等费用，应当给予补助。证人作证的补助列入司法机关经费，由同级财政予以保障。有工作单位的证人作证，所在单位不得克扣或者变相克扣其工资、奖金及其他福利待遇。”这一规定同样适用于刑事司法协助的证人。补助的范围包括来华作证或者协助调查的交通费、住宿费、就餐费用等相关费用，以及务工损失、补贴、报酬。《中华人民共和国政府和法兰西共和国政府关于刑事司法协助的协定》第二十条中规定，“证人、鉴定人、被移送的在押人员及其押送人员的旅行费用和出差津贴，由请求方负担，其数额按照请求方法律确定”。《中华人民共和国和希腊共和国关于民事和刑事司法协助的协定》第三十七条规定，“提出请求的缔约一方需付给证人或鉴定人的补偿、食宿费及旅费，应自证人和鉴定人离开其居所地起算，且其数额至少应等于提出请求的缔约一方的现行规章所规定的数额。”对于具体数额，依照我国法律规定的标准确定，或者在不违背我国法律基本原则的前提下，通过协商确定。有时需要根据情况预先支付有关费用，如《中华人民共和国和希腊共和国关于民事和刑事司法协助的协定》第三十六条中规定，“提出请求的缔约一方应在请求书或出庭通知中说明可支付的大约补偿数以及可偿付的旅费与食宿费。应证人或鉴定人的要求，提出请求的缔约一方应向其全部或部分预付上述费用”。

相关规定

《中华人民共和国刑事诉讼法》第64条；《联合国打击跨国有组织犯罪公约》第28条；《中华人民共和国政府和法兰西共和国政府关于刑事司法协助的协定》第13条、第20条；《中华人民共和国和希腊共和国关于民事和刑事司法协助的协定》第36条

第三十五条　来中华人民共和国作证或者协助调查的人员系在押人员的，由对外联系机关会同主管机关与被请求国就移交在押人员的相关事项事先达成协议。

主管机关和办案机关应当遵守协议内容，依法对被移交的人员予以羁押，并在作证或者协助调查结束后及时将其送回被请求国。

条文主旨

本条是关于在押人员来中国作证或者协助调查的规定。

立法背景

本条对请求在押人员到我国作证或者协助调查作了专门规定。在国际刑事司法协助实践中，在一些情况下需要请求在押人员到请求国作证或者协助调查，在有关国际条约或者我国与有关国家刑事司法协助条约中对这种情况也多有规定。如《联合国反腐败公约》第十条规定："在一缔约国领域内被羁押或者服刑的人，如果被要求到另一缔约国进行辨认、作证或者提供其他协助，以便为就与本公约所涵盖的犯罪有关的侦查、起诉或者审判程序取得证据，在满足下列条件的情况下，可以予以移送：（一）该人在知情后自由表示同意；（二）双方缔约国主管机关同意，但须符合这些缔约国认为适当的条件。"又如，《中华人民共和国和墨西哥合众国关于刑事司法协助的条约》第十一条中规定："经请求方请求，被请求方可以将在其境内的在押人员临时移送至请求方境内以便出庭作证或者协助调查。”本条总结国际刑事司法协助实践经验和有关条约规定，对外国在押人员来中华人民共和国作证或者协助调查的程序作了专门规定。

条文解读

本条分为两款。第一款是关于请求在押人员作证或者协助调查须事先达成协议的规定。由于涉及在押人员，双方需要就移交人员的具体程序、移交方法、如何羁押、在何地羁押、如何送回等事项事先达成协议，既确保为请求国提供有效刑事司法协助，也要保证在押人员继续羁押服刑的状况，保证工作中不会出现脱逃等问题。根据本条的规定，办案机关提出在押人员来我国作证或者协助调查的，由对外联系机关会同主管机关与被请求国事先达成协议。草案一审稿规定，由对外联系机关与被请求国达成协议，根据有关方面意见，修改为联系机关会同主管机关共同与被请求国达成协议。协议的内容可以包括移交的具体方式、手续，依法予以羁押的保证，羁押的地点，保证作证或者协助调查结束后及时将人员送回等。

第二款是关于遵守协议，依法对在押人员羁押，并在作证或者协助调查结束后将其送回的规定。根据本款规定，主管机关和办案机关应当遵守双方达成的协议内容，在人员移送后，如果根据被请求方法律被移送人员应当予以羁押的，则应当依法对被移交的人员予以羁押。特殊情况下根据协议内容和请求国要求，也可以释放。如《中华人民共和国政府和马来西亚政府关于刑事司法协助的条约》第十四条中规定，“如果被请求方告知请求方无需继续羁押被移送人，则该人应当被释放，并且将其按照第十三条所指的人员（到境外作证或者协助调查的非羁押人员）对待”。在作证或者协助调查结束后应当及时将人员送回被请求国，按照事项达成的协议完成移送手续。送回过程中也应当依法确保被移送人员处于被羁押的状态之下。在作证或者协助调查事项结束后应当及时送回，如果在双方协议的时间内尚未完成有关作证或者调查事项的，可协商延长时间。

需要注意的是，本条对在押人员来中国作证或者协助调查是否需要经本人同意，以及其刑期折抵问题未作规定，对此可根据被请求国法律、双方刑事司法协助条约确定。如《中华人民共和国与印度尼西亚共和国关于刑事司法协助的条约》第十二条规定，“如果一方的司法机关认为有必要向被请求方境内的在押人员取得证人证言，在该人同意的情况下，被请求方可根据请求把该人临时移交给请求方”。

相关规定

《联合国反腐败公约》第10条；《中华人民共和国与印度尼西亚共和国关于刑事司法协助的条约》第12条

第二节　向中华人民共和国请求安排证人作证或者协助调查

第三十六条　外国可以请求中华人民共和国协助安排证人、鉴定人赴外国作证或者通过视频、音频作证，或者协助调查。

外国向中华人民共和国请求安排证人、鉴定人作证或者协助调查的，请求书及所附材料应当根据需要载明本法第三十二条规定的事项。

请求国应当就本法第三十三条第一款规定的内容作出书面保证。

条文主旨

本条是关于外国可以请求我国协助安排证人、鉴定人作证或者协助调查，以及有关要求的规定。

立法背景

在国际刑事司法协助中，请求安排证人作证或者协助调查，是重要的刑事司法协助工作，这方面的合作请求在实践中经常遇到。在有关国际公约、我国与有关国家签订的刑事司法协助条约中一般对安排证人、鉴定人作证或者协助调查都有专门规定。如《中华人民共和国和大韩民国关于刑事司法协助的条约》第十四条规定："请求方可请求被请求方协助，邀请某人在诉讼中作为证人或鉴定人出庭或协助调查。"《中华人民共和国和西班牙王国关于刑事司法协助的条约》第十条规定："被请求方应当根据请求方的请求，邀请有关人员前往请求方境内出庭作证或者协助调查。请求方应当说明需向该人支付的津贴、费用的范围。被请求方应当将该人的答复迅速通知请求方。"在总结有关刑事司法协助实践做法和有关条约规定的基础上，本法第三十一条和本条分别从向外国请求安排证人作证或者协助调查、向我国请求安排证人作证或者协助调查的角度作了规定。

条文解读

本条共分为三款，分别与本法三十一条、第三十二条、第三十三条向外国请求安排证人作证或者协助安排证人的有关事项相对应。第一款是关于外国可以请求我国协助安排作证或者协助调查的规定。外国需要我国协助安排证人、鉴定人作证或者协助调查的，应当依照刑事司法协助条约和本法的规定提出书面请求。请求的内容包括作证或者协助调查两种情况。作证也包含两种情况，一是赴外国作证，二是条件允许和必要情况下也可以通过视频、音频作证。有关国际公约、刑事司法协助双边条约等对通过视频、音频作证一般都作了规定。《联合国打击跨国有组织犯罪公约》第十八条规定："当在某一缔约国境内的某人需作为证人或鉴定人接受另一缔约国司法当局询问，且该人不可能或不愿到请求国出庭，则前一个缔约国可应该另一缔约国的请求，在可能且符合本国法律基本原则的情况下，允许以电视会议方式进行询问，缔约国可商定由请求缔约国司法当局进行询问且询问时应有被请求缔约国司法当局在场。”中国和英国、意大利、西班牙、马来西亚、比利时、澳大利亚等国家的刑事司法协助条约对音视频作证均作了规定。如《中华人民共和国和大不列颠及北爱尔兰联合王国关于刑事司法协助的条约》第十五条规定：“一方可以请求另一方允许在被请求方境内的有关人员通过视频会议，在请求方刑事侦查、起诉和审判程序中作证。被请求方在可能并且不违反被请求方法律的范围内，可以接受请求方根据本条第一款提出的请求。双方可以就通过视频会议取证适用的条件和程序达成一致。”请求证人、鉴定人协助的活动除了出庭作证外，还可以是协助调查。协助调查包括在刑事诉讼活动中协助辨认、查找有关人员、证据，提供有关案件信息和线索等。需要说明的是，本条规定的证人包括被害人作为证人的情况，外国请求被害人作为证人出庭作证或者协助调查的，适用本章的规定。

第二款是关于外国向我国请求安排作证或者协助调查请求书所应载明事项的规定。根据本款规定，请求书及所附材料应当根据需要载明本法第三十二条规定的事项，即证人、鉴定人的姓名、性别、住址、身份信息、联系方式和有助于确认证人、鉴定人的其他资料；作证或者协助调查的目的、必要性、时间和地点等；证人、鉴定人的权利和义务；对证人、鉴定人的保护措施；对证人、鉴定人的补助；有助于执行请求的其他材料。

第三款是关于请求国应当就本法第三十三条第一款规定的内容作出书面保证的规定。也就是说，请求国应当保证去外国作证或者协助调查的证人、鉴定人在作证期间及作证后的合理期限内的人身自由不受限制，入境前实施的犯罪不受追诉，因入其国境后实施违法犯罪而被采取强制措施或者入其国境前已被羁押的除外。保证应当以书面形式作出。这是从保护我国证人、鉴定人权利的角度作出的规定，请求我国有关人员出境作证或者协助调查的，必须正式作出上述承诺。如果请求方不能作出上述保证，则被要求前往的人可以拒绝接受要求。如果请求方作出上述保证，则还应具体说明该项保证的适用期限与条件。

相关规定

《中华人民共和国和大韩民国关于刑事司法协助的条约》第14条；《联合国打击跨国有组织犯罪公约》第18

条；《中华人民共和国和大不列颠及北爱尔兰联合王国关于刑事司法协助的条约》第15条

第三十七条　证人、鉴定人书面同意作证或者协助调查的，办案机关应当及时将证人、鉴定人的意愿、要求和条件通过所属主管机关通知对外联系机关，由对外联系机关通知请求国。

安排证人、鉴定人通过视频、音频作证的，主管机关或者办案机关应当派员到场，发现有损害中华人民共和国的主权、安全和社会公共利益以及违反中华人民共和国法律的基本原则的情形的，应当及时制止。

条文主旨

本条是关于证人、鉴定人作证或者协助调查有关程序，以及通过音视频作证派员到场的规定。

立法背景

一是，在国际刑事司法协助实践和有关条约的规定中，是否作为证人、鉴定人作证或者协助调查，被请求人本人的意愿是很重要的，很多条约都规定需要征得被请求人本人同意。这与国内刑事诉讼规定的“凡是知道案件情况的人都有作证的义务”的要求是不一样的。对于证人、鉴定人的要求和条件，请求国能否保证也是影响证人、鉴定人是否作证或者协助调查的重要因素。本条对此作了规定，要求充分考虑证人、鉴定人的意愿、要求和条件。二是，证人、鉴定人在我国境内通过视频、音频作证的，被请求国派员到场，发现有损害中华人民共和国的主权、安全和社会公共利益以及违反中华人民共和国法律的基本原则的情形的，应当及时制止。作上述规定目的是维护我国国家利益和基本法律原则。证人、鉴定人通过视频、音频作证虽然是参与外国司法活动，但属于根据刑事司法协助进行的作证活动，且该活动发生在我国境内，派员到场对有关作证活动进行监督是必要的。

条文解读

本条分为两款。第一款是关于证人、鉴定人作证或者协助调查有关程序的规定。根据本款规定，是否提供作证或者协助调查的刑事司法协助，需征得证人、鉴定人的书面同意。如果证人、鉴定人作出书面同意的，办案机关应当及时将证人、鉴定人的意愿、有无什么要求和条件通过所属主管机关通知对外联系机关，由对外联系机关通知请求国。请求国反馈的有关信息应当及时告知证人、鉴定人，以决定是否出境作证或者协助调查。如果证人、鉴定人不同意作证或者协助调查的，应当及时将有关信息通过所属主管机关通知对外联系机关，由对外联系机关通知请求国。对于证人、鉴定人同意出境作证或者协助调查的，仅就书面同意的作证或者协助调查的事项予以协助，请求国不得要求该人在请求所未涉及的任何侦查、起诉或者其他诉讼程序中作证或者协助调查。对此，我国与一些国家签订的刑事司法协助条约中均有规定。如《中华人民共和国和菲律宾共和国关于刑事司法协助的条约》第十二条规定，请求方“不得要求该人在请求所未涉及的任何侦查、起诉或者其他诉讼程序中作证或者协助调查，除非事先取得被请求方和该人的同意”。《中华人民共和国和大韩民国关于刑事司法协助的条约》第十六条中规定，“请求方不得要求该人在并非请求所涉及的任何调查、起诉或诉讼中提供证据或协助调查”。

第二款是有关视频、音频作证应当派员到场的规定。根据本款规定，安排证人、鉴定人通过视频、音频作证的，主管机关或者办案机关应当派员到场，发现有损害中华人民共和国的主权、安全和社会公共利益以及违反中华人民共和国法律的基本原则的情形的，应当及时制止。如发现外国司法机关、证人、鉴定人有损害中华人民共和国主权、安全和公共秩序以及违反中华人民共和国法律基本原则的提问、回答和有关行为的，应当及时制止。此外，双方应当事先就视频、音频作证的具体方式、时间、地点、程序、相关费用的承担等达成有关协议。

相关规定

《中华人民共和国刑事诉讼法》第62条；《中华人民共和国和菲律宾共和国关于刑事司法协助的条约》第12条

第三十八条　外国请求移交在押人员出国作证或者协助调查，并保证在作证或者协助调查结束后及时将在押人员送回的，对外联系机关应当征求主

管机关和在押人员的意见。主管机关和在押人员均同意出国作证或者协助调查的，由对外联系机关会同主管机关与请求国就移交在押人员的相关事项事先达成协议。

在押人员在外国被羁押的期限，应当折抵其在中华人民共和国被判处的刑期。

条文主旨

本条是关于外国请求移交在押人员出国作证或者协助调查的规定。

立法背景

从我国刑事司法协助实践看，外国请求移交在押人员出国作证或者协助调查的情况也有发生。如有的罪犯在一国已经过审判正在服刑，需要其到境外就其曾参与或者知情的有关其他罪犯的犯罪情况作证或者协助调查。在我国与有关国家的刑事司法协助条约中一般都对在押人员出国作证或者协助调查作了规定。如《中华人民共和国政府和美利坚合众国政府关于刑事司法协助的协定》第十二条规定："如果为本协定规定的协助的目的而要求羁押在被请求方境内的人前往请求方，在该人及双方中央机关同意的情况下，可为此目的将该人从被请求方移送到请求方。”《中华人民共和国和西班牙王国关于刑事司法协助的条约》第十一条规定：“经请求方请求，被请求方可以将在其境内的在押人员临时移送至请求方境内以便出庭作证或者协助调查，条件是该人同意，而且双方已经就移送条件事先达成书面协议。”本条和本法第三十五条根据我国开展这方面工作的实践经验，总结条约规定，从内外请求两个方面对移交在押人员出国作证或者协助调查作了规定。本条对外国请求我国移交在押人员出国作证或者协助调查的条件、程序和刑期折抵等作了规定，为我国向外国移交在押人员进行刑事司法协助提供了法律依据。

条文解读

本条分为两款。第一款是关于在押人员出国作证或者协助调查有关条件和程序的规定。本条规定针对的是在押人员“出国”作证或者协助调查的规定，如果外国请求在押人员通过视频、音频作证，则适用本法第三十六条和第三十七条的规定。根据本款规定，移交在押人员出国作证或者协助调查需要满足三个方面的条件：一是，请求方保证在作证或者协助调查结束后及时将在押人员送回。这是基础性的要求和前提条件，在我国与各国签订的刑事司法协助条约中对此一般都予以明确，目的是确保在押人员安全回国继续服刑。二是，主管机关和在押人员均同意。外国提出请求的，对外联系机关应当征求主管机关和在押人员的意见。主管机关是指监管场所的主管部门或者案件还处于刑事诉讼阶段的有关主管司法机关。同时，需在押人员同意才能出国作证或者协助调查，这也是普遍做法。主管机关和在押人员均同意出国作证的才能移交人员作证或者协助调查。如《中华人民共和国和泰王国关于刑事司法协助的条约》第十一条规定，“经请求方请求，被请求方可以将在其境内的在押人员临时移送至请求方境内以便出庭作证，条件是该人同意，而且双方已经就移送条件事先达成书面协议。”《中华人民共和国政府和马来西亚政府关于刑事司法协助的条约》第十三条规定：“被请求方可以依请求，将在其境内的在押人员临时移送至请求方境内以便作证或者协助调查，条件是该人同意，并且双方已经就移送条件事先达成协议。”三是，就移交在押人员的相关事项事先达成协议。移交在押人员的程序和事项较为复杂，要保证在押人员的安全，也要防止在押人员脱逃等，事先应当就移交在押人员的方式、时间、地点、程序、看护、在外国被羁押的地点和有关保护措施等事项作周密安排，协商一致，形成妥当的工作方案之后进行移交。除了相关安全性、程序性事项需要事先达成协议外，还应当考虑以下协议内容：如明确接收方有义务继续羁押被移送人；接收方应当在被移送人作证或协助调查完毕后或在双方商定的期限内，将被移送人送回移送方；接收方不得要求移送方就被移送人的送回提出引渡程序等。协议由我国对外联系机关会同主管机关与请求国协商达成。

第二款是关于刑期折抵的规定。在押人员在外国被羁押的期限，应当折抵其在中华人民共和国判处的刑期。中国和西班牙、泰国、法国、南非、韩国、马耳他、爱沙尼亚、葡萄牙、澳大利亚等国家有关刑事司法协助的条约中都规定，该被移送人在请求方被羁押的期间，应当折抵在被请求方判处的刑期。

相关规定

《中华人民共和国和泰王国关于刑事司法协助的条约》第 11 条；《中华人民共和国政府和马来西亚政府关于刑事司法协助的条约第 13 条；《中华人民共和国和西班牙王国关于刑事司法协助的条约》第 11 条

第六章　查封、扣押、冻结涉案财物

第一节　向外国请求查封、扣押、冻结涉案财物

第三十九条　办案机关需要外国协助查封、扣押、冻结涉案财物的，应当制作刑事司法协助请求书并附相关材料，经所属主管机关审核同意后，由对外联系机关及时向外国提出请求。

外国对于协助执行中华人民共和国查封、扣押、冻结涉案财物的请求有特殊要求的，在不违反中华人民共和国法律的基本原则的情况下，可以同意。需要由司法机关作出决定的，由人民法院作出。

条文主旨

本条是关于我国向外国提出协助查封、扣押、冻结涉案财物请求的程序以及同意外国特殊要求的规定。

立法背景

查封、扣押、冻结涉案财物是调查、侦查、起诉、审判阶段采取的重要强制性措施，可以收集可以证明犯罪嫌疑人有罪或者无罪、罪轻或者罪重的证据。查封、扣押、冻结涉案财物的范围限于与案件有关的财物，如作案工具、赃款赃物等。在刑事附带民事诉讼中，人民法院可以决定采取财产保全措施，以保障刑事附带民事判决的顺利执行，防止因为被告人及其亲属为逃避承担赔偿责任，在诉讼期间转移、隐匿财产，或者因其他原因而毁损灭失，导致将来作出的附带民事判决难以执行。对于在我国领域外对我国或者我国公民犯罪的、在国内犯罪逃至国外、将违法犯罪所得转移至国外等情形，为满足打击犯罪的需要，刑事司法协助法对向外国请求查封、扣押、冻结涉案财物作出明确规定。对于请求外国协助执行强制性措施，从尊重外国司法主权出发，被请求国对执行强制性措施有特殊要求的，在不违反中华人民共和国法律的基本原则的情况下，可以同意。打击通过走私犯罪、贪污贿赂犯罪、金融诈骗犯罪等违法所得转移到国外，在国外进行制毒、贩毒危害我国国家和人民利益等违法犯罪行为，需要其他国家的协助。

《联合国打击跨国有组织犯罪公约》《联合国反腐败公约》等国际公约对冻结、扣押等强制性措施进行了规定。依照上述国际公约规定，根据法院或其他主管当局的命令可以暂时禁止财产转移、转换、处置或移动或实行暂时性扣押或控制。财产的范围包括与犯罪有关的各种财产，不论其为物质的或非物质的、动产或不动产、有形的或无形的，以及证明对这些资产所有权或权益的法律文书或文件。2003 年 8 月我国批准加入《联合国打击跨国有组织犯罪公约》、2005 年 10 月 27 日我国批准加入《联合国反腐败公约》，为我国请求外国、外国请求我国查封、扣押、冻结涉案财物，参与打击跨国有组织犯罪、腐败犯罪等犯罪活动提供了制度保障。

在依照公约打击跨国有组织犯罪、腐败犯罪的同时，我们通过国内立法形式，将公约转化为我国刑法、刑事诉讼法、监察法的相关规定，在国内适用。如，我国刑事诉讼法第二编“立案、侦查和提起公诉”第二章“侦查”第六节“查封、扣押物证、书证”、监察法第四章“监察权限”对查封、扣押、冻结等采取强制性措施的财产的范围和措施的解除作出了规定。

条文解读

本条共分为两款，第一款是关于我国办案机关在办案过程中请求外国协助查封、扣押、冻结涉案财物的一般性规定。本款规定的“办案机关”，是指具体承办案件的机关，包括监察委员会、公安、国家安全、检察院、法院等机关，可以是不同层级的相关部门。“涉案财物”，是指涉及犯罪的各种资产，不论其为物质的或非物质的、动产或不动产、有形的或无形的，包括房屋、汽车、人民币等。“扣押”，是指侦查、调查机关强制扣押当事人财产，限制其占有和处分的措施，是将可移动的财产转移他处，置于有权控制之下，可由执行机关保存也可委托有关单位和个人保存的强制性措施。“查封”，是指对财产所有人的动产或不动产就地封存、贴上封条，不允许任何机关和个人使用和处分，以防止转移隐匿或毁损丢失，以待进一步查处的措施，一般是对不可移动的财物就地封存。“冻结”，是指对无形的财产权益采取的禁止转移、使用和处分的一种限制性措施。依照我国刑事诉讼法的规定，查封、扣押的财产是可用以证明犯罪嫌疑人有罪或无罪的各种财物、文件，与案件无关的财物、文件不得查封、扣押，对犯罪嫌疑人的存款、汇款、债券、股票、基金份额等财产可以查询、冻结。

依据本款的规定，请求外国协助查封、扣押、冻结涉案财物，首先应当制作刑事司法协助请求书并附相关材料。依照本法第四十条的规定，刑事司法协助请求书及所附材料应当载明涉案财物的情况、相关法律文书的副本、权利保障的法律规定等事项。其次，经所属主管机关审核同意。依照本法第六条的规定，国家监察委员会、最高人民法院、最高人民检察院、公安部、国家安全部等部门是开展国际刑事司法协助的主管机关，上述机关负有审核向外国提出的刑事司法协助请求的职责。监察、司法、公安、国安等部门向外国请求协助查封、扣押、冻结涉案财物的，应当层报并经相应的主管机关审核同意。最后，由对外联系机关及时提出请求。依照本法第五条规定，中国与外国之间开展刑事司法协助工作，应当通过司法部等对外联系机关负责提出刑事司法协助请求。

第二款是关于同意外国特殊要求的规定。依照本款的规定，国内办案机关在申请外国协助查封、扣押、冻结涉案财物时，被请求国有特殊要求的，可以同意，前提条件是不违反我国法律的基本原则。“特殊要求”，是指对所涉案件办理程序、法律文书、证据材料、措施期限等与案件相关的要求。对被请求国提出的特殊要求，如果违反我国法律的基本原则或者损害我国的主权、安全和社会公共利益，我们应当予以拒绝。一般由办案机关如监察委员会、公安机关、检察院、法院等作出决定。外国要求由司法机关作出的，即使案件不由法院办理，依据本款规定，办案机关可转请人民法院作出决定。

相关规定

《中华人民共和国刑事诉讼法》第 141－145 条；《联合国反腐败公约》第 2 条、第 3 条、第 31 条；《联合国打击跨国有组织犯罪公约》第 2 条、第 12 条

第四十条 向外国请求查封、扣押、冻结涉案财物的，请求书及所附材料应当根据需要载明下列事项：

（一）需要查封、扣押、冻结的涉案财物的权属证明、名称、特性、外形和数量等；

（二）需要查封、扣押、冻结的涉案财物的地

点。资金或者其他金融资产存放在金融机构中的，应当载明金融机构的名称、地址和账户信息；

（三）相关法律文书的副本；

（四）有关查封、扣押、冻结以及利害关系人权利保障的法律规定；

（五）有助于执行请求的其他材料。

条文主旨

本条是关于向外国请求查封、扣押、冻结涉案财物请求书及所附材料需要载明事项的规定。

立法背景

本法第三十九条对我国向外国提出协助查封、扣押、冻结涉案财物请求的程序以及同意外国特殊要求作出规定。本条对第三十九条请求书及所附材料所需要的载明事项作出明确规定，是对本法第三十九条要求的具体化。我国在请求外国协助查封、扣押、冻结涉案财产时应当尽可能提供涉案财物的具体信息，以便被请求国能够及时、方便地采取强制性措施。

条文解读

依照本条规定，向外国请求查封、扣押、冻结涉案财物的，刑事司法协助请求书及所附材料应当载明以下四类事项：一是，关于涉案财物的基本情况。我国办案机关向外国请求查封、扣押、冻结涉案财物的，需要提供涉案财物的有关情况或线索，如查封、扣押、冻结涉案财物的权属证明、名称、特性、外形和数量，查封、扣押、冻结涉案财物的存放地点，涉案资金或者其他金融资产存放在金融机构中的，应当载明金融机构的名称、地址和账户信息等。“权属证明”，是指可以证明产权归属证明的文件材料，是某种权利所属的书面证明、凭证，如证明权利人依法拥有房屋所有权并对房屋行使占有、使用、收益和处分权利的房屋产权证。“金融资产”，是指可以在有组织的金融市场上进行交易，具有现实价格和未来股价的金融工具，如个人存款、股票、债券、基金份额等。二是，相关法律文书的副本。请求外国协助查封、扣押、冻结涉案财物的，应当提供所涉案件基本情况的材料，如准予刑事立案决定书，作出查封、扣押、冻结决定的决定书。根据财物所在国法律规定，也可向该国提供请求，由该国办案机关直接决定查封、扣押、冻结；曾向外国查询、核实涉案财物、金融账户信息的，还可以提供按照本法第二十五条规定的向他国提出请求的请求书等。三是，有关查封、扣押、冻结以及利害关系人权利保障的法律规定。对于查封、扣押、冻结涉案财物的相对人，应当告知其享有陈述、申辩等权利，可以提出查封、扣押、冻结涉案财物是否符合法律规定、是否符合程序要求的意见，以保证强制性措施的正当性、合理性。我国刑事诉讼法第一百四十一条规定，与案件无关的财物，不能作为证据使用，不得随意扩大查封、扣押的范围。查封、扣押与案件无关的财物是对公民合法权益的侵犯。对于采取查封、扣押、冻结措施侵犯公民合法权益的行为，当事人及其辩护人、诉讼代理人、利害关系人可以依照刑事诉讼法第一百一十七条的规定，向执行机关提出申诉或者控告。四是，有助于执行请求的其他材料。

需要注意的是，本法第十条、第十三条对向外国提出刑事司法协助书及请求书载明事项作出一般性规定，本条是特别规定，执行机关在提出相关协助请求时都应当遵守。向外国请求查封、扣押、冻结涉案财物，刑事司法协助请求书及所附材料包括但不限于前四项要求载明的事项。如果被请求国有提供其他材料要求的，在不损害我国的主权、安全和社会公共利益的情况下，可以按照被请求国的要求提供。

相关规定

《中华人民共和国刑事诉讼法》第141－145条；《联合国反腐败公约》第2条、第3条、第31条；《联合国打击跨国有组织犯罪公约》第2条、第12条

第四十一条 外国确定的查封、扣押、冻结的期限届满，办案机关需要外国继续查封、扣押、冻结相关涉案财物的，应当再次向外国提出请求。

办案机关决定解除查封、扣押、冻结的，应当及时通知被请求国。

条文主旨

本条是关于继续和解除查封、扣押、冻结的规定。

立法背景

在向外国请求查封、扣押、冻结时，查封、扣押、

冻结涉案财物的期限应当由被请求国依照该国法律作出规定。对于确定期限届满，我国办案机关尚未办结案件的，需要提出继续查封、扣押、冻结的请求，以保证查清案件事实，最后判决得以有效执行。本条明确规定在外国确定的查封、扣押、冻结期限届满前，我国应当再次提出请求，请求书应重点说明案件办理情况、继续采取强制措施的事由，并经所属主管机关审核同意后，由对外联系机关及时提出请求。我国办案机关决定或者裁定解除查封、扣押、冻结的，应当及时通知被请求国，以不影响有关涉案财物的正常使用。

条文解读

本条共分为两款。第一款是关于向外国提出查封、扣押、冻结财产期限届满的处理规定。对于查封、扣押、冻结涉案财产的期限，应当依照我国法律及相关司法解释确定的期限内，在协助执行请求书及所附材料中提出采取措施的起止期限，但查封、扣押、冻结的确定起止期限，还需由被请求国依照其该国法律最终决定。在确定的查封、扣押、冻结期限内，我国办案机关应当及时办理案件。对于疑难、复杂案件等情形，不能在被请求国确定期限内按时办结的，应当向被请求国提出继续查封、扣押、冻结涉案财物的请求。应重点提供案件进展情况和需要继续查封、扣押、冻结涉案财产的理由，并由所属主管机关审核同意后，由司法部等对外联系机关及时向被请求国提出请求。

需要注意的是，我国办案机关应当注意查封、扣押、冻结的期限，争取在期限内办结案件。在办案期限内不能办结案件的，应当在期限届满前做好继续查封、扣押、冻结的请求协助工作。

第二款是我国办案机关解除措施后的通知义务。我国办案机关决定对涉案财物解除查封、扣押、冻结的，应当及时通知被请求国。我国法律明确规定应当解除查封、扣押、冻结强制性措施的情形，如我国刑事诉讼法第一百四十五条、第一百七十七条、第三百条明确规定，经查明确实与案件无关的查封、扣押的财物、文件、邮件、电报或者冻结的存款、汇款、债券、股票、基金份额等财产；人民检察院决定不起诉的案件；人民法院经审理，对不属于应当追缴的财产的可以解除查封、扣押、冻结措施。对采取的查封、扣押、冻结涉案财物决定予以解除的，办案机关应当及时通过司法部等对外联系机关通知被请求国，一方面便于被请求国及时采取措施，以不影响相关财物的正常使用、交易；另一方面，有利于树立我国办案机关严谨工作的良好形象，便于以后刑事司法协助工作的顺利开展。

相关规定

《中华人民共和国刑事诉讼法》第 141 条—第 145 条、第 177 条、第 300 条；《联合国反腐败公约》第 2 条、第 3 条、第 31 条；《联合国打击跨国有组织犯罪公约》第 2 条、第 12 条

第二节　向中华人民共和国请求查封、扣押、冻结涉案财物

第四十二条　外国可以请求中华人民共和国协助查封、扣押、冻结在中华人民共和国境内的涉案财物。

外国向中华人民共和国请求查封、扣押、冻结涉案财物的，请求书及所附材料应当根据需要载明本法第四十条规定的事项。

条文主旨

本条是关于外国向我国请求协助查封、扣押、冻结涉案财物并提供相应材料的规定。

立法背景

我国和外国按照平等互惠的原则开展国际刑事司法协助，在我国向外国请求协助查封、扣押、冻结涉案财物的同时，本法也规定外国可以向我国请求协助查封、扣押、冻结在我国境内的涉案财物。外国向我国请求协助查封、扣押、冻结在我国境内的涉案财物的，需要依照本法第四十条的规定提供刑事司法协助请求书及所附材料，并载明要求的事项。本条规定对外国向我国请求协助查封、扣押、冻结涉案财物作出明确指引，便于外国向我国提出相关请求。

条文解读

本条共分为两款。第一款是关于外国可以请求我国协助查封、扣押、冻结在我国境内涉案财物的规定。外国向中国提出刑事司法协助请求的，不得损害我国的主权、安全和社会公共利益，不得违反我国法律的基本原则，应当依照刑事司法协助条约的规定提出请求书，在没有双边条约或者多边条约的情况下，请求国应当作出互惠的承诺。对于外国向我国提出协助查封、扣押、冻结涉案财物的请求，外国可以向我国司法部等对外联系机关提出协助请求，司法部等对外联系机关应当及时将相关请求转交主管机关进行审查，主管机关依照本法规定进行审查，并分别作出处理：决定协助并安排有关办案机关执行；应当全部或者部分拒绝协助的，退回司法部等对外联系机关并说明理由；对附加条件的，向外国提出；需要补充材料的，书面通知司法部等对外联系机关要求请求国在合理期限内提供等处理决定。本条所规定的“查封”“扣押”“冻结”等强制性措施是针对的在我国境内的涉案财物。

第二款是关于外国向我国请求协助查封、扣押、冻结涉案财物请求书及所附材料需要载明事项的规定。依照本款规定，外国向我国请求协助查封、扣押、冻结涉案财物的，应当载明本法第四十条规定的事项。

依照本款规定，外国向我国请求协助查封、扣押、冻结涉案财物的，应当提供刑事司法协助请求书并应附相关材料，载明以下四类事项：一是，关于涉案财物的基本情况。外国办案机关向我国请求查封、扣押、冻结涉案财物的，需要提供涉案财物有关情况或线索，便于我国办案机关及时、准确的采取强制性措施，如查封、扣押、冻结的涉案财物的权属证明、名称、特性、外形和数量，需要查封、扣押、冻结的涉案财物的地点，涉案资金或者其他金融资产存放在金融机构中的，应当载明金融机构的名称、地址和账户信息。二是，相关法律文书的副本。请求外国协助查封、扣押、冻结涉案财物，应当提供所涉案件的基本情况的材料，如准予刑事立案决定书，作出查封、扣押、冻结决定的决定书。外国也可向我国提供请求，由我国办案机关直接决定查封、扣押、冻结。三是，有关查封、扣押、冻结以及利害关系人权利保障的法律规定。对于查封、扣押、冻结涉案财物的相对人，应当告知其享有陈述、申辩等权利，可以提出查封、扣押、冻结涉案财物是否符合法律规定、是否符合程序要求的意见，以保证强制措施的正当性、合理性。我国刑事诉讼法第一百四十一条规定，与案件无关的财物，不能作为证据使用，不得随意扩大查封、扣押的范围。与案件无关的财物，不能作为证据使用，不得查封、扣押，否则就是对公民合法权益的侵犯。对于采取查封、扣押、冻结措施侵犯公民合法权益的行为，当事人和辩护人、诉讼代理人、利害关系人可以依照刑事诉讼法第一百一十七条的规定，向执行机关提出申诉或者控告。四是，有助于执行请求的其他材料。

相关规定

《中华人民共和国刑事诉讼法》第 141 – 145 条、第 117 条；《联合国反腐败公约》第 2 条、第 3 条、第 31 条；《联合国打击跨国有组织犯罪公约》第 2 条、第 12 条

第四十三条 主管机关经审查认为符合下列条件的，可以同意查封、扣押、冻结涉案财物，并安排有关办案机关执行：

（一）查封、扣押、冻结符合中华人民共和国法律规定的条件；

（二）查封、扣押、冻结涉案财物与请求国正在进行的刑事案件的调查、侦查、起诉和审判活动相关；

（三）涉案财物可以被查封、扣押、冻结；

（四）执行请求不影响利害关系人的合法权益；

（五）执行请求不影响中华人民共和国有关机关正在进行的调查、侦查、起诉、审判和执行活动。

办案机关应当及时通过主管机关通知对外联系机关，由对外联系机关将查封、扣押、冻结的结果告知请求国。必要时，办案机关可以对被查封、扣押、冻结的涉案财物依法采取措施进行处理。

条文主旨

本条是关于同意和执行查封、扣押、冻结涉案财物的请求的规定。

立法背景

外国向中国提出刑事司法协助请求，不得损害我国的主权、安全和社会公共利益，不得违反我国法律的基本原则，应当依照刑事司法协助条约的规定提出请求书，在没有双边条约或者多边条约的情况下，请求国应当作出互惠的承诺。本条明确对外国的司法协助请求由主管机关进行审查，列明了具体的条件，便于外国按照相关规定审查其要求是否符合我国刑事司法协助法的规定。

条文解读

本条共分为两款。第一款是关于我国主管机关同意查封、扣押、冻结涉案财物的条件。依据本款规定，请求查封、扣押、冻结涉案财物应当符合五项条件：一是，查封、扣押、冻结应当符合中华人民共和国法律规定的条件。我国监察法、刑事诉讼法及相关法律对在案件调查、侦查过程中查封、扣押物证、书证的范围和程序均作出明确规定。外国请求我国查封、扣押、冻结涉案财物，应当符合上述法律的相关规定。二是，查封、扣押、冻结涉案财物与请求国正在进行的刑事案件的调查、侦查、起诉和审判活动相关。按照本项规定，外国向我国提出采取措施的请求，应当是其正在对案件进行调查或已经进入司法程序。对于外国办案机关并未正式立案，或者已经作出生效判决、终止刑事诉讼程序或者犯罪已过追诉时效期限的，我国可以拒绝提供协助。三是，涉案财物可以被查封、扣押、冻结。涉及犯罪的各种资产，不论其为物质的或非物质的、动产或不动产、有形的或无形的，包括房屋，汽车、人民币等，可以依法采取查封、扣押、冻结等措施。依照我国法律的相关规定，与案件无关的财物、文件，不得查封、扣押。对于在外国提供的刑事司法协助请求书中列明的与案件无关的或者依法我国法律规定不能予以采取强制措施的，我国可以予以拒绝。四是，执行请求不影响利害关系人的合法权益；对于利害关系人，不仅包含中国公民，也包括外国人和无国籍人。“利害关系人”是指请求事项影响其权利义务行使的人，如查封房产时，在租约期限内的租户等。如果请求会影响利害关系人合法权益，我国可以拒绝。五是，执行请求不影响中华人民共和国有关机关正在进行的调查、侦查、起诉、审判和执行活动。依照本法第十四条的规定，对于请求针对在中国境内的犯罪正在进行调查、侦查、起诉、审判或者已经作出生效判决的，我国可以拒绝提供协助。

第二款是关于我国办案机关的及时告知义务的规定。主管机关经审查符合条件后，交由相应的办案机关予以办理。办理机关应当及时、准确地将办理案件的情况，如冻结存款的具体数额、查封财产的种类和数量等，层报主管机关，再由司法部等对外联系机关告知请求国相关情况。在必要的时候，如查封、扣押冷鲜产品等不易保存的财物的，我国办案机关应当采取措施，进行妥善处理，做到采取强制措施合法又合理。

相关规定

《中华人民共和国刑事诉讼法》第141－145条；《联合国反腐败公约》第2条、第3条、第31条；《联合国打击跨国有组织犯罪公约》第2条、第12条

第四十四条 **查封、扣押、冻结的期限届满，外国需要继续查封、扣押、冻结相关涉案财物的，应当再次向对外联系机关提出请求。**

外国决定解除查封、扣押、冻结的，对外联系机关应当通过主管机关通知办案机关及时解除。

条文主旨

本条是关于继续和解除查封、扣押、冻结的规定。

立法背景

外国请求我国查封、扣押、冻结涉案财物，主管机关经审查同意查封、扣押、冻结的，我国执行机关应当依照我国刑事诉讼法等相关法律作出相关决定，并确定查封、扣押、冻结的起止期限。对于确定期限届满，外

国办案机关尚未办结案件的，可以提出继续查封、扣押、冻结的请求，以保证可以查清案件事实，最后判决得以有效执行。本条规定查封、扣押、冻结期限届满前外国需要继续查封、扣押、冻结涉案财物的，应当再次向我对外联系机关提出请求，重点讲明案件办理进程以及继续查封、扣押、冻结涉案财产的理由。外国依照其本国法律作出解除查封、扣押、冻结决定的，应当及时通知我国，我国执行机关应当及时解除查封、扣押、冻结等强制性措施，不影响有关涉案财物的正常使用。

条文解读

本条共分为两款。第一款是关于向我国提出查封、扣押、冻结财产期限届满的处理规定。外国向我国请求协助查封、扣押、冻结涉案财物的，对于查封、扣押、冻结涉案财产的期限，应当在我国法律及相关司法解释确定的期限内，明确采取措施的起止期限。在确定的查封、扣押、冻结期限内，外国办案机关应当及时办理案件。对于疑难、复杂案件等情形，不能在确定期限内按时办结的，应当提出继续查封、扣押、冻结涉案财物请求。外国再次提出相关请求的，应当按照本法第四十二条、第四十三条规定的程序和要求提供的材料提出继续查封、扣押、冻结的请求，重点提供案件进展情况和需要继续查封、扣押、冻结涉案财产的理由。

需要注意的是，外国办案机关应当注意查封、扣押、冻结的期限，争取在期限内办结案件。在办案期限内不能办结案件的，应当在期限届满前做好继续查封、扣押、冻结的请求协助工作。

第二款是外国决定解除强制性措施的通知义务。外国办案机关决定对涉案财物解除查封、扣押、冻结的，应当及时通知我国。对采取的查封、扣押、冻结涉案财物予以解除的，外国办案机关应当及时通过我国，一方面便于我国及时采取措施，以不影响相关财物的正常使用、交易；另一方面，便于向我国请求相关刑事司法协助工作的顺利开展。

相关规定

《中华人民共和国刑事诉讼法》第 141 - 145 条、第 177 条、第 300 条；《联合国反腐败公约》第 2 条、第 3 条、第 31 条；《联合国打击跨国有组织犯罪公约》第 2 条、第 12 条

第四十五条　利害关系人对查封、扣押、冻结有异议，办案机关经审查认为查封、扣押、冻结不符合本法第四十三条第一款规定的条件的，应当报请主管机关决定解除查封、扣押、冻结并通知对外联系机关，由对外联系机关告知请求国；对案件处理提出异议的，办案机关可以通过所属主管机关转送对外联系机关，由对外联系机关向请求国提出。

条文主旨

本条是关于利害关系人对查封、扣押、冻结有异议或者对案件处理提出异议，办案机关如何处理的规定。

立法背景

查封、扣押、冻结作为强制措施，一方面有利于查明案件事实，防止证据或财产灭失，保障将来裁判的执行，另一方面毕竟涉及对当事人及其他利害关系人财产权等相关合法权利的限制，应当严格依照法律规定的条件和程序进行，并为其提供必要的法律救济途径，以防止因采取强制措施不当对当事人和其他利害关系人合法权益造成损害。在国际刑事司法协助实践中，以及我国与外国签订的关于刑事司法协助的条约中，均有类似“善意第三方的权利应当受到尊重”或“应当根据被请求方法律尊重善意第三方的合法权益”的相关表述。本条关于利害关系人对查封、扣押、冻结措施提出异议如何处理的规定，正是上述尊重善意第三方权利的具体体现。实际上在各国国内法中，在规定查封、扣押、冻结等强制措施的同时，也都会规定相应的法律救济措施。如我国刑事诉讼法第一百一十七条规定，当事人和辩护人、诉讼代理人、利害关系人对于司法机关及其工作人员有下列行为之一的，有权向该机关申诉或者控告：(1)采取强制措施法定期限届满，不予以释放、解除或者变更的；(2)应当退还取保候审保证金不退还的；(3)对与案件无关的财物采取查封、扣押、冻结措施的；(4)应当解除查封、扣押、冻结不解除的；(5)贪污、挪用、私分、调换、违反规定使用查封、扣押、冻结的财物的。因此，无论是在国际刑事司法协助当中，还是在国内刑事诉讼当中，赋予利害关系人对相关强制措施提出法律救济的权利，都是必要的。

另外，需要注意的是，本条规定利害关系人提出异议有两种情况，一种是利害关系人对查封、扣押、冻结措施有异议；另一种情况是利害关系人对请求国的关于案件的处理本身提出异议。对这两种情况，本条规定了不同的处理方式。

本条通过对利害关系人对查封、扣押、冻结有异议或者对案件处理有异议如何处理作出相应规定，为利害关系人合法权益提供了法律上的保障，也有利于明确相关部门职责，进一步完善国际刑事司法协助制度体系。

条文解读

本条规定了两个方面的内容。

1. 利害关系人对查封、扣押、冻结有异议的处理。根据本条规定，利害关系人对查封、扣押、冻结有异议，办案机关经审查认为不符合本法第四十三条第一款规定条件的，由主管机关决定解除并通知对外联系机关，由对外联系机关告知请求国。这一规定包含四个方面的意思：一是，如果利害关系人对查封、扣押、冻结有异议，办案机关应当依法审查。二是，办案机关审查查封、扣押、冻结措施的依据，是本法第四十三条第一款规定的，对外国提出的协助执行查封、扣押、冻结措施的请求是否予以协助的各项条件。三是，如果办案机关经审查认为利害关系人的异议成立，相关查封、扣押、冻结决定不符合本法第四十三条第一款规定的条件的，不能自行解除查封、扣押、冻结措施，而是应当报请所属的国际司法协助主管机关决定是否解除。四是，主管机关决定解除查封、扣押、冻结措施的，应当通知对外联系机关，再由对外联系机关将相关情况告知请求国。

这里的“利害关系人”是指所有与被依法申请查封、扣押、冻结的涉案财物有法律上利害关系的人，包括请求国所针对犯罪的犯罪嫌疑人、被告人的近亲属，也包括与请求国所针对犯罪无关的、但对涉案财产主张合法权益的其他利害关系人。“主管机关”是指本法第六条规定的国家监察委员会、最高人民法院、最高人民检察院、公安部、国家安全部等部门。“对外联系机关”根据本法第五条规定，以及我国与相关国家签署的司法协助条约指定，负责对外联系刑事司法协助事宜，提出、接收和转递刑事司法协助请求以及处理其他与国际刑事司法协助相关事务的部门。对于因没有刑事司法协助条约而通过外交途径联系的，则应当通知外交部，由外交部再告知请求国。“办案机关”是指由作出协助查封、扣押、冻结决定的主管机关指定，具体负责执行主管机关交办外国提出的刑事司法协助请求，进行查封、扣押、冻结涉案财物的机关。办案机关报请主管机关决定解除查封、扣押、冻结时，应当逐级报请至主管机关，由主管机关通知对外联系机关。

需要注意的是，利害关系人对查封、扣押、冻结有异议，可以分为对查封、扣押、冻结决定本身有异议和对办案机关查封、扣押、冻结的具体活动有异议两种情况。此处是指对查封、扣押、冻结决定本身有异议。利害关系人对查封、扣押、冻结决定提出异议的，办案机关应当审查是否符合本法第四十三条第一款的规定，即：(1）查封、扣押、冻结符合中华人民共和国法律规定的条件；(2）查封、扣押、冻结涉案财物与请求国正在进行的刑事犯罪案件的调查、侦查、起诉和审判活动相关；(3）涉案财物可以被查封、扣押、冻结；(4）执行请求不影响相关利害关系人的合法权益；(5）执行请求不影响中华人民共和国正在进行的调查、侦查、起诉、审判和刑罚执行活动。办案机关经审查认定查封、扣押、冻结决定不符合本法第四十三条第一款规定条件的，应当逐级报请主管机关。主管机关接到办案机关报告后，应当对原来作出的决定进行审查。审查的结果包括认为原来作出的决定确实不符合本法第四十三条第一款的规定，进而决定解除查封、扣押、冻结措施；当然也包括经过进一步审查，认为原来作出的决定符合本法第四十三条第一款规定的情况。主管机关决定解除查封、扣押、冻结措施的，应通知对外联系机关，由对外联系机关告知请求国。是否决定解除查封扣押冻结措施，由主管机关独立作出，无须征得请求国的同意。

如果利害关系人是对办案机关在执行查封、扣押、冻结决定过程中的具体活动有异议，如认为办案机关应当解除不解除、超期扣押、私分挪用、程序违法等违法违规查封、扣押、冻结情形的，则应当按照刑事诉讼法的相关规定，向办案机关提出申诉或控告。

2. 利害关系人对案件处理有异议的，如何办理。按照本条规定，如果利害关系人对司法协助请求国关于案件处理本身有异议的，由办案机关将异议通过所属主管机关转送对外联系机关，再由对外联系机关向请求国提出。此处对案件处理有异议，是指对请求国实施的刑事司法行为本身有异议，而不是针对我国提供刑事司法协助的行为。具体包括但不限于主张请求国作出的查封、扣押、冻结决定有错误，请求国所针对犯罪的犯罪嫌疑人、被告人不属于涉案当事人，所涉行为不构成犯罪，请求国无管辖权等实体和程序异议。

本条上述两个方面的规定，实际上对利害关系人的合法权益提供了双重保护。一方面，利害关系人对国内司法协助行为可以寻求司法救济；另一方面，对于外国的刑事司法决定，利害关系人也可以以合法权益被侵害为由，通过我国的对外联系机关向外国提出异议。此时，我国的办案机关、主管机关以及对外联系机关仅作为联系通道，根据我国与请求国之间的条约、国际公约或者约定等将与请求国所针对刑事案件有关的利害关系人的异议转送至请求国，不承担相关实体责任和义务。

值得注意的是，按照国际刑事司法协助法对外提供刑事司法协助，采取相关的查封、扣押、冻结措施时，同样应当严格遵守刑事诉讼法的规定，尤其要注意保护利害关系人的合法权益。根据我国法律规定，查封、扣押、冻结以及保管、处置涉案财物，必须严格依照法定的适用条件和程序进行。与案件无关的财物不得查封、扣押、冻结。查封、扣押、冻结涉案财物，应当为犯罪嫌疑人及其所扶养的家属保留必要的生活费用和物品。严格区分违法所得、其他涉案财产与合法财产，严格区分企业法人财产与股东个人财产，严格区分犯罪嫌疑人个人财产与家庭成员财产，不得超权限、超范围、超数额、超时限查封、扣押、冻结。

相关规定

《中华人民共和国国际刑事司法协助法》第5条、第6条、第43条；《中华人民共和国刑事诉讼法》第117条、第245条；《联合国反腐败公约》第44条；《最高人民检察院、公安部关于公安机关办理经济犯罪案件的若干规定》第46条；《公安机关办理刑事案件适用查封、冻结措施有关规定》第3条、第51条；《公安机关办理刑事案件程序规定》第368条

第四十六条　由于请求国的原因导致查封、扣押、冻结不当，对利害关系人的合法权益造成损害的，办案机关可以通过对外联系机关要求请求国承担赔偿责任。

条文主旨

本条是关于请求国对由于本国原因导致的查封、扣押、冻结不当承担赔偿责任的规定。

立法背景

查封、扣押、冻结作为强制措施，涉及对财产权的限制，适用查封、扣押、冻结措施不当，就会给相关利害关系人的合法权益造成损害。因此，法律对于因为事实错误或者违反法律规定的条件和程序等原因，不当查封、扣押、冻结财产，造成当事人或者其他利害关系人损失的，都相应作出了予以赔偿的规定。如我国国家赔偿法规定，行使侦查、检察、审判职权的机关以及看守所、监狱管理机关及其工作人员，违法对财产采取查封、扣押、冻结、追缴等措施的，受害人有取得赔偿的权利。

但是本条关于赔偿责任的规定，与上述国家赔偿法的规定有所不同。按照本条规定，对于由于请求国的原因导致查封、扣押、冻结不当，对利害关系人的合法权益造成损害的，办案机关可以通过对外联系机关要求请求国承担赔偿责任。这是因为，外国向我国请求刑事司法协助的，根据国际刑事司法协助法的规定和国际刑事司法协助的实践，我国办案机关仅作为具体协助机关，为外国提出的查封、扣押、冻结请求提供司法协助。如果因为请求国请求不当等原因，导致查封、扣押、冻结不当，造成利害关系人权利受到损害的，其法律后果应由请求国承担。本条为向请求国提出赔偿提供了国内法依据。

条文解读

本条主要包含了两个方面的内容。

1. 由于请求国原因导致查封、扣押、冻结不当，损害利害关系人合法权益的，应当由请求国承担损害赔偿责任。一般来说，“请求国原因”包括请求国提出查封、扣押、冻结所基于的案件事实错误，或者所适用的法律错误，也包括按照请求国法律的其他相关规定，该查封、扣押、冻结措施属于不适当的情况。如查封、扣押、冻结的涉案财产与请求国所针对刑事案件无关、提供的涉案财产信息错误；相关行为不构成犯罪等。

需要说明的是，虽然采取具体查封、扣押、冻结措施的是我国的相关办案机关，但是我国办案机关是依法向请求国提供司法协助，相关查封、扣押、冻结措施的法律责任应由请求国承担，如果因为请求国认定事实错误、适用法律不当等原因，其请求协助的查封、扣押、冻结措施不当，造成利害关系人损失的，相应赔偿责任也应当由请求国承担。

还有一个问题需要注意，实践中也可能发生请求国提出查封、扣押、冻结请求本身并无不当，但我国的办案机关在具体采取相应强制措施时，有违反法律规定的程序、条件等情形，造成利害关系人合法权益受到损害的情况。比如，办案机关在执行查封、扣押、冻结措施时，违反规定对与案件无关的财物采取查封、扣押、冻结措施；明显超出涉案范围查封、扣押、冻结；应当解除查封、扣押、冻结不解除；贪污、侵占、挪用、私分、调换、抵押、质押以及违反规定使用、处置查封、扣押、冻结财物等。对于有上述情形的，利害关系人有权向执行机关申诉或控告，受到损害的，有权依法申请国家赔偿。

2. 请求国应当承担赔偿责任的，办案机关可以通过对外联系机关向请求国提出。由于请求国原因导致查封、扣押、冻结不当，损害利害关系人合法权益的，自然应当由请求国承担损害赔偿责任，但毕竟损害发生在我国，相关合法权益遭到损害的是在我国境内的个人或者组织，且具体查封、扣押、冻结活动是我国办案机关采取的，因此，为了更有效地维护相关利害关系人的合法权益，本条进一步规定，请求国应当承担赔偿责任的，办案机关可以通过对外联系机关向请求国提出。

需要说明的是，本条这一规定是为了更有利于维护相关利害关系人的合法权益。由我国办案机关通过对外联系机关向请求国提出赔偿要求，并不影响认为自身合法权益受到不当查封、扣押、冻结措施损害的利害关系人本人依照请求国的法律规定，自己向请求国提出赔偿请求的权利。

值得注意的是，在司法实践中要严格区分请求国与非请求国原因，对于因贪污、侵占、挪用、私分、调换、抵押、质押以及违反规定使用、处置查封、扣押、冻结财物等非请求国原因导致的利害关系人损失，应按照我国刑事诉讼法及国家赔偿法等相关法律规定，由赔偿义务机关承担相应赔偿责任，并向有关责任人员追偿部分或者全部赔偿费用。

相关规定

《中华人民共和国国家赔偿法》第 6 条、第 18 条、第 19 条、第 21 条、第 36 条；《最高人民法院、最高人民检察院关于办理刑事赔偿案件适用法律若干问题的解释》第3条；《公安机关办理刑事案件适用查封、冻结措施有关规定》第52条；《公安机关涉案财物管理若干规定》第29条、第30条

第七章　没收、返还违法所得及其他涉案财物

第一节　向外国请求没收、返还违法所得及其他涉案财物

第四十七条　办案机关需要外国协助没收违法所得及其他涉案财物的，应当制作刑事司法协助请求书并附相关材料，经所属主管机关审核同意后，由对外联系机关及时向外国提出请求。

请求外国将违法所得及其他涉案财物返还中华人民共和国或者返还被害人的，可以在向外国提出没收请求时一并提出，也可以单独提出。

外国对于返还被查封、扣押、冻结的违法所得及其他涉案财物有特殊要求的，在不违反中华人民共和国法律的基本原则的情况下，可以同意。需要由司法机关作出决定的，由人民法院作出决定。

条文主旨

本条是关于我国向外国提出没收、返还违法所得及其他涉案财物请求的程序的规定。

立法背景

随着科学技术的发展和全球一体化趋势的加强，在给人们经济活动和生活带来极大便利的同时，犯罪也越来越呈现智能化、系统化、跨国化的趋势，也为犯罪分子逃匿和隐匿财产至境外创造了条件。尤其是腐败犯罪、恐怖活动犯罪等重大犯罪的跨国性、涉外性日益增多，流动性不断趋强，不仅加大了对犯罪的打击难度，也给国家和人民的利益造成巨大损失，对社会稳定与经济发展构成了严重的威胁，严重损害了我国法治形象。腐败犯罪、恐怖活动犯罪等重大犯罪以及赃款赃物的境外转移，也是各国、各地区在有效惩治犯罪方面共同面临的重要问题和重大障碍，亟须加强这方面的合作，建立、完善境外追逃追赃协作机制，联手应对当前的严峻挑战，有效打击和预防腐败犯罪、恐怖活动犯罪等重大犯罪。

为严厉打击贪污贿赂犯罪、恐怖活动犯罪等重大犯罪，对犯罪所得及时采取追缴措施，并对我国相关法律程序作制度性安排，我国通过缔结或加入双边或多边条约、公约、协议，以及不断健全完善国内相关法律制度等方式，不断寻求为追逃追赃工作奠定法律依据和制度保障。在公约和决议方面，2003 年 10 月 31 日联合国大会通过了《联合国反腐败公约》，同年 12 月 10 日中国政府签署了该公约，2005 年 10 月 27 日十届全国人大常委会第十八次会议批准了该公约。我国加入的《联合国打击跨国有组织犯罪公约》对于没收以及没收的犯罪所得或财产的处置事宜的国际合作作出规定。截至 2018 年年底，我国批准了五十五件有关刑事司法协助的双边条约，截至 2018 年 9 月，我国已与七十六个国家缔结司法协助条约、资产返还和分享协定、引渡条约、打击“三股势力”协定及移管被判刑人条约共一百五十九项（一百二十八项生效)。上述公约、决议与条约，要求各成员国积极采取措施，追缴犯罪资产，并规定了较为详细的国际追逃追赃跨国合作法律机制，为我国开展追逃追赃奠定了多边和双边法律基础。在国内立法方面，为增强反腐败、反恐怖犯罪国际追逃追赃的工作力度，以法治思维和法治方式推进相关工作，并与我国已加入的《联合国反腐败公约》及有关反恐怖问题的决议的要求相衔接，2012 年刑事诉讼法修改时增加了犯罪嫌疑人、被告人逃匿、死亡案件违法所得的没收程序，明确了没收程序的适用范围、申请、公告、审理和救济程序；2018 年修改刑事诉讼法增加了缺席审判制度，明确规定，对于贪污贿赂犯罪案件，以及需要及时进行审判，经最高人民检察院核准的严重危害国家安全犯罪、恐怖活动犯罪案件，犯罪嫌疑人、被告人在境外，监察机关、公安机关移送起诉，人民检察院认为犯罪事实已经查清，证据确实、充分，依法应当追究刑事责任的，可以向人民法院提起公诉。这些规定通过“以审促返”加大劝返力度，既解决了国际追逃问题，也解决了国际追赃问题，即在对潜逃的职务犯罪嫌疑人定罪量刑的同时，还可一并没收追缴犯罪所得，不仅丰富了国际追逃追赃工作的法律手段，还可以有效提高国际追逃追赃国际执行力和办案效率，为海外追逃追赃提供了法律利器。2018 年颁布的监察法单设反腐败国际合作专章，对国家监察委员会组织协调有关方面加强与有关国家、地区、国际组织在反腐败执法、引渡、司法协助、被判刑人的移管、资产追回和信息交流等领域的合作，加强对反腐败国际追逃追赃和防逃工作的组织协调，督促有关单位做好相关工作等职责作出明确规定。这些法律和国际条约、公约等互相衔接配合，织就了境外追逃追赃的国内法和国际法天罗地网。本节对向外国请求没收、返还违法所得及其他涉案财物程序的启动、请求书等作出规定，为没收、返还违法所得及其他涉案财物方面的国际刑事司法合作提供了国内法律依据。

条文解读

本条共分三款。第一款是关于我国向外国提出协助没收违法所得及其他涉案财物请求的程序的规定。根据本款规定，办案机关需要外国协助没收违法所得及其他涉案财物的，应当制作刑事司法协助请求书并附相关材料，经所属主管机关审核同意后，由对外联系机关及时向外国提出请求。以上规定明确了我国向外国提出协助没收违法所得及其他涉案财物请求的工作主体、请求内容、请求形式，以及具体的申请、审核、提出程序等内容。

关于工作主体，本款明确了提出请求的办案机关、主管机关和对外联系机关之间的具体工作分工。这里的办案机关指的是本法第六条第二款所规定的办理刑事司法协助相关案件的机关。依据此规定，本款的办案机关是负有“向所属主管机关提交需要向外国提出的刑事司法协助请求、执行所属主管机关交办的外国提出的刑事司法协助请求”的义务和职责的机关，因而具体的办案机关依其所隶属的主管机关而定，从调查、侦查、提起公诉、判决等各环节都有可能提出刑事司法协助的请求。实践中，向外国提出协助没收违法所得及其他涉案财物的案件大致分为以下情形：（1）被告人在国内，财产在境外并有具体信息，我国法院判决没收的。（2）依照刑事诉讼法第五编第三章有关缺席审判程序审理的案件，人民法院依法作出判决，并对违法所得及其他涉案财产作出处理的。以上两类案件既对被告人定罪量刑，也对违法所得及其他涉案财产的没收作出处理。（3）适用刑事诉讼法第五编第四章犯罪嫌疑人、被告人逃匿、死亡案件违法所得的没收程序对境外财产判决没收的。这类案件只对违法所得及其他涉案财产的没收作出裁定。（4）监察、公安、检察等部门对外国已查封、扣押、冻结的财产请求依照财产所在地的法律予以没收并返还的。（5）对境外财产直接请求依所在地法没收并返还的。因此，本款规定的主管机关需根据案件情况及有关国家法律的具体规定等予以确定。本款规定的对外联系机关，主要指司法部。根据本法第五条第二款的规定：“中华人民共和国司法部等对外联系机关负责提出、接收和转递刑事司法协助请求，处理其他与国际刑事司法协助相关的事务。”如果我国和其他国家签署的刑事司法协助条约中关于对外联系机关另有规定的，按照条约规定的对外联系机关确定。

关于请求的内容，是指需要外国“协助没收违法所得及其他涉案财物”。本款规定中的“违法所得”是指因实施犯罪活动而取得的全部财物，包括金钱或者物品，如贪污贿赂得到的金钱或者物品等。“其他涉案财物”，一般是指除违法所得以外的与犯罪有关的款物、作案工具和非法持有的违禁品等。这里的违法所得及其他涉案财物的国内法律依据，主要规定在刑法与刑事诉讼法中。我国刑法第六十四条规定，犯罪分子违法所得的一切财物，应当予以追缴或者责令退赔；对被害人的合法财产，应当及时返还；违禁品和供犯罪所用的本人财物，应当予以没收。刑事诉讼法第二百四十五条中规定，人民法院作出的判决生效以后，有关机关应当根据判决对查封、扣押、冻结的财物及其孳息进行处理。对查封、扣押、冻结的赃款赃物及其孳息，除依法返还被害人的以外，一律上缴国库。我国刑事诉讼法第五编第四章对犯罪嫌疑人、被告人逃匿、死亡案件违法所得的没收程序做出了专门规定，其中第三百条规定，人民法院经审理，对经查证属于违法所得及其他涉案财产，除依法返还被害人的以外，应当裁定予以没收。2017 年 1 月开始实行的《最高人民法院、最高人民检察院关于适用犯罪嫌疑人、被告人逃匿、死亡案件违法所得没收程序若干问题的规定》规定，其中的违法所得包括：通过实施犯罪直接或者间接产生、获得的任何财产；违法所得已经部分或者全部转变、转化为其他财产的，转变、转化后的财产；以及来自违法所得转变、转化后的财产收益，或者来自已经与违法所得相混合财产中违法所得相应部分的收益。

关于请求的形式，也即“应当制作刑事司法协助请求书并附相关材料”。也就是，办案机关应当就其需要向外国提出的协助没收违法所得及其他涉案财物的请求，写出书面意见，形成刑事司法协助请求书并附相关材料，再报经其所属主管部门审核同意。本法第四十八条明确规定了向外国请求没收、返还违法所得及其他涉案财物的请求书及所附材料应当载明的事项等内容。

关于申请的提出、审核和提交的程序，本款规定由办案机关制作请求书并附相关材料，然后报经所属主管机关审核同意，之后再由对外联系机关也即司法部向相关国家提出请求。

第二款是关于我国向外国提出返还违法所得请求的程序的规定。根据本款规定，请求外国将违法所得及其他涉案财物返还中华人民共和国或者返还被害人的，可以在向外国提出没收请求时一并提出，也可以单独提出，即先提出没收违法所得及其他涉案财物的请求，之后再根据案件的具体情况单独提出返还财产的请求。一般来说，我国法院裁决没收违法所得及其他涉案财物的，应一并请求没收和返还；我国没有裁决没收的，可以先向外国提出没收，再提出返还，也可以一并提出；外国依其国内法已经没收的，我国可提出返还的请求。这里规定的返还包含两个方面的意思：一是对被没收的违法所得及其他涉案财产的返还，属于对第一款规定的没收程序的自然延续；二是包括对被害人合法财产的返还。返还既有程序法上的意义，也属于对违法所得及其他涉案财物的实体处理。刑法第六十四条规定，犯罪分子违法所得的一切财物，应当予以追缴或者责令退赔；对被害人的合法财产，应当及时返还；违禁品和供犯罪所用的本人财物，应当予以没收。没收的财物和罚金，一律上缴国库，不得挪用和自行处理。刑事诉讼法第三百条规定，人民法院经审理，对经查证属于违法所得及其他涉案财产，除依法返还被害人的以外，应当裁定予以没收。因此对违法所得及涉案财产的处理在实体上包括两个方面，即返还被害人、国家予以没收，表现在国际刑事司法协助上即请求相关国家将违法所得及涉案财产返还中华人民共和国或者被害人。应予返还被害人的是能够确认属于被害人的合法财产的部分，其他的违法所得、违禁品等涉案财产应返还中华人民共和国。

返还违法所得及其他涉案财产除了我国国内法的依据外，相关国际公约也有类似规定。《联合国打击跨国有组织犯罪公约》第十四条对没收的犯罪所得或财产的处置做出规定："根据本公约第十三条的规定应另一缔约国请求采取行动的缔约国，应在本国法律许可的范围内，根据请求优先考虑将没收的犯罪所得或财产交还请求缔约国，以便其对犯罪被害人进行赔偿，或者将这类犯罪所得或财产归还合法所有人。"《联合国反腐败公约》规定缔约国应当根据公约和本国法律处理没收财产，将返还资产规定为一项基本原则，要求各缔约国在这方面提供最广泛的合作和协助。该公约第五十四条规定了通过司法协助或国际合作等间接追回财产的措施。《联合国反腐败公约》第五十七条专门对资产的返还和处分作了规定。其中第一款规定，缔约国依照本公约没收的财产，应当由该缔约国根据本公约的规定和本国法律予以处分，包括返还其原合法所有人。第五十七条第三款对资产返还的具体程序作了规定："（一）对于本公约第十七条和第二十三条所述的贪污公共资金或者对所贪污公共资金的洗钱行为，被请求缔约国应当在依照第五十五条实行没收后，基于请求缔约国的生效判决，将没收的财产返还请求缔约国，被请求缔约国也可以放弃对生效判决的要求；（二）对于本公约所涵盖的其他任何犯罪的所得，被请求缔约国应当在依照本公约第五十五条实行没收后，基于请求缔约国的生效判决，在请求缔约国向被请求缔约国合理证明其原对没收的财产拥有所有权时，或者当被请求缔约国承认请求缔约国受到的损害是返还所没收财产的依据时，将没收的财产返还请求缔约国，被请求缔约国也可以放弃对生效判决的要求；（三）在其他所有情况下，优先考虑将没收的财产返还请求缔约国、返还其原合法所有人或者赔偿犯罪被害人。”由于反腐败公约规定请求缔约国提出返还所没收财产请求时，除非被请求国放弃对生效判决的要求，通常要以请求国的生效判决为依据，因此，生效判决是我国成功追回外逃违法所得的一个非常重要的条件。

第三款是关于外国对于返还的违法所得及其他涉案财物有特殊要求的规定。根据该款规定，外国对于返还被查封、扣押、冻结的违法所得及其他涉案财物有特殊要求的，在不违反中华人民共和国法律的基本原则的情况下，可以同意。需要由司法机关作出决定的，由人民法院作出决定。本款包含两层意思：一是，外国对于返还被查封、扣押、冻结的违法所得及其他涉案财物有特殊要求的，在不违反中华人民共和国法律的基本原则的情况下，可以同意。这里的基本原则主要是指我国宪法，以及刑法、刑事诉讼法规定的基本原则。本法第十条对此类特殊情况有明确规定。外国提出的返还请求，如果违反我国法律的基本原则，不能同意。二是，对这种特殊要求，如果需要由司法机关作出决定的，应由人民法院作出决定。这里的特殊要求一般由办案机关同意并实施。实践中，监察、公安、检察等部门对于外国相关部门要求提供法院相应文书的情况，虽然案件可能尚未移送至法院，法院也可以根据本款的规定依法作出决定。这里所说的“外国对于返还被查封、扣押、冻结的违法所得及其他涉案财物有特殊要求”，是指外国对于被查封、扣押、冻结的违法所得及其他涉案财物在期限、程序、文书、证据材料等方面的特殊要求，有的国家对于返还方式、返还财产的用途等也有特殊要求，如只能返还被害人，或指定用途等，对此可根据本款规定，在不违反我国法律基本原则的前提下，基于平等互惠的原则妥善处理。此外，这方面的特殊要求也包括费用补偿或者费用扣除方面的要求，相关费用主要包括外国在返还或者处分没收的财产过程中因侦查、起诉或者审判等程序的进行所发生的合理费用，以及被协助方根据协助请求赴请求方办理资产返还相关事宜产生的差旅费、鉴定费，请求国向被请求国提出返还违法所得及其他涉案财物请求时，被请求国需要为此启动侦查、起诉或者审判程序等因动用司法资源而增加相应的经济成本和支出等。对此，本法第八条规定，中华人民共和国和外国相互执行刑事司法协助请求产生的费用，有条约规定的，按照条约承担；没有条约或者条约没有规定的，按照平等互惠原则通过协商解决。国际公约和双方条约、协定等通常也有规定，被请求国可以在将相应的违法所得及其他涉案财物返还请求国之前，预先就其为此支出的相应费用得到补偿。如《联合国反腐败公约》第五十七条第四款规定，在适当的情况下，除非缔约国另有决定，被请求缔约国可以在依照本条规定返还或者处分没收的财产之前，扣除为此进行侦查、起诉或者审判程序而发生的合理费用。需要说明的是，这里的“合理费用”应解释为实际发生的费用和开支，而不是中间人佣金或者其他未具体指明的费用。又如，《中华人民共和国和加拿大关于刑事司法协助的条约》第六条第一款规定：“被请求方应支付提供司法协助的费用，但下列费用应由其请求方负担：（一）根据一项协助请求赴请求方的有关人员的旅费、膳食费和住宿费以及应向其支付的任何补助费。这些费用应按请求方的标准和规定支付；（二）在请求方或被请求方的鉴定人的费用和酬金。”确立费用补偿制度，符合互惠互利对等的国际司法协助原则，也更有利于调动被请求国开展追缴违法所得的积极性。同时，本着国际法上通行的协商一致原则，对于违法所得及其他涉案财物返还过程中所涉及返还路径、诸如合理费用扣除比例、扣除方式以及其他相关事宜，还可以通过双边条约、双边协定等方式，在平等和互惠的基础上进行个案磋商，作出临时安排或者特案处理。如《联合国反腐败公约》第五十七条第五款规定，在适当的情况下，缔约国还可以特别考虑就所没收财产的最后处分逐案订立协定或者可以共同接受的安排。需要说明的是，返还扣除合理开支之后的资产的义务，有别于资产分享制度，后者本法第四十九条第二款有专门规定。

相关规定

《中华人民共和国刑事诉讼法》第 245 条、第 291 条、第 298 条、第 300 条；《中华人民共和国刑法》第 64 条、第 8 章、第 120 条；《中华人民共和国反恐怖主义法》第 3 条、第 68 条、第 70 条；《中华人民共和国国际刑事司法协助法》第 10 条、第 48 条；《中华人民共和国监察法》第 6 章；《联合国反腐败公约》第 5 章

第四十八条　向外国请求没收、返还违法所得及其他涉案财物的，请求书及所附材料应当根据需

要载明下列事项：

（一）需要没收、返还的违法所得及其他涉案财物的名称、特性、外形和数量等；

（二）需要没收、返还的违法所得及其他涉案财物的地点。资金或者其他金融资产存放在金融机构中的，应当载明金融机构的名称、地址和账户信息；

（三）没收、返还的理由和相关权属证明；

（四）相关法律文书的副本；

（五）有关没收、返还以及利害关系人权利保障的法律规定；

（六）有助于执行请求的其他材料。

条文主旨

本条是关于我国向外国提出没收、返还违法所得及其他涉案财物请求书及所附材料内容的规定。

立法背景

在国际刑事司法协助实践中，没收、返还违法所得及其他涉案财物需要依据正式的程式和规范，这些程式和规范除了体现在宏观的程序设计之外，也体现在对请求文本的具体形式要件要求上，以避免因请求材料及其支持文件上的漏洞而产生的形式要件瑕疵，导致相关请求被拒绝或搁置。国际司法协助请求通常以请求书的形式提出。各国关于请求书一般都规定有严格且正规的要式条件，要求载明所请求没收、返还的违法所得及其他涉案财物的详细信息，没收、返还相关财物的地点、途径，没收、返还理由及详细证明资料等。相关的国际公约以及双边的刑事司法协助条约等对此往往也都有规定。如《联合国反腐败公约》第五十五条有关没收事宜的国际合作中规定，要求应当有关于应当予以没收财产的说明，尽可能包括财产的所在地和相关情况下的财产估计价值，以及关于请求缔约国所依据的事实的充分陈述，以便被请求缔约国能够根据本国法律取得没收令；应当有请求缔约国发出的据以提出请求的法律上可以采信的没收令副本、关于事实和对没收令所请求执行的范围的说明、关于请求缔约国为向善意第三人提供充分通知并确保正当程序而采取的措施的具体陈述，以及关于该没收令为已经生效的没收令的陈述。为便于被请求缔约国采取措施辨认、追查和冻结相关财产，还应当有请求缔约国所依据的事实陈述和对请求采取的行动的说明；如有据以提出请求的法律上可以采信的没收令副本，应当一并附上。很多国际司法协助公约、条约和协定中，还会对法律文书的语言和文字作出要求，一般规定要根据相关协定提出的请求及其辅助文件，附有被请求方文字的译文。

对于国际刑事司法协助的双方，尤其是对于被请求国开展司法协助来说，对协助事项相关的违法所得及其他涉案财物的事实及法律状况越明晰越有利于司法协助工作的顺利开展。因此，在请求他国予以协助时办案机关要把违法所得的相关情况尽可能调查清楚，方便被请求国开展协助行为，为双方国际司法合作创造便利条件，也有利于提供长期顺畅合作的基础。由于司法管辖权限制等原因，我们对于资产在外的具体情况难以查清的，也可以请求外国相关部门根据其职权采取措施辨认、追查相关财产。

条文解读

本条对于我国向外国提出没收、返还违法所得及其他涉案财物请求书及所附材料内容作了具体规定。本法第十条规定，向外国的刑事司法协助请求书，应当依照刑事司法协助条约的规定提出；没有条约或者条约没有规定的，可以参照本法第十三条的规定提出；被请求国有特殊要求的，在不违反中华人民共和国法律的基本原则的情况下，可以按照被请求国的特殊要求提出。第十三条规定，外国向中华人民共和国提出刑事司法协助请求的，应当依照刑事司法协助条约的规定提出请求书。没有条约或者条约没有规定的，应当在请求书中载明下列事项并附相关材料：（1）请求机关的名称；（2）案件性质、涉案人员基本信息及犯罪事实；（3）本案适用的法律规定；（4）请求的事项和目的；（5）请求的事项与案件之间的关联性；（6）希望请求得以执行的期限；（7）其他必要的信息或者附加的要求。在没有刑事司法协助条约的情况下，请求国应当作出互惠的承诺。请求书及所附材料应当附有中文译文。本条与第十条是具体规定与一般规定的关系，是在其基础上对有关没收、返还方面的国际刑事司法协助应提供材料的进一步明确、细化。具体内容分为六项。前两项内容是关于违法所得及其他涉案财物客观状况的描述，包括其本身的客观状态及存放地点等情况。第一项要求载明“需要没收、返还的违法所得及其他涉案财物的名称、特性、外形和数量等”。这样规定，既可以帮助被请求方准确掌握与犯罪相关的证据材料，以及需要没收、返还的资产的详细情况，从而对相关请求的执行情况有预先的了解和判断；同时也有助于被请求方办案机构准确、有效采取相关的财产没收、返还措施。这里的“违法所得”是指因实施犯罪活动而取得的全部财物，包括金钱或者物品，如贪污贿赂得到的金钱或者物品等，包括通过实施犯罪直接或者间接产生、获得的任何财产；违法所得已经部分或者全部转变、转化为其他财产的，转变、转化后的财产；以及来自违法所得转变、转化后的财产收益，或者来自已经与违法所得相混合财产中违法所得相应部分的收益。“其他涉案财物”，一般是指除违法所得以外的与犯罪有关的款物、作案工具和非法持有的违禁品等。第二项要求载明“需要没收、返还的违法所得及其他涉案财物的地点。资金或者其他金融资产存放在金融机构中的，应当载明金融机构的名称、地址和账户信息”。

第三项、第四项是关于违法所得及涉案财产相关法律状态的描述，据以说明没收、返还的法律依据，包括相关财产的归属，以及对这些财产作出处置的法律依据。第三项要求载明“没收、返还的理由和相关权属证明”。

本项是关于合法性与关联性的要求，主要是说明为何要没收、返还相关财产，以及该财产与犯罪、犯罪嫌疑人、被告人的关系等，包括申请协助没收、返还的财产属于违法所得及其他涉案财产的相关事实及证据材料等可以合理证明请求国对没收的财产拥有所有权等。第四项要求载明“相关法律文书的副本”。“相关法律文书”主要指没收、返还违法所得及其他涉案财物相关的判决书、裁定书以及其他相关的法律文书等，用以表明没收、返还违法所得及其他涉案财物的法律依据。第五项要求载明“有关没收、返还以及利害关系人权利保障的法律规定”，主要是对没收、返还的法律规定，以及可能涉及的利害相关方的权利保障、法律救济方面的法律规定，要尽可能详细列明，包括实体的法律依据，以及程序正当的法律保障等。这里的“利害关系人”包括犯罪嫌疑人、被告人的近亲属和其他对申请没收的财产主张权利的自然人和单位。这里的“利害关系人权利保障”，主要指法律赋予相关利害关系人针对错误的没收、返还违法所得措施的，及时获得法律救济和纠正的权利等方面的规定。为此，请求书应载明没收、返还行为对相关利害关系人权利可能造成的影响，以及相关的保护利害关系人权利的法律规定，比如，保护善意第三人的相关法律规定等。第六项要求载明“有助于执行请求的其他材料”。主要指其他有助于被请求国了解请求书涉及的违法所得及其他涉案财物的事实、法律状态，以及其他能够证明提供协助不违反被请求国法律精神的材料等，如被请求国曾经提供协助的先例、国际刑事司法协助的通行做法，等等。

相关规定

《中华人民共和国刑事诉讼法》第 298 条、第 300 条；《中华人民共和国国际刑事司法协助法》第 13 条；《联合国反腐败公约》第 5 章；《联合国打击跨国有组织犯罪公约》第 13 条、第 18 条

第四十九条　外国协助没收、返还违法所得及其他涉案财物的，由对外联系机关会同主管机关就有关财物的移交问题与外国进行协商。

对于请求外国协助没收、返还违法所得及其他涉案财物，外国提出分享请求的，分享的数额或者比例，由对外联系机关会同主管机关与外国协商确定。

条文主旨

本条是关于我国向外国提出没收、返还违法所得及其他涉案财物请求的财物移交及资产分享的规定。

立法背景

国际刑事司法协助中的资产分享制度是适应贪污贿赂、恐怖活动、毒品等犯罪的发展，以及相应而产生的国际司法合作的客观需要而设立的。增加资产分享规定乃至设立资产分享制度，有助于增进我国与资产流入国开展司法合作的积极性和主动性，提升国际合作中的公平性，最大限度追回已流失境外的违法所得，更加有效保护国有资产。犯罪所得分享，也即被没收、返还的违法所得的分享。1988 年《联合国禁止非法贩运麻醉药品和精神药物公约》就提出了资产分享的概念，该公约在第五条第五款中规定，对于没收的犯罪所得，“按照本国法律行政程序或专门缔结的双边或多边协定，定期地或逐案地与其他缔约国分享这类收益或财产或由变卖这类收益或财产所得的款项”。之后，1997 年经济合作与发展组织通过的《禁止在国际商业交易中贿赂外国公职人员公约》、1999 年《联合国制止向恐怖主义提供资助的国际公约》、2000 年《联合国打击跨国有组织犯罪公约》等都对违法所得的分享问题作出规定。我国 2007 年禁毒法首次引入资产分享概念，该法第五十七条规定："通过禁毒国际合作破获毒品犯罪案件的，中华人民共和国政府可以与有关国家分享查获的非法所得、由非法所得获得的收益以及供毒品犯罪使用的财物或者财物变卖所得的款项。"2013 年，中国与加拿大草签了有关返还财物和分享被没收资产协定。同年《中华人民共和国和大不列颠及北爱尔兰联合王国关于刑事司法协助的条约》也专门对返还和分享资产作了规定。近年来，中美也有分享被没收资产的实际案例。本条第二款有关分享的规定也是将公约、条约等要求国内化，有利于进一步推动跨境涉案财产的追回。

条文解读

本条共分二款。第一款是由对外联系机关会同主管机关就有关财物的移交问题与外国进行协商的规定。根据本款规定，对外国协助没收、返还违法所得及其他涉案财物的，由对外联系机关会同主管机关就有关财物的移交问题与外国进行协商。有关财物的移交问题，主要指财物移交的时间、地点、方式、接收部门、联系部门等移交工作中可能涉及的具体问题。《联合国反腐败公约》还对于资产移交中的反洗钱监测有专门规定。这里的外联机关，也即本法第五条所规定的对外联系机关。本法第五条规定，中华人民共和国和外国之间开展刑事司法协助，通过对外联系机关联系。中华人民共和国司法部等对外联系机关负责提出、接收和转递刑事司法协助请求，处理其他与国际刑事司法协助相关的事务。中华人民共和国与外国之间没有刑事司法协助条约的，通过外交途径联系。这里的主管机关也即本法第六条所规定的开展国际刑事司法协助的主管机关，包括国家监察委员会、最高人民法院、最高人民检察院、公安部、国家安全部等部门。在外国向我国移交没收、返还的违法所得及其他涉案财物事项上，对外联系机关和相关的主管机关要按照各自的职权，分工负责、协同配合，就移交中所涉及的相关问题进行具体协商。

第二款是关于违法所得及其他涉案财物分享的规定。根据本款规定，对于请求外国协助没收、返还违法所得及其他涉案财物，外国提出分享请求的，分享的数额或者比例，由对外联系机关会同主管机关与外国协商确定。这里的违法所得及其他涉案财物分享通常应符合如下几个条件：(1) 分享的主体是在没收、返还违法所得及其他涉案财物过程中向我国提供了刑事司法协助的国家。也即本款所规定的“请求外国协助没收、返还违法所得及其他涉案财物”的案件，而非任何国际刑事司法协助事项。(2) 分享的依据是当事国提出的分享请求，以及相关的公约、条约、协定确立的分享义务。也即违法所得分享要以外国提出分享请求为前提条件，外国没有提出分享请求的，中方没有必要主动提出分享请求。(3) 分享的违法所得范围要以违法所得的性质而定，不是所有违法所得都可以列入可分享的资产。一般来说，可分享的违法资产应为无明确所有人的财产，对于有被害人或者合法所有人的财产，通常不宜分享。(4) 分享的数额或者比例应当遵循对等原则，根据各国在执法过程中提供的帮助大小等，经双方协商确定。可以一案一确定，也可以通过双边协定对某类案件作出约定。(5) 我方的实施主体是对外联系机关会同主管机关一同办理。主要是就分享主体、分享依据、分享的违法所得范围、分享的数额或者比例等事项，由司法部等对外联系机关会同国家监察委员会、最高人民法院、最高人民检察院、公安部、国家安全部等一家或几家主管机关一起，与外国相关机构进行谈判协商。本款规定的违法所得及其他涉案财物分享与没收、返还违法所得及其他涉案财物中的费用补偿或者费用扣除不同，后者主要是指在返还或者处分没收的财产过程中因侦查、起诉或者审判等程序的进行所发生的合理费用，以及被协助方根据协助请求赴请求方办理资产返还相关事宜产生的差旅费、鉴定费等，双方可以约定因此支出的此类相应费用得到补偿；本条中的分享是对违法所得及其他涉案财物本身的分享。

相关规定

《中华人民共和国刑事诉讼法》第298条；《中华人民共和国刑法》第64条；《中华人民共和国禁毒法》第57条；《中华人民共和国国际刑事司法协助法》第5条；《联合国禁止非法贩运麻醉药品和精神药物公约》第5条；《联合国打击跨国有组织犯罪公约》第14条；《联合国反腐败公约》第57条

第二节　向中华人民共和国请求没收、返还违法所得及其他涉案财物

第五十条　外国可以请求中华人民共和国协助没收、返还违法所得及其他涉案财物。

外国向中华人民共和国请求协助没收、返还违法所得及其他涉案财物的，请求书及所附材料应当根据需要载明本法第四十八条规定的事项。

条文主旨

本条是关于外国可以请求我国协助没收、返还违法所得及其他涉案财物和请求书的规定。

立法背景

国际刑事司法协助是基于平等互惠基础上的国际合作，本章第一节对向外国请求没收、返还违法所得及其他涉案财物的程序及要求作了规定，第二节对外国请求没收、返还违法所得及其他涉案财物的作了相应规定。《联合国反腐败公约》《联合国打击跨国有组织犯罪公

约》等相应规定是中外开展类似合作的公约基础，本章第一节的背景中已有详细说明，这里不再赘述；中外签订的一系列双边司法协助协定很多也有没收、返还违法所得及其他涉案财物的规定。本节的规定是相关国际义务的国内化，也为开展有关外国向我国请求没收返还资产方面的国际合作进一步提供了国内法的法律基础。

条文解读

本条共分两款。第一款是关于外国可以请求中华人民共和国协助没收、返还违法所得及其他涉案财物的规定。本款中包括两层意思：一是，外国可以向我国提出有关没收、返还违法所得及其他涉案财物的司法协助的请求。“违法所得”是指因实施犯罪活动而取得的全部财物，包括金钱或者物品，如贪污贿赂得到的金钱或者物品等。“其他涉案财物”，一般是指除违法所得以外的与犯罪有关的款物、作案工具和非法持有的违禁品等。二是，协助请求涉及的违法所得及其他涉案财物在我国司法管辖控制之下，否则也不具备提供司法协助的条件。根据本款的规定，对于违法所得及其他涉案财物在我国的，外国可以向我国提出有关没收、返还违法所得及其他涉案财物的司法协助的请求，提出的请求可以基于双方参加的《联合国反腐败公约》等多边公约，也可以基于双边签订的刑事司法协助协定，还可以根据第四条第一款和本款规定，按照平等互惠的原则提出。具体的条件应当符合本法第五十一条、五十二条的规定。

第二款是关于外国提出没收、返还请求的请求书及所附材料的规定。本法第十三条对外国向中华人民共和国提出刑事司法协助请求的，应当依照刑事司法协助条约的规定提出请求书及具体应载明事项作了具体规定，包括在没有刑事司法协助条约的情况下，请求国应当作出互惠的承诺。请求书及所附材料应当附有中文译文等。请求书及所附材料应当附有中文译文等。本款规定是在此基础上针对外国请求中华人民共和国协助没收、返还违法所得及其他涉案财物的请求书及所附材料的进一步具体规定。根据本款规定，外国向中华人民共和国请求协助没收、返还违法所得及其他涉案财物的，请求书及所附材料应当根据需要载明本法第四十八条规定的事项，对相关财产的客观状态及法律依据，以及利害关系人的权利保障等作出尽可能明确的说明，具体包括以下几个方面：（1）需要没收、返还的违法所得及其他涉案财物的名称、特性、外形和数量等。(2) 需要没收、返还的违法所得及其他涉案财物的地点。资金或者其他金融资产存放在金融机构中的，应当载明金融机构的名称、地址和账户信息。(3) 没收、返还的理由和相关权属证明。(4) 相关法律文书的副本。(5) 有关没收、返还以及利害关系人权利保障的法律规定。(6) 有助于执行请求的其他材料。以上事项在本法第四十八条的解读中已有具体说明，不再展开。

相关规定

《中华人民共和国刑事诉讼法》第 291 条、第 298 条；《中华人民共和国刑法》第 60 条、第 8 章、第 120 条；《中华人民共和国反恐怖主义法》第 3 条、第 68 条、第 70 条；《中华人民共和国国际刑事司法协助法》第 4 条、第 48 条、第 51 条、第 52 条；《中华人民共和国监察法》第 6 章；《联合国反腐败公约》第 5 章

第五十一条　主管机关经审查认为符合下列条件的，可以同意协助没收违法所得及其他涉案财物，并安排有关办案机关执行：

（一）没收违法所得及其他涉案财物符合中华人民共和国法律规定的条件；

（二）外国充分保障了利害关系人的相关权利；

（三）在中华人民共和国有可供执行的财物；

（四）请求书及所附材料详细描述了请求针对的财物的权属、名称、特性、外形和数量等信息；

（五）没收在请求国不能执行或者不能完全执行；

（六）主管机关认为应当满足的其他条件。

条文主旨

本条是对外国提出的协助没收违法所得及其他涉案财物的请求审查条件的规定。

立法背景

对外国提出的有关协助没收违法所得及其他涉案财物的请求进行审查，是我国司法主权的具体体现，是主管机关的重要职责，也是开展刑事司法国际合作的必经程序。外国提出的协助请求符合条件，是协助请求得到切实有效的执行的基础。尤其是本条规定的协助事项涉及对财产的处理，需要通过审查确定外方提出的协助请求是否充分保障利害关系人的合法权益，执行协助是否会损害利害关系人的合法权益。本法第十四条至第十六条，对外国向中华人民共和国提出的刑事司法协助请求可以拒绝请求的情形、对外联系机关及主管机关对请求书及所附材料进行审查作了一般性规定。本条是对外国提出的协助没收违法所得及其他涉案财物的请求进行审查及交办的进一步具体规定。

条文解读

本条规定包括三个方面的内容：（1）审查主体。根据本款规定，对外国提出的没收违法所得及其他涉案财物的申请，应当由主管机关进行审查。根据本法第六条的规定，开展国际刑事司法协助的主管机关，包括国家监察委员会、最高人民法院、最高人民检察院、公安部、国家安全部等部门，各自按照职责分工，审核向外国提出的刑事司法协助请求，审查处理对外联系机关转递的外国提出的刑事司法协助请求，承担其他与国际刑事司法协助相关的工作。具体到本条规定，需要结合外国提出的协助没收违法所得及其他涉案财物的请求的具体内容、方式等确定，对外国作出没收裁决或法院没收令的，一般由最高人民法院负责，外国要求按照我国内法没收的，需根据诉讼阶段和提出请求的办案主体由相应主管机关负责。对于审查的具体形式是否需要经过审理程序，本条未作要求。另外，有本法第十四条规定情形之一的，可以拒绝提供协助，包括：根据中华人民共和国法律，请求针对的行为不构成犯罪；在收到请求时，在中华人民共和国境内对于请求针对的犯罪正在进行调查、侦查、起诉、审判，已经作出生效判决，终止刑事诉讼程序，或者犯罪已过追诉时效期限；请求针对的犯罪属于政治犯罪；请求针对的犯罪纯属军事犯罪；请求的目的是基于种族、民族、宗教、国籍、性别、政治见解或者身份等方面的原因而进行调查、侦查、起诉、审判、执行刑罚，或者当事人可能由于上述原因受到不公正待遇；请求的事项与请求协助的案件之间缺乏实质性联系，等等。(2）审查的后果。对于经审查符合条件的，可以同意协助没收违法所得及其他涉案财物，并安排有关办案机关执行。最高人民法院、公安部等主管机关经审查符合条件的，可以同意协助没收违法所得及其他涉案财物，并根据财产的所在地、财产的具体表现形式等交由具体的人民法院或公安机关等负责具体执行。（3）审查内容。除了本法第四条第二款规定的“国际刑事司法协助不得损害中华人民共和国的主权、安全和社会公共利益，不得违反中华人民共和国法律的基本原则”的要求外，本法第十三条对外国向中华人民共和国提出刑事司法协助请求的，应当依照刑事司法协助条约的规定提出请求及请求书载明事项等作了具体规定。本条是在以上规定基础上的进一步具体化。本条规定的审查内容具体包括六项：（1）没收违法所得及其他涉案财物符合中华人民共和国法律规定的条件。这主要是指外国申请没收的违法所得及其他涉案财物按照我国法律也是应当予以没收的，符合包括刑法、刑事诉讼法等的规定。对于不符合我国法律规定的条件的没收，具体办案机关也无法执行。（2）外国充分保障了利害关系人的相关权利。保障利害关系人的权利是我国向外国申请没收违法所得时需要满足的重要条件，同样对外国请求我国协助执行没收请求的，也应充分保障利害关系人的权利，要求实体上得到公正处理，同时符合正当程序的要求。利害关系人通常包括犯罪嫌疑人、被告人的近亲属和其他对申请没收的财产主张权利的自然人和单位。对外国提出的协助没收违法所得及其他涉案财物的请求，应审查有无利害关系人以及没收对利害关系人权利可能造成影响的，是否提供了充分的法律救济等。（3）在中华人民共和国有可供执行的财物。（4）请求书及所附材料详细描述了请求针对的财物的权属、名称、特性、外形和数量等信息。第三、四项是关于财物客观状态的条件，包括财产的所在地，以及财物的权属、名称、特性、外形和数量等具体信息，便于准确确定财产的所在地及待执行的财产的范围等，避免不当执行。（5）没收在请求国不能执行或者不能完全执行。对于请求国能够没收的违法所得及其他涉案财物不需要通过司法协助的方式执行。（6）主管机关认为应当满足的其他条件。涉案财物的情况复杂，不仅财物本身表现形式各有不同，涉及的法律文书也会有所不同，还涉及不同国家对于相关财物管理制度的不同规定，具体还要审查哪些条件，应由主管机关根据案件性质、相关财产的具体情况确定。

相关规定

《中华人民共和国国际刑事司法协助法》第4条、第13条、第14条；《最高人民法院、最高人民检察院关于

适用犯罪嫌疑人、被告人逃匿、死亡案件违法所得没收程序若干问题的规定》

第五十二条 外国请求协助没收违法所得及其他涉案财物，有下列情形之一的，可以拒绝提供协助，并说明理由：

（一）中华人民共和国或者第三国司法机关已经对请求针对的财物作出生效裁判，并且已经执行完毕或者正在执行；

（二）请求针对的财物不存在，已经毁损、灭失、变卖或者已经转移导致无法执行，但请求没收变卖物或者转移后的财物的除外；

（三）请求针对的人员在中华人民共和国境内有尚未清偿的债务或者尚未了结的诉讼；

（四）其他可以拒绝的情形。

条文主旨

本条是关于可以拒绝向外国提供有关没收协助的情形的规定。

立法背景

对于符合本法第五十一条规定的条件，主管机关可以同意协助没收违法所得及其他涉案财物，并安排有关办案机关执行。但实践中有时会存在一些客观的情况导致无法执行协助，如请求返还的财物已经毁损、灭失，失去了执行的物质基础，或者执行中存在法律障碍、法律冲突，不便于执行外国提出的没收请求。本条与第五十一条从正反两个方面规定了审查外国提出的协助没收财产的请求应当考虑的条件，确保没收的申请能够得到有效执行。

条文解读

根据本法第四条第二款的规定“国际刑事司法协助不得损害中华人民共和国的主权、安全和社会公共利益，不得违反中华人民共和国法律的基本原则”；具有本法第十四条规定的情形之一的，也可以拒绝提供协助，包括：（1）根据中华人民共和国法律，请求针对的行为不构成犯罪；（2）在收到请求时，在中华人民共和国境内对于请求针对的犯罪正在进行调查、侦查、起诉、审判，已经作出生效判决，终止刑事诉讼程序，或者犯罪已过追诉时效期限；（3）请求针对的犯罪属于政治犯罪；（4）请求针对的犯罪纯属军事犯罪；（5）请求的目的是基于种族、民族、宗教、国籍、性别、政治见解或者身份等方面的原因而进行调查、侦查、起诉、审判、执行刑罚，或者当事人可能由于上述原因受到不公正待遇；（6）请求的事项与请求协助的案件之间缺乏实质性联系；（7）其他可以拒绝的情形。除以上规定的可以拒绝的情形之外，本条对可以拒绝向外国提供有关没收协助的情形作了具体规定，包括：（1）中华人民共和国或者第三国司法机关已经对请求针对的财物作出生效裁判，并且已经执行完毕或者正在执行。这是针对请求所针对的财物存在不同的诉讼情况作出的规定。对请求针对的财物已经存在生效裁判，并且已经执行完毕或者正在执行的，则失去了继续执行外国请求的法律基础，存在这种情形的可以拒绝外国提出的协助请求。（2）请求针对的财物不存在，已经毁损、灭失、变卖或者已经转移导致无法执行，但请求没收变卖物或者转移后的财物的除外。如果请求针对的财物不存在等情况导致无法执行的，也可以拒绝协助执行的请求。请求针对的财物不存在和已经毁损、灭失实际是一种情形，财物被变卖和转移的是另外一种情形。从国际司法协助的实践经验看，违法所得已经部分或者全部转变、转化为其他财产的，转变、转化后的财产通常也会被视为“违法所得”；来自违法所得转变、转化后的财产收益，或者来自已经与违法所得相混合财产中违法所得相应部分的收益，也会被视为“违法所得”，没收变卖物或者转移后的财物也可以适用没收违法所得程序。需要说明的是，外国提出协助请求的，需要具体列明财产状况。对于财产被变卖、转移的，外国请求没收变卖或者转移后的财物的，需要提供转移地点等改变情况的，才予以协助。如果外国的请求没收变卖物或者转移后的财物的，不能简单以请求物不存在为由拒绝提供协助。（3）请求针对的人员在中华人民共和国境内有尚未清偿的债务或者尚未了结的诉讼。对于没收的违法所得及其他涉案财物应先清偿我国境内的债务。根据我国刑法的规定，承担民事赔偿责任的犯罪分子，同时被判处罚金，其财产不足以全部支付的，或者被判处没收财产的，应当先承担对被害人的民事赔偿责任。另外，请求所针对的人员在我国境内有尚未了结的诉讼，可能涉及对相关违法所得及其他涉案财物的实体处分的，也可以拒绝外国提出的协助没收的请求。(4) 其他可以拒绝的情形。是指其他可能妨碍执行没收请求的情形，具体应由相关主管机关审核确定。需要说明的是对拒绝执行外国提出的协助执行的请求的，主管机关应当说明理由，对拒绝的事实与法律依据予以说明，避免执法的随意性，及对今后司法协助的不利影响。还需说明的是，根据本法第十六条第一款第二项的规定，“根据本法第四条、第十四条或者刑事司法协助条约的规定，认为应当全部或者部分拒绝协助的，将请求书及所附材料退回对外联系机关并说明理由”，根据本法第十九条的规定，对外联系机关收到主管机关的有关通知或者执行结果后，应当及时转交或者转告请求国。

相关规定

《中华人民共和国国际刑事司法协助法》第 4 条、第 14 条、第 16 条、第 19 条

第五十三条 **外国请求返还违法所得及其他涉案财物，能够提供确实、充分的证据证明，主管机关经审查认为符合中华人民共和国法律规定的条件**

的，可以同意并安排有关办案机关执行。返还前，办案机关可以扣除执行请求产生的合理费用。

条文主旨

本条是关于外国请求返还违法所得及其他涉案财物的处理的规定。

立法背景

对于外国请求返还违法所得及其他涉案财物的，国际公约大都秉承了以下精神：一是财产所在国有权依公约和本国法律进行处分，这是司法主权的表现。二是依公约、条约或平等互惠原则，优先考虑返还给请求国，以便其对被害人进行赔偿或归还合法所有人。三是返还给请求国前，可以扣除合理费用。如2000年《联合国打击跨国有组织犯罪公约》第十四条关于“没收的犯罪所得或财产的处置”中规定，没收的犯罪所得或财产应由该缔约国根据本国法律和行政程序予以处置。缔约国应在本国法律许可的范围内，根据请求优先考虑将没收的犯罪所得或财产交还请求缔约国，以便其对犯罪被害人进行赔偿，或者将这类犯罪所得或财产归还合法所有人。

2005年《联合国反腐败公约》第五十七条关于“资产的返还和处分”中规定，缔约国没收的财产，应当由该缔约国根据本公约的规定和本国法律予以处分，包括返还其原合法所有人。各缔约国应当使本国主管机关在另一缔约国请求采取行动时，能够在考虑到善意第三人权利的情况下，根据本公约返还所没收的财产。因此，被请求缔约国具体执行中应当优先考虑将没收的财产返还请求缔约国、返还其原合法所有人或者赔偿犯罪被害人。在适当的情况下，除非缔约国之间另有决定，被请求缔约国可以在依照本条规定返还或者处分没收的财产之前，扣除为此进行侦查、起诉或者审判程序而发生的合理费用。

条文解读

本条规定了两方面的内容。一是外国请求返还违法所得及其他涉案财物时，我国主管机关同意的条件。根据本条规定，我国同意返还的条件是外国能够提供确实、充分的证据证明，且符合我国法律规定的条件。

这里的“证据”主要包括相关法律文书的副本（包括判决书、查封、扣押、冻结决定书、没收决定书等）、返还的理由和相关权属证明、有关利害关系人权利保障的法律规定及其他材料。“确实、充分”是指相关犯罪事实都有证据证明，这些证据都经过法定程序查证属实，且综合全案案件情况，提供的证据能够证明这部分财产确属犯罪分子因实施犯罪活动的违法所得或应当没收、返还的其他涉案财物，

这里的“符合我国法律规定的条件”，主要指的是符合我国关于返还违法所得及其他涉案财物的有关法律规定，包括：（1）我国刑法的规定，如刑法第六十四条规定，犯罪分子违法所得的一切财产，应当予以追缴或者责令退赔；对被害人的合法财产，应当及时返还；违禁品和供犯罪所用的本人财物，应当予以没收。根据这条规定，被害人合法财产应当及时返还，这里的所说的“被害人”包括个人，也包括单位，对于被害人的合法财产被损坏或者已经不存在的，应当折价退赔。（2）我国民事法的规定，如民法总则、物权法等相关法律的规定，在根据证据材料判定请求国请求返还的这部分财产确属违法所得或其他涉案财物的情况下，还要特别注意利害关系人特别是善意第三人的权利保障。（3）本法第四条第二款、第十三条、第十四条、第十六条第二款等相关

规定。此外，还包括其他相关法律规定。

实践中，有的返还违法所得及其他涉案财物的请求是和没收请求一并提出的，有的是单独提出的，不管之前有没有提出过没收请求，返还的请求必须得符合本条规定的条件，主管机关才能同意。没收和返还请求一并提出的，应当分别审查；若单独提出返还请求的，因没收是返还的前提，要求合并审查；协助没收后请求方又单独提出返还请求的，则只需要审查返还的内容。

外国向我国请求没收违法所得及其他涉案财物的有关程序，按照本法第二章第二节“向中华人民共和国请求刑事司法协助”的有关规定进行。对外联系机关收到外国提出的没收请求后，转交给主管机关审查，主管机关审查后，会将具体的请求转交给办案机关办理，办案机关依法执行后将执行结果及时报告主管机关。

二是返还违法所得及其他涉案财物前合理费用的扣除。这也是国际的通行做法，由请求国支付被请求国为执行请求而花费的费用，也是为了鼓励和加强相互之间的刑事司法协助。

这里的“合理费用”是指在司法协助过程中，为返还违法所得及其他涉案财物而发生的必要费用，包括翻译费、复印费、公证材料费，为处置、移交有关财物而支出的费用等。

相关规定

《联合国打击跨国有组织犯罪公约》第14条；《联合国反腐败公约》第57条；《中华人民共和国刑法》第64条

第五十四条　对于外国请求协助没收、返还违法所得及其他涉案财物的，可以由对外联系机关会同主管机关提出分享的请求。分享的数额或者比例，由对外联系机关会同主管机关与外国协商确定。

条文主旨

本条是关于外国请求协助没收、返还违法所得及其他涉案财物时，我国可以提出分享请求的有关规定。

立法背景

当今社会，以分享的方式处理违法所得及其他涉案财物等资产是一项通行的国际惯例。分享涉案资产是因打击犯罪国际合作的需要而产生的，在跨国犯罪日趋严重，涉案财物日益巨大，合作调查越来越频繁的背景下，为鼓励各国积极参与国际司法合作，出现了分享涉案资产的协议，分享涉案资产的制度也逐渐为各国认可。分享涉案资产制度的直接意义是在于鼓励和加强跨国、跨地区犯罪的司法协助，巩固相互间的合作机制，强化合作的义务。

分享涉案资产制度在国际公约中亦有体现，“分享”的概念最先出现在1988年《联合国禁止非法贩运麻醉药品和精神药物公约》中，该公约建议各国在处理被罚没的犯罪收益时特别考虑：“按照本国法律、行政程序或专门缔结的双边协定，定期地或逐案地与其他缔约国分享这类收益或财产或由变卖这类收益或财产所得的款项。”1999年《联合国制止向恐怖主义提供资助的国际公约》和2000年《联合国打击跨国有组织犯罪公约》都有关于分享涉案资产的类似规定。2005年《联合国反腐败公约》第五十七条关于“资产的返还和处分”中也规定，在适当的情况下，缔约国还可以特别考虑就所没收财产的最后处分逐案订立协定或者可以共同接受的安排。根据该规定，在优先返还给原合法所有人或者赔偿犯罪被害人，并扣除合理费用后，可以考虑订立协定或对个案协商进行资产分享。

很多国家的国内立法中也有关于分享涉案资产的制度，如美国、加拿大、澳大利亚等国。美国通过一系列的立法活动，包括与外国签订“分享协议”将分享涉案资产的制度具体化，据介绍，美国每年与许多国家开展的此类合作所分享的资金额在数千万乃至上亿美元。加拿大的《被没收资产分享条例》和澳大利亚的《2002 年犯罪收益追缴法》对涉案资产的分享也进行了具体的规定。不同国家对于分享的规定有所不同，有的国家坚持“无协议不分享”，如加拿大在国家间有分享协议的情况下才进行分享谈判，而有些国家则采取较为务实和灵活的方式，如美国和澳大利亚规定在无分享协议时，个案也可以协商进行分享。

关于与外国分享涉案资产的条件，美国要求有关国家直接或者间接参与了在美境内开展的扣押、冻结或者没收犯罪所得的活动，如向美国司法主管机关提供了证据材料，协助执行美国的司法裁决等。澳大利亚规定与外国分享被没收的资产需要有关国家为澳大利亚开展的资产追缴或者对有关违法行为的调查或追诉活动做出了重大贡献，例如，提供了重大线索或者重要的证据材料。实践中，美国与外国分享的比例是按照它们提供的司法协助的效能来确定的，分享的比例被划分为三个档次：重大协助的，分享比例为50%—80%；较大协助的，分享比例为40%—50%；提供便利的，分享比例为40%以下。

条文解读

根据本条规定，当外国向我国提出请求协助没收、返还违法所得及其他涉案财物时，我国可以提出分享的请求。

我国先后加入了《联合国禁止非法贩运麻醉药品和精神药物公约》《联合国制止向恐怖主义提供资助的国际公约》《联合国打击跨国有组织犯罪公约》和《联合国反腐败公约》等公约，2016年中国还和加拿大签署了《中华人民共和国和加拿大关于分享和返还被追缴资产的协定》。根据公约和条约的精神和规定，我国可以以订立分享协议或个案协商的方式对涉案资产进行分享。本条规定也是公约和条约精神的体现。

另外，我国2007年《禁毒法》也首次引入了资产分享的概念，该法第五十七条规定："通过禁毒国际合作破获毒品犯罪案件的，中华人民共和国政府可以与有关国家分享查获的非法所得、由非法所得获得的收益以及供毒品犯罪使用的财物或者财物变卖所得的款项。"本法关于分享涉案资产的规定，是国内法层面对这一问题的正式规定。

根据规定，我国与外国可以依条约或通过个案协商的方式进行涉案资产的分享。涉案资产的分享分为两步，第一步是提出分享的请求，可以由我国的对外联系机关会同主管机关向外方提出，实践中也有外方主动向我方提出的案例；第二步是双方之间进行协商，关于是否同意分享，具体的分享数额或比例等问题，都需要双方进行充分的沟通和协商。涉案资产的分享带有行政磋商的性质，确定具体案件的分享份额时，一般要经由反复多次的磋商谈判才能完成。实践中，我国可以根据我国在调查取证，查封、扣押、冻结涉案财物，没收返还违法所得及其他涉案财物等具体的刑事司法协作过程中发挥的重要作用，提出具体的分享比例和数额。

一般来说，有被害人或合法所有人的财产是不参与分享的，分享主要针对的是毒资、贩毒所得、恐怖资金、受贿所得等财产。根据本法第五十三条的规定，涉案资产的分享还需要在扣除合理费用后才能进行。关于协商具体的分享比例和数额的对外联系机关，有条约的，由司法部会同主管机关与外国协商确定，没有条约的，由外交部会同主管机关与外国协商确定。

相关规定

《联合国禁止非法贩运麻醉药品和精神药物公约》第5条；《联合国制止向恐怖主义提供资助的国际公约》第8条；《联合国打击跨国有组织犯罪公约》第14条；《联合国反腐败公约》第57条；《澳大利亚2002年犯罪收益追缴法》第296条

第八章　移管被判刑人

第一节　向外国移管被判刑人

第五十五条　外国可以向中华人民共和国请求移管外国籍被判刑人，中华人民共和国可以向外国请求移管外国籍被判刑人。

条文主旨

本条是关于外国和中华人民共和国均可以提出移管外国籍被判刑人的规定。

立法背景

广义的国际刑事司法协助，除了包括刑事诉讼程序中的文书送达、调查取证、安排作证和涉案财物的处置等之外，还可以包括移管被判刑人。移管被判刑人，是指移交国向接收国移管属于接收国公民的被判刑人，以便在接收国境内执行移交国所判处的刑罚。由此可见，移管被判刑人实际上涉及承认和执行他国刑事裁判。关于移管被判刑人的法理基础，一般认为有以下几点：其一，出于实现犯罪人再社会化的刑罚目的。刑罚的最终目的是为了对被判刑人实现再社会化，让被判刑人在服刑期间能与其家庭、外界环境保持适当的联系和接触，有利于其出狱后重新适应社会生活，而让其在本国服刑，更便于提供上述条件。其二，出于刑罚人道主义要求。在本国监狱服刑，被判刑人在饮食、文化、语言、宗教等各方面都更容易适应。其三，符合判刑国、执行国和被判刑人三方的利益。对判刑国来说，避免了因服刑人员生活习惯、文化隔阂、语言等问题带来的管理难题，也节省了执行刑罚的成本；对执行国来说，把在外国犯了罪的国民接回国内服刑，有助于实现对本国国民的保护和维护被判刑人及其家庭的现实利益和长远利益；对被判刑人来说，移管一般系其提出或经过其同意，是符合其利益的。

为了开展移管被判刑人的国际刑事司法合作，很多国家都制定了有关国际司法协助的国内法，相互之间签署有关移管被判刑人的条约。如德国和瑞士分别于1981

年和1982年制定了《国际刑事司法协助法》，加拿大的《囚犯移管法》于1978年生效。另外，一些国家还缔结了有关移管被判刑人的国际公约，其中比较有影响的如1983年《欧洲移管被判刑人公约》以及1985年《联合国关于外国囚犯移管的模式协定》。

近年来，随着经济往来和人员流动，外国人在我国犯罪和我国公民在国外犯罪的情况也在增加，我国与外国相互移管被判刑人的需求日益增长，从而需要以法律的形式，对移管被判刑人作出规范。

关于移管被判刑人的国内立法方式，各国做法不一。德国的国际刑事司法协助法采用的是广义的概念，一般的国际司法协助、引渡、移管被判刑人三部分内容都在这部法律中作了规定。荷兰则是在刑事诉讼法典中规定了狭义的国际刑事司法协助的内容，另外专门制定了两部法律对引渡、被判刑人移管作了分别规定。我国2000年通过了引渡法，对引渡作了专门规定。此次通过的国际刑事司法协助法，除对狭义的国际刑事司法协助，即刑事诉讼程序中的文书送达、调查取证、安排作证和涉案财物的处置等作出规定外，还对移管被判刑人作了规定。

近年来我国的相关立法和司法实践，为在国际刑事司法协助法中规定移管被判刑人制度提供了一定的基础。从法律基础来看，我国现行法律中监察法第五十一条、反恐怖主义法第七十条和出境入境管理法第二十八条都对移管被判刑人作了明确规定；我国参加的联合国反腐败公约、联合国打击跨国有组织犯罪公约、上海合作组织反恐怖主义公约中也有移管被判刑人的内容；另外，截至目前，我国共与14个国家签署了专门的被判刑人移管条约，分别是乌克兰、俄罗斯、西班牙、葡萄牙、韩国、澳大利亚、泰国、吉尔吉斯、蒙古、哈萨克斯坦、伊朗、塔吉克斯坦、阿塞拜疆、比利时。除阿塞拜疆、比利时外，其余12个移管条约已经全部生效。从实践基础来看，我国陆续与一些国家和地区依条约或者以个案方式开展了一定数量的移管被判刑人的合作，积累了一定的实践经验。基于以上情况，为了规范移管被判刑人行为，保证我国现有的法律规定落到实处，履行国际义务，也为了将实践证明有效的做法通过法律形式固定下来，以更好地开展移管合作，满足实践需要，全国人大常委会根据各方面意见，在就有关问题取得共识的基础上，在本法中对移管被判刑人作了专章规定。具体的内容包括移管被判刑人的条件、拒绝移管请求的情形、移管请求的提出和请求书的内容、被判刑人移管意愿的核实、移管的决定程序、移管后的刑罚执行和对原判决的申诉处理等。我国对外签订的条约均有类似的内容，规定这些内容也属于国际通行做法。

条文解读

本法将被判刑人移管的内容分为两节，第一节为向外国移管被判刑人，第二节为向中国移管被判刑人，分别规定了在这两种情形下请求的提出、被判刑人移管意愿的核实、移管的决定程序、移管后的刑罚执行和对原判决的申诉的处理等内容。

中国与外国之间被判刑人移管请求的提出共有四种情形，按照请求的提出方向来分，一是外国向中国提出请求的，可以是请求向外国移交该国籍被判刑人，也可以是请求将在该国服刑的中国籍被判刑人移交给中国。二是中国向外国提出请求的，可以是请求向中国移交中国籍被判刑人，也可以是请求将在中国服刑的外籍被判刑人移交给该国。

按照移管的方向来分，一是向外国移管被判刑人，包括中国向外国或者外国向中国请求将外国籍被判刑人移交给该国；二是向中国移管被判刑人，包括中国向外国或者外国向中国请求将中国籍被判刑人移交给中国。

本章是按照移管的方向来分的，第一节规定的是向外国移管被判刑人。本条是从向外国移管被判刑人可以由谁提出请求的角度来规定的，根据该规定，请求移管外国籍被判刑人，可以是外国向中国提出，也可以是中国向外国提出。正如前文提到的那样，在被判刑人移管这一司法合作形式中，有关各方往往都是受益的。因此，中国和外国都可能根据实际情况和需求，提出将在中国服刑的外国人移管到其国籍国服刑的移管请求。

关于提出被判刑人移管请求的对外联系机关，由于各国的法律制度和司法制度不同，具体规定也不同。根据我国签订的移管被判刑人条约，西班牙、澳大利亚等国家规定的是司法部，俄罗斯、葡萄牙、哈萨克斯坦等国家规定的是检察机关，韩国规定的是法务部长，泰国规定的是被判刑人移管委员会。根据本法第五条的规定，在我国，司法部等是提出被判刑人移管请求的对外联系机关，在有条约规定时，由条约规定的部门负责对外联系，目前签订的移管条约中，都是由司法部负责对外联系的；在没有条约或条约没有规定时，则通过外交途径联系，即由我国外交部负责对外联系。

相关规定

《中华人民共和国和西班牙王国关于移管被判刑人的条约》第 5 条；《中华人民共和国和澳大利亚关于移管被判刑人的条约》第 3 条；《中华人民共和国和俄罗斯联邦关于移管被判刑人的条约》第 3 条；《中华人民共和国和葡萄牙共和国关于移管被判刑人的条约》第 3 条；《中华人民共和国和大韩民国关于移管被判刑人的条约》第 3 条

第五十六条　向外国移管被判刑人应当符合下列条件：

（一）被判刑人是该国国民；

（二）对被判刑人判处刑罚所针对的行为根据该国法律也构成犯罪；

（三）对被判刑人判处刑罚的判决已经发生法律效力；

（四）被判刑人书面同意移管，或者因被判刑人年龄、身体、精神等状况确有必要，经其代理人书面同意移管；

（五）中华人民共和国和该国均同意移管。

有下列情形之一的，可以拒绝移管：

（一）被判刑人被判处死刑缓期执行或者无期徒刑，但请求移管时已经减为有期徒刑的除外；

（二）在请求移管时，被判刑人剩余刑期不足一年；

（三）被判刑人在中华人民共和国境内存在尚未了结的诉讼；

（四）其他不宜移管的情形。

条文主旨

本条是关于向外国移管被判刑人的条件及可以拒绝移管的情形的规定。

立法背景

中国与外国签订的被判刑人移管条约对移管被判刑人的条件都作了规定。如《中华人民共和国和西班牙王国关于移管被判刑人的条约》第三条规定：“根据本条约的规定，只有符合下列条件时，方可以进行移管：（一）被判刑人系执行国国民；（二）判决已发生法律效力，且被判刑人在判刑国无其他应承担的刑事责任；（三）自接到移管请求之日起，被判刑人尚未服完的刑期不少于一年；（四）被判刑人书面同意移管，如果任何一方鉴于该人的年龄、身体或精神状况认为有必要时，经被判刑人的代理人书面同意移管；（五）据以科处刑罚的作为或不作为，依据执行国法律，也构成犯罪，或者如该作为或不作为发生在该国境内，尽管犯罪的定义不同，也构成犯罪；（六）判刑国和执行国均同意移管。”此外，中国与澳大利亚、俄罗斯联邦、葡萄牙、乌克兰之间的移管被判刑人的条约对移管的条件也都作了规定。

条文解读

本条共分两款。第一款是关于向外国移管被判刑人的条件的规定。条件包括：

1. 被判刑人是该国国民。即被判刑人具有拟移入国的国籍。被判刑人移管主要是为了使被判刑人回到其熟悉的环境中服刑，以避免其在陌生环境中服刑可能遇到的障碍，便于其服刑后更好地融入社会。因此，将被判刑人移管到其国籍国更有利于实现这一目的。开展被判刑人移管合作的国家，法律上都是接受具有本国国籍的公民回国服刑的。我国与乌克兰、俄罗斯、西班牙、葡萄牙和韩国等国签订的移管条约中也都有这样的规定。

2. 对被判刑人判处刑罚所针对的行为根据该国法律也构成犯罪。根据本法第十四条的规定，不符合双重犯罪的条件，是可以拒绝提供刑事司法协助的理由，本项规定是双重犯罪原则在被判刑人移管中的适用。移管被判刑人，实际上涉及承认和执行他国刑事裁判。外国人在我国犯罪被判处刑罚，如果其本国法律不认为该种行为为犯罪，事实上就缺乏承认我国相关刑事裁判的法律基础。将双重犯罪原则作为移管的条件之一，也是大多数国家的通行做法。

3. 对被判刑人判处刑罚的判决已经发生法律效力。即刑事判决已经生效，根据我国刑事诉讼法，已经发生法律效力的判决包括已过法定期限没有上诉、抗诉的判决，以及上诉、抗诉后经二审终审的判决。该内容在有的条约中表述为“终审判决”，如中国与澳大利亚的移管被判刑人条约在移管的条件部分规定，“判决为终审判决，且在移交方境内不存在与所涉犯罪或其他犯罪有关的未完结诉讼”，这里的“终审判决”也是发生法律效力的判决的意思。

4. 被判刑人书面同意移管，或者因被判刑人年龄、身体、精神等状况确有必要，经其代理人书面同意移管。被判刑人移管的主要目的是有利于被判刑人的再社会化，因此，各国在开展移管被判刑人合作中，都按照有利于被判刑人的原则，把移管能否给被判刑人的服刑生活及刑满出狱后重新适应社会生活带来好处，作为开展合作需要考虑的重要因素。移管要有利于被判刑人再社会化，因而是否移管，应当尊重被判刑人的意志，可以说征得被判刑人同意后再移管的规定，突出体现了有利于被判刑人的原则。为了保障被判刑人对于是否同意移管的真实意思表达，并便于各国之间开展移管被判刑人合作，各国签订的移管条约通常规定，同意移管的意思表示应当采取书面的形式。同时，实践中存在被判刑人因为年龄、身体、精神状况等原因，不能作出意思表示或者不能完全独立作出意思表示的情况。这种情况下，为了保障其合法权益，就需要由其代理人代为作出意思表示。

对于被判刑人以书面形式表示同意移管，以及在特定情况下由其代理人以书面形式代为表示同意移管，我国与他国的移管被判刑人条约中也都有相关规定。如我国与葡萄牙移管被判刑人条约在移管的条件中规定："被判刑人书面同意移管，或者任何一方鉴于该人的年龄、身体或精神状况认为有必要时，经被判刑人的代理人书面同意。"

需要说明的是，征得被判刑人的同意是各国开展移管被判刑人合作中较为通行的做法，但对此也有例外。如欧盟国家刑事一体化后，很多欧盟国家的理念是承认和执行成员国的判决，欧盟国家基于有利于被判刑人再社会化的考虑，对欧盟国家赋予了一定情况下接收被判刑人的义务，在这种情况下，两国之间若就移管达成了一致，即便被判刑人不同意，也不影响移管的进行。

5. 中华人民共和国和该国均同意移管。被判刑人移管建立在相互尊重国家主权和刑事司法管辖权原则的基础上，判刑国和执行国均有权独立决定是否同意对方提出的移管请求。被判刑人移管毕竟是国家间的刑事司法合作，这种合作自然需要基于移入国、移出国都同意的基础之上，如果任何一方认为同意移管可能会损害自身的主权、安全和重大利益，就不能达成合作的合意。在实践中，无论是判刑国还是执行国，当其成为被请求国时，均可以在任何情况下因任何原因而拒绝对方提出的移管请求，且无须说明拒绝的理由。

第二款是关于可以拒绝移管的情形的规定。具体包括：

1. 被判刑人被判处死刑缓期执行或者无期徒刑，但请求移管时已经减为有期徒刑的除外。因在我国犯罪被判处死刑缓期执行、无期徒刑，其相应罪行都属于最为严重的犯罪，将此规定为可以拒绝移管的情形，有利于充分实现我国的刑事管辖权和对其犯罪行为从严惩处的精神。同时，死刑缓期执行是我国特有的死刑制度，根据刑法的规定，对被判处死刑的罪犯，如果不是必须立即执行的，在判处死刑的同时宣告缓期二年执行。在死刑缓期执行期间，罪犯没有故意犯罪的，二年期满以后依法减为无期徒刑；如果确有重大立功表现的，二年期满以后减为二十五年有期徒刑；如果故意犯罪，情节恶劣的，要报请最高人民法院核准后执行死刑；对于故意犯罪未执行死刑的，还要对其死缓考验期重新计算。因此，死刑缓期执行的判决最终要根据罪犯在死缓考验期内的表现作出变更，对于尚处于死缓考验期的罪犯，不能移管。另外，无期徒刑也存在根据服刑表现减为有期徒刑的情况。因此，本项又规定，死刑缓期执行或者无期徒刑已经减为有期徒刑的除外。我国与相关国家移管被判刑人的条约中，也对此有规定，如中国与俄罗斯的移管被判刑人条约将“被判刑人被判处死刑或者无期徒刑”规定为可以拒绝移管请求的情形。

2. 在请求移管时，被判刑人剩余刑期不足一年。这是对被判刑人移管剩余最低刑期的限制，主要是考虑到从移管请求的提出，到移管决定的作出和执行，需要一定的时间。如果提出请求时剩余刑期太短，最后执行移管时可能刑期所剩无几甚至已经执行完毕，影响移管的效果。从国际移管条约和有关国家的法律规定来看，多数国家都把余刑的要求规定为六个月或一年，如《欧洲移管被判刑人公约》和《联合国关于外国囚犯移管的模式协定》规定为六个月，《泰国和美国刑事判决执行合作条约》规定为一年。

在请求移管时，被判刑人剩余刑期不足一年的规定是可以拒绝移管的一般条件，从我国与他国移管被判刑人条约的规定看，在特殊情况下，虽然被判刑人尚需服刑的期限少于一年，双方仍可同意移管。需要注意的是，这里的剩余刑期是指提出移管请求时，被判刑人仍需要服的刑期。

3. 被判刑人在中华人民共和国境内存在尚未了结的诉讼。这里的诉讼包括民事诉讼、刑事诉讼等各类诉讼。在还存在尚未了结的诉讼的情况下，若将被判刑人移管到外国，会影响到案件的调查和审理，进而影响诉讼进程，对案件当事人会产生影响，故将其规定为可以拒绝移管的情形。该内容在我国与他国签订的被判刑人移管条约中也有体现，如中国和西班牙的移管被判刑人条约规定，只有“判决发生法律效力，且被判刑人在判刑国无其他应承担的刑事责任”时，方可以进行移管。中国和乌克兰的移管被判刑人条约规定，如果“被判刑人在判刑国境内有尚未偿清的债务或因其他刑事案件被立案而尚未作出终审判决”，可以拒绝移管。

4. 其他不宜移管的情形。这一情形属于兜底性规定，即如果有本款前三项规定的情形时，主管机关可以拒绝移管，如果在前三项情形之外，主管机关认为还有其他不宜移管的情形的，也可以拒绝移管。这在有关移管条约中也有体现，如中国与乌克兰、俄罗斯等国的移管被判刑人条约中虽然均分项列举了可以拒绝移管的理由，但也规定：“除前款所述的情况外，一方仍可以自主决定拒绝另一方的移管请求。”一般来说，向外移管外国籍被判刑人需要考虑的因素还有：对因犯罪给被害人造成重大经济损失的外国籍被判刑人，是否已经赔偿损失或者接收国是否能保证继续追讨；接收国会不会重新审判，对被判刑人的刑罚转换会不会明显低于中国法院所判刑罚；对法院判处的罚金、没收个人财产是否已履行完毕；请求的目的是否是基于种族、民族、宗教、政治等原因，当事人会不会受到不公正待遇等。这些都是考虑是否拒绝移管的具体情形。

另外，值得注意的是，本法第二章“刑事司法协助请求的提出、接收和处理”第十四条规定的“可以拒绝提供协助”，是针对各种刑事司法协助事项的总体规定，该规定对于被判刑人移管是同样适用的。例如，请求针对的犯罪属于政治犯罪、纯属军事犯罪的，可以拒绝移管请求。对此，在我国与他国签订的条约中也有体现，如中俄移管被判刑人条约规定，因犯危害国家安全罪对被判刑人作出判决的，可以拒绝移管。

相关规定

《中华人民共和国和西班牙王国关于移管被判刑人的条约》第3条；《中华人民共和国和澳大利亚关于移管被

判刑人的条约》第4条；《中华人民共和国和俄罗斯联邦关于移管被判刑人的条约》第5条、第6条；《中华人民共和国和葡萄牙共和国关于移管被判刑人的条约》第4条；《中华人民共和国和乌克兰关于移管被判刑人的条约》第5条

第五十七条 请求向外国移管被判刑人的，请求书及所附材料应当根据需要载明下列事项：

（一）请求机关的名称；

（二）被请求移管的被判刑人的姓名、性别、国籍、身份信息和其他资料；

（三）被判刑人的服刑场所；

（四）请求移管的依据和理由；

（五）被判刑人或者其代理人同意移管的书面声明；

（六）其他事项。

条文主旨

本条是关于请求向外国移管被判刑人的请求书及所附材料应当载明的内容的规定。

立法背景

中国与外国签订的被判刑人移管条约，都规定了请求移管被判刑人时，对请求书及所附材料的要求。如《中华人民共和国和俄罗斯联邦关于移管被判刑人的条约》第七条规定："判刑国提出移管请求时，应附有下列文件：（一）本条第二款第（一）和（二）项提及的内容；（二）经证明无误的判决书副本以及判决所依据的有关刑法规定；（三）被判刑人已服刑期的说明，包括判决生效前羁押和其他有关执行刑罚事项的说明；（四）经证明无误的对被判刑人或其合法代理人同意移管的书面确认；（五）被判刑人健康情况以及其服刑期间表现的说明。"又如《中华人民共和国和澳大利亚关于移管被判刑人的条约》第八条。没有条约或条约没有规定的，也可以依照本条规定提供。

条文解读

根据本条规定，请求向外国移管被判刑人的请求书及所附材料应当根据需要载明以下六个方面的内容：

1. 请求机关的名称。"请求机关"是指请求国提出具体移管请求事项的机关。提出被判刑人移管请求，应当由国家授权的机关代表国家提出。根据本法第五十五条规定，外国可以向中华人民共和国请求移管外国籍被判刑人，中华人民共和国可以向外国请求移管外国籍被判刑人。因此，这里的请求机关包括外国的相关机关，也包括我国的相关机关，具体要看移管请求是外国向我国提出，还是我国向外国提出。由于各国的法律制度、司法制度以及所签署的条约的规定不同，各国有权提出被判刑人移管请求的机关也不同。有的国家规定司法部为请求机关，如西班牙、澳大利亚；有的国家规定的是检察机关，如俄罗斯、葡萄牙、哈萨克斯坦；还有的规定的是其他部门，如韩国是法务部长，泰国是被判刑人移管委员会。根据本法第五条的规定，在我国，司法部等是提出被判刑人移管请求的对外联系机关。具体而言，在有条约规定时，由条约规定的部门负责对外联系，目前签订的移管条约中，都是由司法部负责对外联系的；在没有条约或条约没有规定时，则通过外交途径联系，即由外交部负责对外联系。根据本项规定，无论是哪个机关提出的移管请求，必须将请求机关的名称在请求书及所附材料中载明。

2. 被请求移管被判刑人的基本情况。包括：(1) 姓名；(2) 性别；(3) 国籍；(4) 身份信息，主要包括身份证件、年龄、外表特征、被判刑前的住所等信息，其中，身份证件是指能证明被请求移管被判刑人身份的各类证件，主要包括护照、身份证、驾驶证等；(5) 其他资料，包括与被判刑人有关的其他信息，如受教育程度、职业、家庭背景和社会关系等。

3. 被判刑人的服刑场所。载明服刑场所是为了方便被请求国与被判刑人及其主管部门取得联系。该项内容在我国与他国签订的移管被判刑人条约中也有体现，如我国和俄罗斯移管被判刑人条约规定，执行国提出移管请求时，如可能，应当附上关于作出判决的日期、地点、判决理由和服刑地点的说明；我国和澳大利亚移管被判刑人条约规定，移管请求应当包括被判刑人被关押的场所的内容。

4. 请求移管的依据和理由。请求移管的依据主要是指法律上的依据，具体包括请求国和被请求国之间签订的被判刑人移管条约、共同参加的有关国际公约，双方各自的国内法等。同时，没有上述条约、公约的，可以根据本法的规定，按照平等互惠原则提出请求。请求移管的理由，主要是指将被判刑人移管到其国籍国有利于其再社会化，有利于实现人道主义等各种原因。同时，也包括请求国关于该移管符合本法第五十六条规定的移管条件的相应说明，如被判刑人是该国公民，对被判刑人判处刑罚所针对的行为根据该国法律也构成犯罪，对被判刑人判处刑罚的判决已经发生法律效力等。

5. 被判刑人或者其代理人同意移管的书面声明。根据本法第五十六条的规定，向外国移管被判刑人必须经被判刑人书面同意，或者因被判刑人年龄、身体、精神等状况确有必要，经其代理人书面同意移管。这份书面声明，是请求书及所附材料应当载明的事项，之后主管机关还会根据这份材料对被判刑人移管的意愿进行核实。

被判刑人移管程序的启动，既可以由作为判刑国的我国提出，也可以由被判刑人国籍国提出，还可以是由被判刑人及其代理人等首先提出，再由接受申请的一方判定是否向对方国家提出移管的请求。如《中华人民共和国和俄罗斯联邦关于移管被判刑人的条约》第四条规定："被判刑人、其近亲属以及其合法代理人可向判刑国或执行国的中央机关提出移管的申请，由接到该申请一方的中央机关决定是否向另一方中央机关提出移管请求；

任何一方中央机关均可向另一方中央机关提出移管请求。”我国与乌克兰、西班牙、葡萄牙等国的移管被判刑人条约均有类似规定。但无论移管请求由哪一方提出，都应当符合被判刑人的意愿，有其或者代理人书面同意的证明。

6. 其他事项。“其他事项”是指除上述事项以外的，其他需要在请求书中载明，有助于被请求国据以作出是否同意移管的决定的各种事项。一般包括被判刑人的个人信息，如健康状况、服刑表现，请求移管的背景资料，执行国的法律规定，执行国根据本国法律执行判刑国所判处刑罚的方式和程序的有关信息，希望获得答复的时间等与被判刑人移管决定的作出有关的事项。

需要说明的是，本法关于刑事司法协助的一般规定，包括协助请求的提出、接收和处理的一般原则等，都是适用于被判刑人移管的。本法第三条第三款规定，对于请求书的签署机关、请求书及所附材料的语言文字、有关办理期限和具体程序等事项，在不违反中华人民共和国法律的基本原则的情况下，可以按照刑事司法协助条约规定或者双方协商办理。第十条规定，向外国提出的刑事司法协助请求书，应当依照刑事司法协助条约的规定提出；没有条约或者条约没有规定的，可以参照本法第十三条的规定提出；被请求国有特殊要求的，在不违反中华人民共和国法律的基本原则的情况下，可以按照被请求国的特殊要求提出。请求书及所附材料应当以中文制作，并附有被请求国官方文字的译文。第十三条规定，外国向中华人民共和国提出刑事司法协助请求的，应当依照刑事司法协助条约的规定提出请求书。并对没有条约或者条约没有规定的，规定了应当在请求书中载明的事项。综合上述规定，如果我国与相关国家之间签订了被判刑人移管条约，请求书及所附材料需要载明的事项应当遵循条约的规定；没有条约或条约没有规定的，则可以依照本条规定提供。另外，本条只是请求书应当载明事项的一般性规定，如果两国在开展移管被判刑人合作中认为有必要，还可以由对外联系机关之间根据具体情况，要求提供必要的补充文件或材料。

相关规定

《中华人民共和国和俄罗斯联邦关于移管被判刑人的条约》第4条、第7条；《中华人民共和国和澳大利亚关于移管被判刑人的条约》第8条

第五十八条　主管机关应当对被判刑人的移管意愿进行核实。外国请求派员对被判刑人的移管意愿进行核实的，主管机关可以作出安排。

条文主旨

本条是关于对被判刑人的移管意愿进行核实的规定。

立法背景

各国在开展移管被判刑人合作中，都遵守有利于被判刑人的原则，把移管能否给被判刑人的服刑生活及刑满出狱后重新适应社会生活带来好处，作为开展合作需要考虑的重要因素。移管要有利于被判刑人再社会化，因而是否移管，应当尊重被判刑人的意愿。本法第五十六条规定，向外国移管被判刑人，需要经被判刑人书面同意移管，或者经其代理人书面同意。为确保移管意愿是被判刑人真实意思表示，本条规定了主管机关对被判刑人移管意愿进行核实以及外国请求派员核实时主管机关可以作出安排的内容。

条文解读

本法第五十六条关于向外国移管被判刑人应当符合的条件中明确规定，移管需要被判刑人书面同意移管，或者因被判刑人年龄、身体、精神等状况确有必要，经其代理人书面同意移管。为了保证上述规定的落实，本条进一步对核实被判刑人移管意愿作了规定。移管意愿书面表达，并予以核实，也是国际通行做法。为了确保被判刑人同意移管出于其真实意愿表达，移管条约通常要求确保被判刑人充分知晓移管的法律后果，同意移管的意思表示需采用书面的形式，并且规定判刑国应当提供方便，让执行国通过指定的官员对其意愿进行核实。如我国与乌克兰之间的移管条约规定："判刑国应当确保被判刑人或者其代理人在完全知晓移管的法律后果的情况下自愿表示同意移管，并在同意移管的声明中对此予以确认；经执行国请求，判刑国应当提供机会，使执行国通过被授权的官员核实被判刑人已经按前款规定的条件表示同意。"

按照本法第五十五条的规定，向外国移管被判刑人包括两种情况，一是外国向中华人民共和国请求移管外国籍被判刑人；二是中华人民共和国可以向外国请求移管外国籍被判刑人。因此，本条对核实被判刑人移管意愿的规定也是针对以上两种情况的。一是外国向我国请求移管外国籍被判刑人，我国的主管机关应当对被判刑人的移管意愿进行核实；二是我国向外国请求移管外国籍被判刑人，外国的有关部门请求派员对被判刑人的移管意愿进行核实的，我国主管机关可以作出安排。

按照本法第六条的规定，在移管被判刑人案件中，司法部按照职责分工，承担相应的主管机关职责。因此，本条规定的“主管机关”即司法部。在具体联系过程中，若该国已经与我国签订了移管条约，则可以直接与作为对外联系机关的司法部取得联系；若没有签订条约或条约没有规定的，可以根据平等互惠原则与我国外交部联系，再由外交部将有关请求转交司法部。具体是否作出安排，由司法部根据案件的具体情况决定。

相关规定

《中华人民共和国和乌克兰关于移管被判刑人的条约》第 9 条；《中华人民共和国和西班牙王国关于移管被判刑人的条约》第 8 条；《中华人民共和国和大韩民国关于移管被判刑人的条约》第 9 条

第五十九条 外国向中华人民共和国提出移管被判刑人的请求的，或者主管机关认为需要向外国提出移管被判刑人的请求的，主管机关应当会同相关主管部门，作出是否同意外国请求或者向外国提出请求的决定。作出同意外国移管请求的决定后，对外联系机关应当书面通知请求国和被判刑人。

条文主旨

本条是关于被判刑人移管的决定程序的规定。

立法背景

中国与他国签订的移管条约对被判刑人的移管程序有部分规定，如《中华人民共和国和乌克兰关于移管被判刑人的条约》第六条规定："一、判刑国和执行国均可以相互提出移管请求。被判刑人可以向任何一方提出根据本条约的规定得以移管的申请，由该一方决定是否提出移管请求。二、被请求方应当将其是否同意移管请求的决定尽快通知请求方。三、移管的请求和答复均应当采用书面形式，并通过本条约第三条规定的途径递交。"《中华人民共和国和西班牙王国关于移管被判刑人的条约》第六条规定："移管请求与答复应当以书面形式，或者根据新技术的适时发展，以任何可以留下证明的方式，向本条约第五条指定的中央机关递交。被请求方应当将其是否接受移管请求的决定尽快通知请求方。"为使程序规定得更加完善，促进被判刑人移管工作的开展，本条对具体的决定和告知程序作了规定。

条文解读

本条规定了两方面的内容。一是规定了主管机关会同相关主管部门，作出是否同意外国请求或者向外国提出移管请求的决定的会商机制。外籍被判刑人可以向其本国或我国提出移管申请，收到申请的一方根据情况决定是否向另一方提出移管请求。外国向我国提出移管请求，或我国主管机关认为需要向外国提出移管请求的，主管机关应当会同相关主管部门作出是否同意移管或是否提出移管请求的决定。本条规定的主管机关，是指负责被判刑人移管事项的机关，根据本法第五条的规定，在移管被判刑人案件中，司法部按照职责分工，承担相应的主管机关职责。本条规定的相关主管部门，是指根据其法定职责，对是否移管被判刑人有权提出意见的部门。如向外国移管经我国法院判决的外国籍被判刑人，涉及人民法院生效判决的执行问题，涉及对外国拟转换刑罚的种类、刑期的判断问题，应当由最高人民法院作为主管部门之一，提出是否同意移管或者是否提出移管请求的决定。同时，人民检察院依法承担对刑事判决执行活动的法律监督职责，向外国移管被判刑人，还应当由最高人民检察院作为主管部门之一，提出是否同意移管或者是否提出移管请求的决定。

关于主管机关会同主管部门作出是否同意移管或者是否向外国提出移管请求的决定时需要考虑的因素，一般包括如本法第五十六条规定的移管的条件是否符合，是否存在可以拒绝移管的情形，是否存在第十四条规定的可以拒绝提供刑事司法协助的情形等，也包括主管机关和相关主管部门根据案件其他情况、被判刑人的个人及家庭情况、被判刑人国籍国的法律规定和可能转换的刑罚种类和期限等所做的考虑。总体来说，有关方面决定是否移管，要符合法律规定，要充分考虑对我国行使刑事管辖权和实现刑罚目的的效果，要坚持平等互惠、有利于维护国家利益的原则。

二是规定了作出同意外国移管请求的决定后，对外联系机关应当书面通知请求国和被判刑人的告知程序。作出决定后及时告知，使请求国和被判刑人及时了解情况，以便于请求国和被判刑人对后续的移管程序有所准备。该内容在我国与他国签订的移管被判刑人条约中也有体现，如中国乌克兰移管被判刑人条约规定，被请求方应当将其是否同意移管请求的决定尽快采用书面形式通知请求方；中国西班牙移管被判刑人条约规定，移管请求与答复应当以书面形式，或者根据新技术的适时发展，以任何可以留下证明的方式，向本条约第五条指定的中央机关递交。作出同意外国移管请求的决定后，判刑国和执行国会进一步商定移管的时间、地点和方式。

相关规定

《中华人民共和国和乌克兰关于移管被判刑人的条约》第6条；《中华人民共和国和西班牙王国关于移管被判刑人的条约》第6条

第六十条　移管被判刑人由主管机关指定刑罚执行机关执行。移交被判刑人的时间、地点、方式等执行事项，由主管机关与外国协商确定。

条文主旨

本条是关于决定向外国移管被判刑人后的具体执行程序的规定。

立法背景

本章第五十五条至第五十九条对中华人民共和国向外国移管被判刑人的条件、请求书内容、移管意愿的核实、决定程序作了规定。在上述工作完成之后，就涉及移管被判刑人的具体执行问题。根据本章的规定，决定向外国移管被判刑人包括两种情况，一是外国向我国提出移管外国籍被判刑人的请求，经我国主管机关会同相关部门研究，作出同意外国请求的决定；二是经我国主管机关会同相关部门研究，向外国提出移管外国籍被判刑人的请求，得到外国同意。出现上述两种情况之后，向外移管工作就由决定程序进入执行程序，由我国将涉案被判刑人依照法律、条约规定和双方协商确定的方式移交给外国。我国与外国缔结的双边移管被判刑人条约，都在移管的决定程序有关条款之后，专设条款规定了移管的执行程序。如《中华人民共和国和乌克兰关于移管被判刑人的条约》第十条“确定移管的执行”规定，双方如果均同意移管，应当尽快通过本条约第三条规定的途径协商确定移管被判刑人的时间、地点和方式。《中华人民共和国和俄罗斯联邦关于移管被判刑人的条约》第九条“移管的执行”规定，如双方就移管达成一致，双方应通过执行刑罚的机关尽快协商确定移管的时间、地点和程序。《中华人民共和国和西班牙王国关于移管被判刑人的条约》第九条“移交的实施”规定，双方如果均同意移管，应当尽快通过本条约第五条规定的途径协商确定移交被判刑人的时间、地点和方式。国际刑事司法协助的国内立法，也需要明确移管被判刑人的具体执行程序，明确有关机关的职权和责任，为有关对外联系机关、主管机关和刑罚执行机关进行移管有关工作、与外国就有关事项进行协商提供法律依据。

具体来讲，对外移管被判刑人的执行程序包括两方面的内容。一是执行的主体，即由哪个机关负责办理移管的具体事务。二是对外移交被判刑人的具体事项，即移交被判刑人的时间、地点、方式等如何确定。本条根据办理对外移管被判刑人的实践情况和我国与外国缔结的移管被判刑人条约有关条款的规定，对向外移管被判刑人的执行程序作了明确规定。

条文解读

本条对于我国向外国移管外国籍被判刑人的具体执行程序，作了以下两方面的规定：

一是负责执行的机关。本条规定，向外国移管外国籍被判刑人由主管机关指定刑罚执行机关执行。这里规定的“执行”，是指根据得到同意的移管外国籍被判刑人的请求，将在我国关押的外国籍被判刑人按照法定程序移交给外国有关执法机关执行刑罚，办理移交工作的具体事项。本法第六条中规定，在移管被判刑人案件中，司法部按照职责分工，承担相应的主管机关职责。按照我国刑事诉讼法、监狱法等法律的规定，被判处死刑缓期二年执行、无期徒刑、有期徒刑的罪犯，由监狱执行刑罚。国务院司法行政部门主管全国的监狱工作。根据上述规定，本条规定中的“主管机关”应当是国务院司法行政部门，即司法部。本条规定中的“刑罚执行机关”，一般是指关押被移管外国籍被判刑人的监狱。关押被移管被判刑人的监狱负责该被判刑人的管理、刑罚执行，由其办理有关移管事项是合适的。但在特殊情况下，主管机关出于便于与外国协作或者其他考虑，也可以指定关押被判刑人监狱以外的其他刑罚执行机关负责执行移管有关事务。

二是移交被判刑人的时间、地点、方式等执行事项，由主管机关与外国协商确定。向外国移管外国籍被判刑人，既是一项关系到国家司法主权和司法裁判权威的政治性活动，同时也是一项涉及较多具体细节的国际刑事司法协助事项。在我国同意外国提出的移管被判刑人请求，或者外国同意我国提出的移管被判刑人请求后，两国主管机关还需要就移交被判刑人的有关具体操作程序细节进行协商，达成协议，以把移管合作落到实处。本条规定的与外国就移交执行事项进行协商的主体是“主管机关”，即司法部。需要注意的是，这里负责被判刑人移管事项的主管机关，与有关司法协助条约中指定的我方中央机关（对外联系机关）可能是同一部门，也可能是不同部门。如目前已生效的我国与外国缔结的双边移管被判刑人条约中指定的我方中央机关（对外联系机关）都是司法部，那么，对于依照这些双边条约开展的对外移管被判刑人合作的，本条中规定的负责与外国协商具体执行事项的“主管机关”与条约指定的我方中央机关（对外联系机关）是一致的。另外，对于通过外交途径联系的对外移管被判刑人合作的，担任对外联系的机关是外交部，这种情况下，对外联系机关与主管机关之间应当就有关对外协商移管执行事项工作做好内部协调。

本条规定的与外国协商的移交被判刑人的执行事项包括移交的时间、地点、方式等。移交的地点可能是在国际机场、陆地边境口岸等，移交的方式包括使用的交通工具、双方执法人员交接的具体细节等。在与外国协商移交执行事项工作中，主管机关应当既注意维护我国司法主权和司法裁判的权威，又注意便于执行操作，促进双方合作。主管机关就有关移交执行事项与外国达成一致后，被指定负责执行移管的刑罚执行机关应当按照主管机关与外国协商达成的意见办理。

根据我国与外国缔结的双边移管被判刑人条约的规定，关于移交被判刑人的具体程序，还有两点需要注意的事项。一是移交的费用，原则上接收被判刑人的一方应当承担移管被判刑人的费用（完全在移交方境内发生的费用除外）和移管之后的费用。二是移管需要过境第三国的，应当向该国提出过境请求。

相关规定

《中华人民共和国国际刑事司法协助法》第6条；《中华人民共和国和乌克兰关于移管被判刑人的条约》第10条；《中华人民共和国和俄罗斯联邦关于移管被判刑人的条约》第9条；《中华人民共和国和西班牙王国关于移管被判刑人的条约》第9条

第六十一条 被判刑人移管后对原生效判决提出申诉的，应当向中华人民共和国有管辖权的人民法院提出。

人民法院变更或者撤销原生效判决的，应当及时通知外国。

条文主旨

本条是关于被判刑人移管后提出申诉和法院变更、撤销判决的规定。

立法背景

移管被判刑人是国家之间为促进在国外被判处刑罚

的罪犯回到本国服刑，以获得更好的改造，从而有利于回归社会，同时也减少判刑国监禁改造外国罪犯的执行成本，在互相尊重司法主权和管辖权基础上进行的司法合作。《联合国关于外国囚犯移管的示范协定》第二条明确规定，移交囚犯应当在相互尊重国家主权和管辖权的基础上进行。被判刑人移管只是被判刑人刑罚执行权的移管，不是案件管辖权的移管，作出判决的国家在被判刑人移交出境后仍然保留有关案件的司法管辖权。执行国将在外国被判刑的人员接收回本国后，仍然应当尊重作出判决的外国的司法管辖权和司法判决的效力。这主要体现在两个方面，一是在继续执行时应当受到外国法院判决认定的事实、判处的刑罚的约束。在移管被判刑人国内立法上，这主要体现在向内移管后刑罚转换的有关法律规则，本章第二节作了规定。二是被判刑人移管后，作出判决的国家仍然保留对原判决作出变更或者撤销的司法管辖权。被判刑人对原判决提出申诉的，仍然应当由判决国有管辖权的法院处理。根据被判刑人申诉或者其他情况，需要变更、撤销原生效判决的，仍应当由作出判决的国家有管辖权的法院负责，而不应当由被判刑人接收国法院负责。在国内立法上，对这部分内容，向外移管和向内移管都需要作出规定。

移管被判刑人的有关国际法律文件和我国与外国缔结的双边移管被判刑人条约，都对被判刑人移管后被判刑人提出申诉的处理，撤销或者变更判决的有关程序作了规定。《联合国关于外国囚犯移管的示范协定》第十七条规定，执行国应受判决国所作判决书上所有事实结论的约束。因此，只有判决国有权复审判决。《中华人民共和国和俄罗斯联邦关于移管被判刑人的条约》第十一条中规定，只有判刑国有权对判决进行复查；被判刑人如在移管后向执行国提出对案件进行重新审理的申请，执行国应尽快将该申请转交判刑国；如移管后判刑国作出改变判决的裁决，则此裁决副本和其他必要文件应立即送交执行国中央机关，执行国应根据本条约第十条予以执行；如移管后判刑国作出撤销判决并不再追究刑事责任的裁决，则该裁决的副本应立即送交执行国中央机关，由其立即释放被判刑人；如移管后，判决在判刑国被撤销并决定重新调查或审理，则该决定副本、刑事案件材料及其他必要材料应送交执行国，以使根据该国法律作出追究被移管人责任的决定。《中华人民共和国和葡萄牙共和国关于移管被判刑人的条约》第十一条规定，只有判刑方有权对案件进行重新审理；被判刑人如果在移交后向执行方提出申诉，执行方应当尽快通知判刑方，并向判刑方转交有关的申诉材料；判刑方应当将对上述申诉所作决定，尽快通过本条约第三条规定的途径通知执行方；如果判刑方重新审理后对被判刑人作出减轻或者是免除刑罚的决定，执行方在接到判刑方的通知后应当尽快修改或者终止执行刑罚。与国际条约的有关规定相衔接，本条对向外移管被判刑人后被判刑人提出申诉和我国法院变更、撤销判决的有关程序作了规定。

条文解读

本条分为两款，第一款是关于被判刑人移管后提出申诉的规定。这里规定的“申诉”，是指被判刑人对于人民法院对其判处刑罚的已经发生法律效力的判决仍然不服，要求人民法院重新审理。本款规定可以从两个方面理解，一是明确对外移管的被判刑人在移管后仍然有对原生效判决提出申诉的权利。刑事诉讼法、监狱法都规定了被判刑人对原判决提出申诉的权利，我国刑罚执行程序中的外国籍被判刑人也享有这一权利。在我国被判处刑罚的外国籍被判刑人在根据条约和本法的规定被移交回外国服刑后，对我国法院原生效判决不服的，仍然有提出申诉的权利。二是明确被移管后的外国被判刑人提出申诉如何处理。本条的规定明确，在我国被判处刑罚的被判刑人移管回国后，其被判处刑罚案件的管辖权，包括撤销、变更原生效判决的权利，仍然属于我国有管辖权的法院，即被判刑人对原生效判决提出申诉的，仍应当向中华人民共和国有管辖权的人民法院提出。“中华人民共和国有管辖权的人民法院”，是指根据刑事诉讼法有权管辖申诉人原被判刑案件，对判决作出变更、撤销的人民法院，包括原作出判决的人民法院及其上级人民法院。根据有关被判刑人移管条约的规定，被移管后的外国籍被判刑人对我国法院原判决提出申诉的，执行国应当尽快将申诉转交我国，以便有管辖权的人民法院依法对申诉作出处理，具体程序上可以通过移管被判刑人条约规定的中央机关将申诉材料转交我国中央机关（对外联系机关），我国中央机关（对外联系机关）再将申诉材料转交最高人民法院依法处理。

本条第二款是关于人民法院变更或者撤销原生效判决的规定。我国刑事诉讼法第三编第五章规定了审判监督程序。根据该章的规定，对于人民法院作出的发生法律效力的判决、裁定，当事人及其法定代理人、近亲属可以提出申诉，本级人民法院院长可以提交审判委员会决定再审，最高人民法院和上级人民法院可以提审或者指令下级人民法院再审，最高人民检察院和上级人民检察院可以提出抗诉。经过再审确认原生效判决确有错误的，人民法院应当撤销原判，重新作出判决。对于外国籍被判刑人已移管回外国的案件，人民法院收到外国籍被判刑人的申诉后依法进行审查，发现原判决确有错误的，或者通过其他途径发现原判决确有错误，或者人民检察院认为原判决确有错误提出抗诉的，应当依照刑事诉讼法关于审判监督程序的规定进行再审。人民法院经过再审变更或者撤销原生效判决的，根据本条规定，应当及时通知外国。通知的具体途径，应当由撤销或者变更原生效判决的人民法院层报最高人民法院，由最高人民法院通过我国中央机关（对外联系机关）通知移管被判刑人条约规定的外国中央机关。根据有关条约的规定，执行国在收到我国变更或者撤销原生效判决的通知后，应当按照我国司法机关作出的新判决执行。我国司法机关撤销原判决不追究原被判刑人刑事责任的，或者根据变更后的判决被判刑人服刑期限已满的，执行国应当释放被判刑人。

需要注意的是，我国司法机关对涉及已移管出国的被判刑人的案件进行再审的，应当按照刑事诉讼法的规定，充分保障原审被告人的诉讼权利，涉及的送达诉讼文书、调查取证、通知出庭参加诉讼等事宜，应当按照本法规定的程序和途径向外国提出协助请求。

相关规定

《中华人民共和国刑事诉讼法》第 252 – 258 条；《联合国关于外国囚犯移管的示范协定》第 2 条、第 17 条；《中华人民共和国和俄罗斯联邦关于移管被判刑人的条约》第 11 条；《中华人民共和国和葡萄牙共和国关于移管被判刑人的条约》第 11 条

第二节　向中华人民共和国移管被判刑人

第六十二条　中华人民共和国可以向外国请求移管中国籍被判刑人，外国可以请求中华人民共和国移管中国籍被判刑人。移管的具体条件和办理程序，参照本章第一节的有关规定执行。

条文主旨

本条是关于向中国移管被判刑人的条件和程序的规定。

立法背景

移管被判刑人是国家间平等互惠的合作，我国与外国缔结的双边移管被判刑人条约，也都对移出、移入两个方向的移管被判刑人合作作了同等规定，即条约的有关规定既可以适用于中国向外国移管外国籍被判刑人，也可以同等适用于外国向中国移管中国籍被判刑人。在实践中，我国与外国向外和向内移管被判刑人合作的实践情况却存在比较明显的不平衡。其原因是多方面的，在法律制度上对所涉及的对外国司法机关判决刑罚的转换没有明确规定，是原因之一。同时，在理论和实际中，对外国判决的转换是判决转换还是刑罚转换，转换程序是行政程序还是司法程序，由哪个机关提出转换申请，按照什么程序进行审理，是否允许被判刑人聘请律师参与程序，一审终审还是二审终审等，理论界和实务界还存在不同认识。

提请十二届全国人大常委会第三十一次会议初次审议的国际刑事司法协助法草案没有规定移管被判刑人。草案审议和征求意见稿过程中，部分常委会组成人员、地方、部门、专家学者和社会公众提出，广义的刑事司法协助包括移管被判刑人，我国已与一些国家缔结了移管被判刑人条约，司法机关也有不少这方面的实践，建议在本法中对此作出专门规定。全国人大宪法和法律委员会、全国人大常委会法工委经慎重研究，在草案二审稿中增加了有关移管被判刑人的规定。关于向内移管中国籍被判刑人的程序，是立法过程中重点研究协调的内容。研究中各方面提出，目前在外国被判刑及被羁押的中国公民有一定数量，今后向内移管的需求可能增加；今后我国在反腐败国际追逃追赃工作中可能需要运用被判刑人移管这一国际合作途径，在国内法中对向内移管中国籍被判刑的程序作出规定，有利于更好地开展移管合作；向内移管的实践虽然还较少，我国大陆司法机关在与我国台湾地区开展区际移管被判刑人协作中积累的经验可以作为借鉴，国内有关专家对此问题也已有较成熟的研究成果。根据以上意见，立法机关在同有关部门、专家学者深入研究，总结实践经验和理论研究成果的基础上，在本法第八章第二节对向中华人民共和国移管被判刑人的程序作了规定。

本条作为本节首条，首先对我国可以与外国开展向内移管中国籍被判刑人合作作了原则规定。同时，考虑到向内移管中国籍被判刑人与向外移管外国籍被判刑人的国内法程序，在具体条件和部分办理程序上都是类似的，本条作出了有关衔接性规定。

条文解读

本条规定了两层意思。一是，中华人民共和国可以向外国请求移管中国籍被判刑人，外国也可以请求中华人民共和国移管中国籍被判刑人。本节是关于向中国移管被判刑人的规定，即将在外国犯罪被外国司法机关判处刑罚的中国公民移交回中国服刑。与狭义的国际刑事司法协助事项单向请求不同，移管被判刑人合作中，被判刑人原籍国和对被判刑人作出判决的国家都可以向对方提出移管请求，我国与外国缔结的双边移管被判刑人条约对此作了规定。如《中华人民共和国和西班牙王国关于移管被判刑人的条约》第六条中规定，判刑国和执行国均可提出移管请求；《中华人民共和国和澳大利亚关于移管被判刑人的条约》第七条中规定，任何一方均可提出移管请求。对于向外移管外国籍被判刑人的双向请求，本法第五十五条作了规定。本条对向内移管中国籍被判刑人的双向请求作了规定。实践中，希望移管回国服刑的中国籍被判刑人可以向中国提出移管申请，也可以向作出判决的外国提出移管申请。中国和外国主管机关依申请或者依职权认为应当移管中国籍被判刑人的，都可以依照移管被判刑人条约规定的途径，向对方提出移管中国籍被判刑人的请求。这里规定的“中国籍”，按照《中华人民共和国国籍法》的规定确定。

二是，向内移管中国籍被判刑人的具体条件和办理程序，参照本章第一节关于向外移管外国籍被判刑人的有关规定执行。向内移管中国籍被判刑人与向外移管外国籍被判刑人的国内法程序，在具体条件和部分办理程序上都是类似的。本节其他条款对向内移管程序中不同于向外移管程序的部分，如先行关押、对外国判决刑罚的转换等作了规定。对于两类程序相似的部分，根据本条规定，参照本章第一节关于向外移管外国籍被判刑人的有关规定执行。具体而言，对于向中国移管中国籍被判刑人的条件和拒绝移管的情形，参照本法第五十六条的规定执行；请求书及所附材料应载明的事项，参照本法第五十七条的规定执行；对中国籍被判刑人移管意愿的核实，参照本法第五十八条的规定执行；主管机关会同有关部门对是否同意外国提出的移管中国籍被判刑人的请求，或者是否向外国提出移管中国籍被判刑人请求的决定程序，作出同意外国移管中国籍被判刑人请求后的通知程序，参照本法第五十九条的规定执行；移交中国籍被判刑人的具体执行程序，参照本法第六十条的规定执行等。

相关规定

《中华人民共和国国际刑事司法协助法》第 55 - 60 条；《中华人民共和国和西班牙王国关于移管被判刑人的条约》第 6 条；《中华人民共和国和澳大利亚关于移管被判刑人的条约》第 7 条；《最高人民法院关于人民法院办理接收在台湾地区服刑的大陆居民回大陆服刑案件的规定》

第六十三条　**被判刑人移管回国后，由主管机关指定刑罚执行机关先行关押。**

条文主旨

本条是关于被判刑人移管回国后先行关押的规定。

立法背景

根据本法第六十二条的规定，向内移管中国籍被判刑人的具体条件和办理程序，参照本章第一节关于向外移管外国籍被判刑人的有关规定执行。向内移管中国籍被判刑人在被判刑人移交入境前的程序，都可以参照本章第一节第五十六条至第六十条的规定执行。本节第六十三条至第六十六条，对中国籍被判刑人移管回国后的有关程序作了规定。

向内移管中国籍被判刑人通常需要经过两个阶段的决定程序。第一阶段是是否同意将在外国服刑的中国籍被判刑人移管回国，按照请求主体的不同，可以分为是否同意外国提出的移管中国籍被判刑人请求和是否向外国提出移管中国籍被判刑人的请求两种情况。作出这一决定，除要依据法律和条约的规定审查有关条件外，还要考虑两国外交关系，涉案被判刑人个人的情况等因素。在决定程序上，根据本法第五十九条的规定，是由主管机关会同有关主管部门作出决定。如果主管机关会同有关主管部门作出决定同意外国的移管请求，或者同意向外国提出移管请求且获得外国同意，主管机关就要指定刑罚执行机关将被判刑人接收回国。第二阶段是由我国司法机关依据外国法院判决认定的事实，依法对外国法院判处的刑罚进行转换。这个转换程序属于司法程序，由人民法院依照检察机关的申请作出决定。

需要注意的是，向内移管中国籍被判刑人的程序中，两个阶段的决定程序是有一定时间差的。即刑罚执行机关将被判刑人接收回国后，还需要经过一段时间，我国法院才能作出刑罚转换裁定。那么，在被判刑人移管入境后，人民法院作出刑罚转换裁定前的期间，需要对涉案被判刑人采取临时性的关押措施，以保证移管程序的正常进行。本条对这一先行关押措施作了规定。

条文解读

根据本条规定，从外国移管回我国的被判刑人在移管回国后，由主管机关指定刑罚执行机关先行关押。这一规定可以从以下几个方面理解：第一，本条规定的对被判刑人先行关押措施的期限，是根据我国与外国就移管中国籍被判刑人达成的一致意见，由刑罚执行机关将被判刑人接收进入我国境内之后，人民法院依照本法第六十四条作出的刑罚转换裁定生效之前。在人民法院刑罚转换裁定生效后，刑罚执行机关则应当按照刑罚转换裁定执行刑罚。第二，本条规定的先行关押措施的目的，是为了履行移管被判刑人条约确定的义务，保证向内移管程序的顺利进行。第三，对被判刑人先行关押的主体是主管机关即司法部指定的刑罚执行机关，这一刑罚执行机关与本法第六十条规定的负责接收外国移交的被判刑人的刑罚执行机关，原则上应该是相同的。

理解和执行本条规定还需要注意：第一，在先行关押期间，被判刑人的身份确定是罪犯，与判决生效前羁押程序中的犯罪嫌疑人、被告人不同。刑罚执行机关应当依照刑事诉讼法、监狱法的规定，对被判刑人进行监督管理、教育改造。第二，有关人民法院、人民检察院应当依法尽快完成刑罚转换程序，使被判刑人由被先行关押进入正式服刑程序。第三，被判刑人依照本条规定被先行关押的期间，应当计入服刑刑期。

第六十四条　人民检察院应当制作刑罚转换申请书并附相关材料，提请刑罚执行机关所在地的中级人民法院作出刑罚转换裁定。

人民法院应当依据外国法院判决认定的事实，根据刑法规定，作出刑罚转换裁定。对于外国法院判处的刑罚性质和期限符合中华人民共和国法律规定的，按照其判处的刑罚和期限予以转换；对于外国法院判处的刑罚性质和期限不符合中华人民共和国法律规定的，按照下列原则确定刑种、刑期：

（一）转换后的刑罚应当尽可能与外国法院判处的刑罚相一致；

（二）转换后的刑罚在性质上或者刑期上不得重于外国法院判处的刑罚，也不得超过中华人民共和国刑法对同类犯罪所规定的最高刑期；

（三）不得将剥夺自由的刑罚转换为财产刑；

（四）转换后的刑罚不受中华人民共和国刑法对同类犯罪所规定的最低刑期的约束。

被判刑人回国服刑前被羁押的，羁押一日折抵转换后的刑期一日。

人民法院作出的刑罚转换裁定，是终审裁定。

条文主旨

本条是关于刑罚转换程序的规定。

立法背景

移管被判刑人是主权国家间在互相尊重司法主权和管辖权基础上开展的司法合作，开展合作的基础是互相承认和尊重对方国家司法判决的效力。被判刑人从判刑国移管回执行国之后，执行国应当继续执行判刑国对被判刑人判处的刑罚。在向内移管中国籍被判刑人的程序中，中国籍被判刑人被移管回国后，我国司法机关应当继续执行外国司法机关对被判刑人作出的判决。同时，由于各国法律制度、刑罚体系之间存在差异，判刑国判处的刑罚在执行国直接执行可能存在困难，如各国刑法规定的刑罚名称、期限可能不尽相同，执行国刑罚执行机关直接将外国司法机关的判决作为对被移管回国的被判刑人执行刑罚的依据，有时存在困难。这就需要执行国司法机关对判刑国判处的刑罚进行转换，将外国判决的刑罚转换为可供本国刑罚执行机关依据执行的本国法律规定的刑罚，这一转换程序对于移管合作的顺利进行有着重要的意义。《联合国关于外国囚犯移管的示范协定》第十四条中规定，执行国的主管当局应当继续执行判决或者转换判决，用执行国法律对相应罪行所规定的处分来替代判决国所作出的处分。第十五条中规定，执行国继续执行判决的，如果该判决的性质或者期限与执行国的法律不一致，该国可以把判决改为本国法律相对应罪行所规定的刑罚或措施。有关国家关于移管被判刑人的国内立法也都规定了对外国司法机关判处的刑罚的转换程序。本法制定之前，我国向内移管被判刑人的实践案例之所以较少，一个重要原因就是国内法上对外国刑罚进行转换的程序缺少规定，对这一程序涉及的有关问题理论和实务界还存在不同认识。在本法制定过程中，外国刑罚转换程序的设计也是立法工作机构会同有关部门和专家学者反复研究的重点问题之一。

对外国刑罚转换的法律规定可以分为两个部分。一部分是将外国判处的刑罚转换为本国法律规定的刑罚的原则和标准，即按照哪些原则确定转换后的刑种、刑期。这部分规定是刑罚转换的实体性规范，涉及对判刑国司法主权和判决效力的尊重，在有关国际法律文件和我国与外国缔结的双边移管被判刑人条约中都有规定。《联合国关于外国囚犯移管的示范协定》第十六条、第十七条中规定，执行国应受判决国所作判决书上所有事实结论的约束，不得将剥夺自由的刑罚转换成罚款的处分。《中华人民共和国和俄罗斯联邦关于移管被判刑人的条约》第十条第二款规定，如判刑国判处的刑罚种类或期限不符合执行国的法律，执行国法院应根据本国法律转换刑罚的种类或期限并遵循下列条件：（1）应基于判决关于案件事实情况的认定；（2）不得将刑罚转换为财产刑；（3）转换后的刑罚应尽可能与判决所判处的刑罚相一致，不得加重判刑国所判处的刑罚，也不得超过执行国法律对同类犯罪规定的最高刑；（4）不受执行国法律对同类犯罪规定的最低刑的约束；（5）应扣除被判刑人在判刑国已被羁押的期间。《中华人民共和国和澳大利亚关于移管被判刑人的条约》第十二条规定，接收方在接收被判刑人后，应按照移交方确定的刑罚性质和期限继续执行刑罚，如同该刑罚系由接收方判定一样。如果移交方所判处刑罚的性质或期限不符合接收方的法律，接收方可以将该刑罚调整为本国法律对同类犯罪规定的刑罚。调整刑罚时：（1）接收方应当受移交方判决书中关于事实认定的约束；（2）接收方不得将剥夺自由刑调整为财产刑；(3) 调整后的刑罚应当尽可能与移交方所判处的刑罚相一致；(4) 调整后的刑罚在性质上或刑期上不得加重移交方所判处的刑罚；(5) 调整后的刑罚不受接收方法律对同类犯罪所适用的最低刑的约束；(6) 应当扣除被判刑人在移交方境内已经服刑的期间。本条根据有关国际法律文件规定，总结我国与外国移管被判刑人合作实践的经验，对这部分规范作了规定。

对外国刑罚转换的法律规定的另一部分是转换的国内法律程序规范，即由哪个机关提起转换程序，哪个机关按照什么程序作出转换决定。这部分规范属于执行国国内法律程序，有关国际法律文件和我国与外国缔结的双边移管被判刑人条约都未作规定。从外国法律规定来看，主要有政府主管机关以行政命令的方式转换和法院以司法裁决方式转换两种模式。本法制定过程中，立法工作机构会同有关部门、专家学者，总结我国司法机关办理移管回国案，以及我国大陆司法机关在与我国台湾地区开展区际移管被判刑人协作中积累的经验，参照外国有关法律规定和理论研究成果，规定了检察机关提请、人民法院裁定的程序。

条文解读

本条分为四款。第一款是关于刑罚转换提请和裁定程序的规定。关于刑罚转换程序的提起，在本法制定过程中存在两种意见。一种意见认为应当参照审判程序，由人民检察院负责，一种意见认为应当参照减刑、假释、暂予监外执行的决定程序，由刑罚执行机关负责。考虑到对外国判决刑罚的转换，是在外国法院认定事实的基础上，依据我国刑法规定确定应当执行的刑罚，与减刑、假释、暂予监外执行等刑罚执行中的变更程序不同。本款规定由人民检察院负责这项工作。本款规定的人民检察院，应当是本法第六十三条规定的刑罚执行机关所在地的中级人民法院所对应的人民检察院。本款规定的“刑罚转换申请书”是人民检察院依照本法提请人民法院将外国法院对被移管的被判刑人判处的刑罚进行转换的专门法律文书，人民检察院在申请书中应当对转换后的刑罚提出意见，提请人民法院决定。“相关材料”包括外国法院判决文书、被判刑人的有关材料等。关于刑罚转换的决定，本款规定由刑罚执行机关所在地的中级人民法院以裁定的形式作出。人民法院应当依照本条规定，对人民检察院的刑罚转换申请进行审理后作出裁定。审理的具体程序可以由最高人民法院、最高人民检察院制定司法解释规定。

本条第二款是关于刑罚转换原则的规定。本款规定的刑罚转换的基本原则是“依据外国法院判决认定的事实，根据刑法规定，作出刑罚转换裁定”。不改变判刑国法院认定的事实，体现了对判刑国司法主权和判决效力的尊重，是移管被判刑人合作的重要原则。人民法院应当以外国法院判决认定的事实为依据，根据我国刑法的规定得出应当判处的刑罚，再与外国法院判处的刑罚相对照，根据不同情况分别处理。对于外国法院判处的刑罚性质和期限符合我国法律规定的，按照其判处的刑罚和期限予以转换，即按照外国法院的判决确定被判刑人应当执行的刑罚。这里规定的“刑罚性质”是指刑罚的实质属性、执行内容等，外国法律规定的刑罚名称和我国不同但实质属性相同的，可以认为刑罚性质符合我国法律规定。对于外国法院判处的刑罚性质和期限不符合我国法律规定的，本款规定了四项确定刑种、刑期的原则：一是转换后的刑罚应当尽可能与外国法院判处的刑罚相一致，即应当在我国法律规定和外国判决之间寻求“最大公约数”，在符合我国法律规定的同时尽量少变动外国判决。二是转换后的刑罚在性质上或者刑期上不得重于外国法院判处的刑罚，也不得超过我国刑法对同类犯罪所规定的最高刑期。这一规定实际上是将外国法院原判刑罚和我国刑法对同类犯罪规定的最高刑期中较低的一个作为转换后刑罚的最高限制。三是不得将剥夺自由的刑罚转换为财产刑。四是转换后的刑罚不受我国刑法对同类犯罪所规定的最低刑期的约束。这几项原则都是国际移管被判刑人合作中通行和我国与外国缔结的双边移管被判刑人条约中普遍规定的原则，体现了尊重判刑国司法主权、保障被判刑人合法权益、符合我国刑法刑罚设置的精神。

本条第三款是关于被判刑人在外国羁押期限折抵刑期的规定。根据本款规定，被判刑人被移管回国服刑前被羁押的，羁押一日折抵转换后的刑期一日。需要注意的是，这里规定的“羁押”，既包括判决生效前的羁押，也包括判决生效后移管回国前的服刑期间。本款规定与《联合国关于外国囚犯移管的示范协定》第十八条和有关双边条约的规定精神是一致的。

本条第四款是有关刑罚转换裁定是终审裁定的规定。根据本款规定，刑罚执行机关所在地的中级人民法院依照本条作出的刑罚转换裁定是终审裁定，一经送达即发生法律效力，被判刑人不得对裁定提起上诉。这样规定主要是考虑，刑罚转换程序是根据外国法院判决认定的事实，依照我国刑法规定确定被判刑人回国后应当执行的刑罚，不同于普通的审判程序，不能过于复杂。当然，如果被判刑人认为刑罚转换裁定确有错误的，可以向有关司法机关提出申诉。

相关规定

《联合国关于外国囚犯移管的示范协定》第14－18条；《中华人民共和国和俄罗斯联邦关于移管被判刑人的条约》第10条；《中华人民共和国和澳大利亚关于移管被判刑人的条约》第12条；《最高人民法院关于人民法院办理接收在台湾地区服刑的大陆居民回大陆服刑案件的规定》第5条、第6条

第六十五条　**刑罚执行机关根据刑罚转换裁定将移管回国的被判刑人收监执行刑罚。刑罚执行以及减刑、假释、暂予监外执行等，依照中华人民共和国法律办理。**

条文主旨

本条是关于对被判刑人继续执行刑罚和执行变更的规定。

立法背景

刑罚执行机关所在地的中级人民法院依照本法第六十四条的规定作出刑罚转换裁定，将外国司法机关对移管回国的被判刑人判处的刑罚转换为我国刑法规定的刑罚后，我国刑罚执行机关对被判刑人执行刑罚的法律依据问题就得到了解决。刑罚执行机关对被判刑人依照本法第六十三条采取的先行关押措施就可以结束，转而进入正式的刑罚执行程序。本条对有关执行程序作了规定。

被移管回国的中国籍被判刑人由我国刑罚执行机关依照我国法律和刑罚转换裁定执行刑罚之后，刑罚执行和执行变更事项如何适用法律，是移管被判刑人立法需要明确的问题。在国际移管被判刑人合作中，判刑国将被判刑人移管给执行国后，仍然保留案件的司法管辖权和对判决作出变更、撤销的权利。但是对于被判刑人的刑罚执行和减刑、假释、监外执行等执行变更事项，由于被判刑人已经在执行国实际服刑，应当依照执行国的法律办理。判刑国将被判刑人移交给执行国，实际上也同时移交了执行刑罚和办理执行变更事项的权力。有关国际法律文件和我国与外国缔结的双边移管被判刑人条约中对此都有规定。《联合国关于外国囚犯移管的示范协定》第二十一条规定，判决应根据执行国的法律执行。《中华人民共和国和澳大利亚关于移管被判刑人的条约》第十三条中规定，移管后，继续执行刑罚适用接收方的法律和程序。对被判刑人的减刑、假释或其他刑罚执行中的有关措施，适用接收方法律。《中华人民共和国和大韩民国关于移管被判刑人的条约》第十一条中规定，移管后，继续执行刑罚适用接收方的法律和程序，包括对被判刑人减刑、假释或采取其他刑罚执行中的有关措施。本条根据移管被判刑人条约的规定和我国与外国开展移管被判刑人合作的实际情况，对中国籍被判刑人移管回国后刑罚执行和执行变更事项适用的法律作了明确规定。

条文解读

本条规定有两层意思。一是刑罚执行机关根据刑罚转换裁定将移管回国的被判刑人收监执行刑罚。这里规定的“刑罚执行机关”是指主管机关依照本法第六十三条规定指定的负责先行关押移管回国的中国籍被判刑人的刑罚执行机关。“刑罚转换裁定”是指刑罚执行机关所在地的中级人民法院根据人民检察院的提请，依照本法第六十四条进行审理后做出的对外国司法机关对被判刑人判处的刑罚进行转换的裁定。这个刑罚转换裁定生效以后，具有和我国法院对被判刑人判处刑罚的生效裁判同等的法律效力，刑罚执行机关应当将其作为对被判刑人执行刑罚，进行监督管理、教育改造的法律文书依据。“收监执行刑罚”是指按照我国法律规定的执行程序将被判刑人收押执行刑罚。刑事诉讼法第二百六十四条第一款规定了人民法院将罪犯交付执行刑罚的程序。监狱法第三章第一节“收监”规定了监狱对被判处刑罚的罪犯收监执行的程序，如人民法院送达有关法律文书、监狱对罪犯进行身体检查、人身和物品检查、通知罪犯家属等。刑罚执行机关应当按照上述法律规定，将被移管回国的中国籍被判刑人收监执行刑罚。

二是被判刑人被我国刑罚执行机关收监执行后，刑罚执行以及减刑、假释、暂予监外执行等，依照我国法律办理。这里规定的刑罚执行依照我国法律办理，是指对被移管回国的中国籍被判刑人，依照我国法律关于对罪犯执行刑罚的规定执行，具体包括按照监狱法规定的狱政管理制度、教育改造措施对被判刑人进行管理和改造。减刑、假释、暂予监外执行依照我国法律办理，是指对被判刑人是否适用减刑、假释、暂予监外执行，如何作出决定，都依照我国刑法、刑事诉讼法、监狱法关于减刑、假释、暂予监外执行的条件和决定程序的规定进行。对于移管回国的被判刑人的刑罚执行、减刑、假释、暂予监外执行，与对依照我国法律被判处刑罚的罪犯在适用法律上是同等的。

需要说明的是，我国与有的国家缔结的移管被判刑人条约中规定，执行国对移管的被判刑人假释的，应当通报判刑国。我国对于从有关国家移管回国的中国籍被判刑人依法决定假释后，应当按照条约的规定通知判刑国。

相关规定

《中华人民共和国刑事诉讼法》第 264 – 268 条、第 273 条、第 274 条；《中华人民共和国监狱法》第 3 章第 1 节；《联合国关于外国囚犯移管的示范协定》第 21 条；《中华人民共和国和澳大利亚关于移管被判刑人的条约》

第13条；《中华人民共和国和大韩民国关于移管被判刑人的条约》第11条

第六十六条　被判刑人移管回国后对外国法院判决的申诉，应当向外国有管辖权的法院提出。

条文主旨

本条是关于被判刑人移管回国后提出申诉的规定。

立法背景

从外国移管回国的中国籍被判刑人在依照我国法院作出的刑罚转换裁定被执行刑罚以后，还可能发生对外国法院原判决不服提出申诉的问题，需要明确对申诉的处理程序。

移管被判刑人是国家之间在互相尊重司法主权和管辖权基础上进行的司法合作。《联合国关于外国囚犯移管的示范协定》第二条对此作了明确规定。被判刑人移管只是被判刑人刑罚执行权的移管，不是案件管辖权的移管。我国将在外国被判刑的人员移管回国后，仍然应当尊重作出判决的外国的司法管辖权和司法判决的效力。

被判刑人移管回国后，作出判决的国家仍然保留对原判决作出变更或者撤销的司法管辖权。被判刑人对原判决提出申诉的，仍然应当由判决国有管辖权的法院处理。根据被判刑人申诉或者其他情况，需要变更、撤销原生效判决的，仍应当由作出判决的国家有管辖权的法院负责，而不应当由我国法院负责。移管被判刑人的有关国际法律文件和我国与外国缔结的双边移管被判刑人条约，都对被判刑人移管后被判刑人提出申诉的处理的上述原则作了规定（详见第六十一条释义）。本法第六十一条对我国对外移管的被判刑人移管后对原判决提出申诉的处理作了规定，与国际条约的有关规定和本法第六十一条相衔接，本条对向内移管被判刑人后被判刑人提出申诉的有关程序作了规定。

条文解读

根据本条规定，中国籍被判刑人从外国移管回国后对外国法院判决的申诉，应当向外国有管辖权的法院提出。本条规定可以从两个方面理解，一是明确移管回国的被判刑人在移管后仍然有对外国法院判决提出申诉的权利。这一权利与被我国法院判处刑罚的服刑罪犯是相同的。二是明确移管回国的被判刑人提出申诉如何处理。本条明确了移管回国的被判刑人对外国法院判决提出申诉的，仍应当向外国有管辖权的法院提出。“外国有管辖权的法院”是指根据对被判刑人判刑国的有关法律，有权管辖其原被判刑案件，对判决作出变更、撤销的法院。根据有关被判刑人移管条约的规定，移管回国的中国籍被判刑人对外国法院判决提出申诉的，刑罚执行机关应当尽快将申诉材料交主管机关，由我国中央机关（对外联系机关）与判刑国在移管被判刑人条约中指定的中央机关联系，将申诉材料转交判刑国处理。判刑国法院变更或者撤销原生效判决的，应当及时按照条约规定的途径通知我国，以便我国刑罚执行机关对被判刑人的刑罚执行作出相应变更。

相关规定

《中华人民共和国国际刑事司法协助法》第 61 条；《联合国关于外国囚犯移管的示范协定》第 2 条、第 17 条

第九章　附　则

第六十七条　中华人民共和国与有关国际组织开展刑事司法协助，参照本法规定。

条文主旨

本条是关于中国与有关国际组织开展刑事司法协助参照适用本法的规定。

立法背景

制定国际刑事司法协助法的主要目的，是保障国际刑事司法协助的正常进行，加强刑事司法领域的国际合作，有效惩治犯罪，保护个人和组织的合法权益，维护国家利益和社会秩序。一般来说，国际刑事司法协助是指国与国之间在刑事司法领域开展合作。因此，本法第二条明确规定，本法所称国际刑事司法协助，是指中华人民共和国和外国在刑事案件调查、侦查、起诉、审判和执行等活动中相互提供协助，包括送达文书，调查取证，安排证人作证或者协助调查，查封、扣押、冻结涉案财物，没收、返还违法所得及其他涉案财物，移管被判刑人以及其他协助。第三条第一款、第二款规定，中华人民共和国和外国之间开展刑事司法协助，依照本法进行。执行外国提出的刑事司法协助请求，适用本法、刑事诉讼法及其他相关法律的规定。

同时，随着全球化进程不断加深，跨国境犯罪问题也日益突出，一些传统犯罪也出现跨国境的特征。对此，各国之间不仅需要不断加强传统的刑事司法合作，还迫切需要通过建立相关国际组织、拓展国际组织职能等方式，不断完善应对全球化背景下犯罪国际化趋势的全球治理体系。近些年来，国际社会为应对毒品犯罪、恐怖活动犯罪、洗钱犯罪、腐败犯罪，以及与之相关的洗钱活动，相继建立并不断完善相关多边合作机制。我国从有效打击跨国犯罪、维护国家利益、履行国际责任、参与全球治理的需要出发，积极参加相关国际公约和国际组织。目前，我国已经批准和加入了包括《联合国禁毒公约》《联合国反腐败公约》《联合国打击跨国有组织犯罪公约》《打击恐怖主义、分裂主义和极端主义上海公约》等多项含有刑事司法协助内容的国际公约。为了适应我国开展国际刑事司法协助的实践需要，为将来与相关国际组织开展刑事司法协助留有空间，本条作了上述衔接性规定，为相关刑事司法协助提供了法律依据。

条文解读

根据本条规定，我国的刑事司法协助不仅包括我国与其他国家和地区之间的合作，也不排除我国与相关国际组织之间开展刑事司法协助的可能性。“国际组织”是指三个或三个以上国家（或其他国际法主体）为实现共同的政治经济目的，依据其缔结的条约或其他正式法律文件建立的有一定规章制度的常设性机构。在我国相关国内法中，如监察法、反恐怖主义法、反洗钱法等，均规定了我国与有关国际组织在打击跨国犯罪、反腐败追逃追赃等领域要开展或加强合作，本条的规定，为我国与国际组织在刑事司法领域开展合作提供了法律依据。

第六十八条 **向中华人民共和国提出的刑事司法协助请求或者应中华人民共和国请求提供的文件和证据材料，按照条约的规定办理公证和认证事宜。没有条约或者条约没有规定的，按照互惠原则办理。**

条文主旨

本条是关于国际刑事司法协助中相关文件和证据材料的公证、认证事宜的规定。

立法背景

国际司法活动中对相关文件、证据材料等要求提供方办理公证、认证事项是一种惯常做法。这种做法有利于保证相关文件、证据材料的真实性和证明效力，但不可避免地会给相关司法活动效率造成不利影响。因此，在国际刑事司法协助实践中，如果请求国与被请求国之间缔结有司法协助条约，则条约中往往会对相关文件、证据材料的公证、认证事项作出约定。按照通常做法，刑事司法协助条约多规定缔约双方提供的文件和证据材料互免公证和认证。这主要是考虑到，司法协助中双方提供的文件和证据材料一般都是相关行政机关或有关政府部门出具或提供，并经过法定程序由条约指定的中央机关或双方协商的主管机关转递，其真实性和法律效力毋庸置疑，本着平等互惠原则实行互免，更有利于提高刑事司法协助效率。为与刑事司法协助实践以及条约规定相衔接，本条对此作出明确规定。

条文解读

本条共包含以下两个方面的内容。

1. 我国与相关国家之间有刑事司法协助条约的，相关文件和证据材料的公证和认证事宜，按照条约的规定办理。即如果我国与外国在刑事司法协助条约中规定相互免除公证和认证程序的，双方提供的文件和证据材料可以直接使用，无需经过公证、认证；如果双方在刑事司法协助条约中对公证、认证事项有明确约定的，按照公约的约定进行。根据本条规定，在我国与外国互相提供刑事司法协助的过程中，无论是外国向我国提出刑事司法协助请求还是我国向外国提出刑事司法协助请求的，都应该首先按照双方签订或缔结参与的条约规定办理文件和证据材料的公证和认证事宜。如2014年6月27日签订的《中华人民共和国和波斯尼亚和黑塞哥维那关于刑事司法协助的条约》第十九条规定：为本条约的目的，根据本条约转递的任何文件，无需进行任何形式的公证和认证，但本条约另有规定的除外。根据该刑事司法协助条约和本条规定，我国与波斯尼亚和黑塞哥维那之间为执行刑事司法协助请求而提供的任何文件，仅需经提供方签署或盖章，符合基本形式要件，无需再进行任何形式的公证和认证，可直接作为执行依据或证据材料使用。

2. 我国与相关国家之间没有刑事司法协助条约的，或者虽有刑事司法协助条约，但条约中对公证、认证事项没有作出规定的，由双方按照平等互惠原则协商办理。这可以分为两种情况，一是我国与外国之间没有刑事司法协助条约。按照本法第四条和第五条的规定，没有刑事司法协助条约的，通过外交途径联系，按照平等互惠原则展开国际刑事司法协助。本条规定的对相关文件、证据材料的公证、认证事项按照平等互惠原则协商处理，正是上述规定的具体体现。二是我国与外国之间有刑事司法协助条约，但条约没有规定公证、认证事项，这种情况下，也应当按照平等互惠的原则协商办理。在上述两种情况下，协商的结果，可能是双方达成互免公证、认证的共识，也可能是就文件、证据材料的公证、认证要求达成具体的共识。

相关规定

《中华人民共和国国际刑事司法协助法》第4条、第5条；《中华人民共和国公证法》第2条；《最高人民法院关于适用〈中华人民共和国刑事诉讼法〉的解释》第403条；《领事认证办法》第2条、第3条、第31条

第六十九条　本法所称刑事司法协助条约，是指中华人民共和国与外国缔结或者共同参加的刑事司法协助条约、移管被判刑人条约或者载有刑事司法协助、移管被判刑人条款的其他条约。

条文主旨

本条是关于国际刑事司法协助法中所称的刑事司法协助条约包含的范围的规定。

立法背景

关于刑事司法协助条约的范围，可以有广义、狭义

不同的理解。国与国之间签署的专门的刑事司法协助条约是最狭义的刑事司法协助条约（从我国缔约实践看，还有一些条约是同时规定了刑事司法协助和民事司法协助事项，如中国和立陶宛、朝鲜、老挝、乌兹别克斯坦等国家关于民事和刑事司法协助的条约）。广义上的刑事司法协助也可以包括被判刑人移管，因此国与国之间签署的关于被判刑人移管的条约，也属于广义的国际司法协助条约。除上述专门的刑事司法协助条约、被判刑人移管条约之外，有的国际公约，如联合国反腐败公约等中也包含有国际刑事司法协助的条款和内容，这些公约也应当属于刑事司法协助条约。

截至目前，我国已经签订和批准了五十五件有关刑事司法协助的双边条约，十二件有关移管被判刑人的双边条约；另外，还批准和加入了包括《联合国反腐败公约》和《联合国打击跨国有组织犯罪公约》等多项含有刑事司法协助条款的国际公约。这些双边条约和国际公约作为广义上的刑事司法协助条约，均属于本法规定的国际刑事司法协助条约的范围，本条对此作出了明确规定。

条文解读

根据本条规定，刑事司法协助条约包含以下三种情形：一是我国与外国缔结的刑事司法协助条约（含上述刑事司法协助和民事司法协助事项规定在一起的条约）；二是我国与外国缔结的移管被判刑人条约；三是我国与外国共同缔结或者共同参加的载有刑事司法协助、移管被判刑人条款的国际公约。另外，广义上的刑事司法协助，也包括引渡。关于引渡，我国已经专门制定有引渡法，因此，国际刑事司法协助法中未对引渡作规定，国际刑事司法协助法中所称的刑事司法协助条约也不包括引渡条约或者仅载有引渡条款的其他条约。

第七十条　本法自公布之日起施行。

条文主旨

本条是关于国际刑事司法协助法的施行时间的规定。

立法背景

2003 年 10 月，第五十八届联合国大会通过《联合国反腐败公约》(以下简称《公约》)。2005年10月，第十届全国人大常委会第十八次会议决定批准了《公约》。中央纪委于2004年牵头成立研究实施《公约》协调小组，为了实现我国法律制度与《公约》及其他相关国际条约的衔接，明确提出制定司法协助法的任务，指定司法部会同中央纪委监察部、最高人民法院、最高人民检察院、外交部、公安部等部门起草。2015年6月，国际刑事司法协助法被列为第十二届全国人大常委会立法规划一类项目。2017年12月22日，《中华人民共和国国际刑事司法协助法（草案)》在第十二届全国人民代表大会常务委员会第三十一次会议进行第一次审议。2018年9月，国际刑事司法协助法又被列为第十三届全国人大常委会立法规划一类项目。2018年10月26日，第十三届全国人民代表大会常务委员会第六次会议审议通过。因此，本法由提出到起草再到列入立法规划直至审议通过的过程，符合立法法的相关程序规定，符合我国目前立法需求，具备立即实施的背景条件，本条对此作了明确规定。

条文解读

2018年10月26日，十三届全国人民代表大会常务委员会第六次会议审议通过了国际刑事司法协助法，并于同日经中华人民共和国主席令第十三号予以公布。根据本条规定，国际刑事司法协助法自公布之日起施行。

关于法律公布后实施时间，有的自公布之日起即实施，有的会留有一定的时间为实施做准备。根据本条规定，国际刑事司法协助法是自公布之日起即施行，这主要是考虑这部法律立足于我国现有的刑事诉讼制度和相关部门在刑事诉讼不同阶段的职责分工，在全面总结过去三十多年开展刑事司法协助工作实践经验的基础上，为我国与外国的国际刑事司法协助，尤其是反腐败国际追逃追赃提供必要的法律依据而制定的，施行条件比较成熟。同时，国际刑事司法协助具体事项，如提出、接收和转递刑事司法协助请求，审核向外国提出的刑事司法协助请求，审查处理对外联系机关转递的外国提出的刑事司法协助请求等工作，都是由专门的对外联系机关、国家有关主管部门负责，这些部门对刑事司法协助相关工作比较熟悉，法律自公布之日起施行可以保证工作的正常开展。

相关规定

《中华人民共和国立法法》第53条、第57条

附　录

中华人民共和国国际刑事司法协助法

（2018 年 10 月 26 日第十三届全国人民代表大会常务委员会第六次会议通过　2018 年 10 月 26 日中华人民共和国主席令第十三号公布　自公布之日起施行）

目　录

第一章 总 则

第一条 为了保障国际刑事司法协助的正常进行，加强刑事司法领域的国际合作，有效惩治犯罪，保护个人和组织的合法权益，维护国家利益和社会秩序，制定本法。

第二条 本法所称国际刑事司法协助，是指中华人民共和国和外国在刑事案件调查、侦查、起诉、审判和执行等活动中相互提供协助，包括送达文书，调查取证，安排证人作证或者协助调查，查封、扣押、冻结涉案财物，没收、返还违法所得及其他涉案财物，移管被判刑人以及其他协助。

第三条 中华人民共和国和外国之间开展刑事司法协助，依照本法进行。

执行外国提出的刑事司法协助请求，适用本法、刑事诉讼法及其他相关法律的规定。

对于请求书的签署机关、请求书及所附材料的语言文字、有关办理期限和具体程序等事项，在不违反中华人民共和国法律的基本原则的情况下，可以按照刑事司法协助条约规定或者双方协商办理。

第四条 中华人民共和国和外国按照平等互惠原则开展国际刑事司法协助。

国际刑事司法协助不得损害中华人民共和国的主权、安全和社会公共利益，不得违反中华人民共和国法律的基本原则。

非经中华人民共和国主管机关同意，外国机构、组织和个人不得在中华人民共和国境内进行本法规定的刑事诉讼活动，中华人民共和国境内的机构、组织和个人不得向外国提供证据材料和本法规定的协助。

第五条 中华人民共和国和外国之间开展刑事司法协助，通过对外联系机关联系。

中华人民共和国司法部等对外联系机关负责提出、接收和转递刑事司法协助请求，处理其他与国际刑事司法协助相关的事务。

中华人民共和国和外国之间没有刑事司法协助条约的，通过外交途径联系。

第六条 国家监察委员会、最高人民法院、最高人民检察院、公安部、国家安全部等部门是开展国际刑事司法协助的主管机关，按照职责分工，审核向外国提出的刑事司法协助请求，审查处理对外联系机关转递的外国提出的刑事司法协助请求，承担其他与国际刑事司法协助相关的工作。在移管被判刑人案件中，司法部按照职责分工，承担相应的主管机关职责。

办理刑事司法协助相关案件的机关是国际刑事司法协助的办案机关，负责向所属主管机关提交需要向外国提出的刑事司法协助请求、执行所属主管机关交办的外国提出的刑事司法协助请求。

第七条 国家保障开展国际刑事司法协助所需经费。

第八条 中华人民共和国和外国相互执行刑事司法协助请求产生的费用，有条约规定的，按照条约承担；没有条约或者条约没有规定的，按照平等互惠原则通过协商解决。

第二章 刑事司法协助请求的提出、接收和处理

第一节 向外国请求刑事司法协助

第九条 办案机关需要向外国请求刑事司法协助的，应当制作刑事司法协助请求书并附相关材料，经所属主管机关审核同意后，由对外联系机关及时向外国提出请求。

第十条 向外国的刑事司法协助请求书，应当依照刑事司法协助条约的规定提出；没有条约或者条约没有规定的，可以参照本法第十三条的规定提出；被请求国有特殊要求的，在不违反中华人民共和国法律的基本原则的情况下，可以按照被请求国的特殊要求提出。

请求书及所附材料应当以中文制作，并附有被请求国官方文字的译文。

第十一条 被请求国就执行刑事司法协助请求提出附加条

件，不损害中华人民共和国的主权、安全和社会公共利益的，可以由外交部作出承诺。被请求国明确表示对外联系机关作出的承诺充分有效的，也可以由对外联系机关作出承诺。对于限制追诉的承诺，由最高人民检察院决定；对于量刑的承诺，由最高人民法院决定。

在对涉案人员追究刑事责任时，有关机关应当受所作出的承诺的约束。

第十二条 对外联系机关收到外国的有关通知或者执行结果后，应当及时转交或者转告有关主管机关。

外国就其提供刑事司法协助的案件要求通报诉讼结果的，对外联系机关转交有关主管机关办理。

第二节 向中华人民共和国请求刑事司法协助

第十三条 外国向中华人民共和国提出刑事司法协助请求的，应当依照刑事司法协助条约的规定提出请求书。没有条约或者条约没有规定的，应当在请求书中载明下列事项并附相关材料：

（一）请求机关的名称；

（二）案件性质、涉案人员基本信息及犯罪事实；

（三）本案适用的法律规定；

（四）请求的事项和目的；

（五）请求的事项与案件之间的关联性；

（六）希望请求得以执行的期限；

（七）其他必要的信息或者附加的要求。

在没有刑事司法协助条约的情况下，请求国应当作出互惠的承诺。

请求书及所附材料应当附有中文译文。

第十四条　外国向中华人民共和国提出的刑事司法协助请求，有下列情形之一的，可以拒绝提供协助：

（一）根据中华人民共和国法律，请求针对的行为不构成犯罪；

（二）在收到请求时，在中华人民共和国境内对于请求针对的犯罪正在进行调查、侦查、起诉、审判，已经作出生效判决，终止刑事诉讼程序，或者犯罪已过追诉时效期限；

（三）请求针对的犯罪属于政治犯罪；

（四）请求针对的犯罪纯属军事犯罪；

（五）请求的目的是基于种族、民族、宗教、国籍、性别、政治见解或者身份等方面的原因而进行调查、侦查、起诉、审判、执行刑罚，或者当事人可能由于上述原因受到不公正待遇；

（六）请求的事项与请求协助的案件之间缺乏实质性联系；

（七）其他可以拒绝的情形。

第十五条　对外联系机关收到外国提出的刑事司法协助请求，应当对请求书及所附材料进行审查。对于请求书形式和内容符合要求的，应当按照职责分工，将请求书及所附材料转交有关主管机关处理；对于请求书形式和内容不符合要求的，可以要求请求国补充材料或者重新提出请求。

对于刑事司法协助请求明显损害中华人民共和国的主权、安全和社会公共利益的，对外联系机关可以直接拒绝协助。

第十六条　主管机关收到对外联系机关转交的刑事司法协助请求书及所附材料后，应当进行审查，并分别作出以下处理：

（一）根据本法和刑事司法协助条约的规定认为可以协助执

行的，作出决定并安排有关办案机关执行；

（二）根据本法第四条、第十四条或者刑事司法协助条约的规定，认为应当全部或者部分拒绝协助的，将请求书及所附材料退回对外联系机关并说明理由；

（三）对执行请求有保密要求或者有其他附加条件的，通过对外联系机关向外国提出，在外国接受条件并且作出书面保证后，决定附条件执行；

（四）需要补充材料的，书面通知对外联系机关要求请求国在合理期限内提供。

执行请求可能妨碍中华人民共和国有关机关正在进行的调查、侦查、起诉、审判或者执行的，主管机关可以决定推迟协助，并将推迟协助的决定和理由书面通知对外联系机关。

外国对执行其请求有保密要求或者特殊程序要求的，在不违反中华人民共和国法律的基本原则的情况下，主管机关可以按照其要求安排执行。

第十七条　办案机关收到主管机关交办的外国刑事司法协助请求后，应当依法执行，并将执行结果或者妨碍执行的情形及时报告主管机关。

办案机关在执行请求过程中，应当维护当事人和其他相关人员的合法权益，保护个人信息。

第十八条　外国请求将通过刑事司法协助取得的证据材料用于请求针对的案件以外的其他目的的，对外联系机关应当转交主管机关，由主管机关作出是否同意的决定。

第十九条　对外联系机关收到主管机关的有关通知或者执行结果后，应当及时转交或者转告请求国。

对于中华人民共和国提供刑事司法协助的案件，主管机关可以通过对外联系机关要求外国通报诉讼结果。

外国通报诉讼结果的，对外联系机关收到相关材料后，应当及时转交或者转告主管机关，涉及对中华人民共和国公民提起刑事诉讼的，还应当通知外交部。

第三章 送达文书

第一节 向外国请求送达文书

第二十条 办案机关需要外国协助送达传票、通知书、起诉书、判决书和其他司法文书的，应当制作刑事司法协助请求书并附相关材料，经所属主管机关审核同意后，由对外联系机关及时向外国提出请求。

第二十一条 向外国请求送达文书的，请求书应当载明受送达人的姓名或者名称、送达的地址以及需要告知受送达人的相关权利和义务。

第二节 向中华人民共和国请求送达文书

第二十二条 外国可以请求中华人民共和国协助送达传票、通知书、起诉书、判决书和其他司法文书。中华人民共和国协助送达司法文书，不代表对外国司法文书法律效力的承认。

请求协助送达出庭传票的，应当按照有关条约规定的期限提出。没有条约或者条约没有规定的，应当至迟在开庭前三个月提出。

对于要求中华人民共和国公民接受讯问或者作为被告人出庭的传票，中华人民共和国不负有协助送达的义务。

第二十三条 外国向中华人民共和国请求送达文书的，请求书应当载明受送达人的姓名或者名称、送达的地址以及需要告知受送达人的相关权利和义务。

第二十四条 负责执行协助送达文书的人民法院或者其他办案机关，应当及时将执行结果通过所属主管机关告知对外联系机关，由对外联系机关告知请求国。除无法送达的情形外，应当附有受送达人签收的送达回执或者其他证明文件。

第四章 调查取证

第一节 向外国请求调查取证

第二十五条 办案机关需要外国就下列事项协助调查取证的，应当制作刑事司法协助请求书并附相关材料，经所属主管机关审核同意后，由对外联系机关及时向外国提出请求：

（一）查找、辨认有关人员；

（二）查询、核实涉案财物、金融账户信息；

（三）获取并提供有关人员的证言或者陈述；

（四）获取并提供有关文件、记录、电子数据和物品；

（五）获取并提供鉴定意见；

（六）勘验或者检查场所、物品、人身、尸体；

（七）搜查人身、物品、住所和其他有关场所；

（八）其他事项。

请求外国协助调查取证时，办案机关可以同时请求在执行请求时派员到场。

第二十六条　向外国请求调查取证的，请求书及所附材料应当根据需要载明下列事项：

（一）被调查人的姓名、性别、住址、身份信息、联系方式和有助于确认被调查人的其他资料；

（二）需要向被调查人提问的问题；

（三）需要查找、辨认人员的姓名、性别、住址、身份信息、联系方式、外表和行为特征以及有助于查找、辨认的其他资料；

（四）需要查询、核实的涉案财物的权属、地点、特性、外形和数量等具体信息，需要查询、核实的金融账户相关信息；

（五）需要获取的有关文件、记录、电子数据和物品的持有人、地点、特性、外形和数量等具体信息；

（六）需要鉴定的对象的具体信息；

（七）需要勘验或者检查的场所、物品等的具体信息；

（八）需要搜查的对象的具体信息；

（九）有助于执行请求的其他材料。

第二十七条　被请求国要求归还其提供的证据材料或者物品的，办案机关应当尽快通过对外联系机关归还。

第二节　向中华人民共和国请求调查取证

第二十八条　外国可以请求中华人民共和国就本法第二十五条第一款规定的事项协助调查取证。

外国向中华人民共和国请求调查取证的，请求书及所附材料应当根据需要载明本法第二十六条规定的事项。

第二十九条 外国向中华人民共和国请求调查取证时，可以同时请求在执行请求时派员到场。经同意到场的人员应当遵守中华人民共和国法律，服从主管机关和办案机关的安排。

第三十条 办案机关要求请求国保证归还其提供的证据材料或者物品，请求国作出保证的，可以提供。

第五章 安排证人作证或者协助调查

第一节 向外国请求安排证人作证或者协助调查

第三十一条 办案机关需要外国协助安排证人、鉴定人来中华人民共和国作证或者通过视频、音频作证，或者协助调查的，应当制作刑事司法协助请求书并附相关材料，经所属主管机关审核同意后，由对外联系机关及时向外国提出请求。

第三十二条 向外国请求安排证人、鉴定人作证或者协助调查的，请求书及所附材料应当根据需要载明下列事项：

（一）证人、鉴定人的姓名、性别、住址、身份信息、联系方式和有助于确认证人、鉴定人的其他资料；

（二）作证或者协助调查的目的、必要性、时间和地点等；

（三）证人、鉴定人的权利和义务；

（四）对证人、鉴定人的保护措施；

（五）对证人、鉴定人的补助；

（六）有助于执行请求的其他材料。

第三十三条 来中华人民共和国作证或者协助调查的证人、

鉴定人在离境前，其入境前实施的犯罪不受追诉；除因入境后实施违法犯罪而被采取强制措施的以外，其人身自由不受限制。

证人、鉴定人在条约规定的期限内或者被通知无需继续停留后十五日内没有离境的，前款规定不再适用，但是由于不可抗力或者其他特殊原因未能离境的除外。

第三十四条 对来中华人民共和国作证或者协助调查的证人、鉴定人，办案机关应当依法给予补助。

第三十五条 来中华人民共和国作证或者协助调查的人员系在押人员的，由对外联系机关会同主管机关与被请求国就移交在押人员的相关事项事先达成协议。

主管机关和办案机关应当遵守协议内容，依法对被移交的人员予以羁押，并在作证或者协助调查结束后及时将其送回被请求国。

第二节 向中华人民共和国请求安排证人作证或者协助调查

第三十六条 外国可以请求中华人民共和国协助安排证人、鉴定人赴外国作证或者通过视频、音频作证，或者协助调查。

外国向中华人民共和国请求安排证人、鉴定人作证或者协助调查的，请求书及所附材料应当根据需要载明本法第三十二条规定的事项。

请求国应当就本法第三十三条第一款规定的内容作出书面保证。

第三十七条 证人、鉴定人书面同意作证或者协助调查的，办案机关应当及时将证人、鉴定人的意愿、要求和条件通过所属主管机关通知对外联系机关，由对外联系机关通知请求国。

安排证人、鉴定人通过视频、音频作证的，主管机关或者办案机关应当派员到场，发现有损害中华人民共和国的主权、安全和社会公共利益以及违反中华人民共和国法律的基本原则的情形的，应当及时制止。

第三十八条 外国请求移交在押人员出国作证或者协助调查，并保证在作证或者协助调查结束后及时将在押人员送回的，对外联系机关应当征求主管机关和在押人员的意见。主管机关和在押人员均同意出国作证或者协助调查的，由对外联系机关会同主管机关与请求国就移交在押人员的相关事项事先达成协议。

在押人员在外国被羁押的期限，应当折抵其在中华人民共和国被判处的刑期。

第六章 查封、扣押、冻结涉案财物

第一节 向外国请求查封、扣押、冻结涉案财物

第三十九条 办案机关需要外国协助查封、扣押、冻结涉案财物的，应当制作刑事司法协助请求书并附相关材料，经所属主管机关审核同意后，由对外联系机关及时向外国提出请求。

外国对于协助执行中华人民共和国查封、扣押、冻结涉案财物的请求有特殊要求的，在不违反中华人民共和国法律的基本原则的情况下，可以同意。需要由司法机关作出决定的，由人民法院作出。

第四十条 向外国请求查封、扣押、冻结涉案财物的，请求

书及所附材料应当根据需要载明下列事项：

（一）需要查封、扣押、冻结的涉案财物的权属证明、名称、特性、外形和数量等；

（二）需要查封、扣押、冻结的涉案财物的地点。资金或者其他金融资产存放在金融机构中的，应当载明金融机构的名称、地址和账户信息；

（三）相关法律文书的副本；

（四）有关查封、扣押、冻结以及利害关系人权利保障的法律规定；

（五）有助于执行请求的其他材料。

第四十一条　外国确定的查封、扣押、冻结的期限届满，办案机关需要外国继续查封、扣押、冻结相关涉案财物的，应当再次向外国提出请求。

办案机关决定解除查封、扣押、冻结的，应当及时通知被请求国。

第二节　向中华人民共和国请求查封、扣押、冻结涉案财物

第四十二条　外国可以请求中华人民共和国协助查封、扣押、冻结在中华人民共和国境内的涉案财物。

外国向中华人民共和国请求查封、扣押、冻结涉案财物的，请求书及所附材料应当根据需要载明本法第四十条规定的事项。

第四十三条　主管机关经审查认为符合下列条件的，可以同意查封、扣押、冻结涉案财物，并安排有关办案机关执行：

（一）查封、扣押、冻结符合中华人民共和国法律规定的条件；

（二）查封、扣押、冻结涉案财物与请求国正在进行的刑事案件的调查、侦查、起诉和审判活动相关；

（三）涉案财物可以被查封、扣押、冻结；

（四）执行请求不影响利害关系人的合法权益；

（五）执行请求不影响中华人民共和国有关机关正在进行的调查、侦查、起诉、审判和执行活动。

办案机关应当及时通过主管机关通知对外联系机关，由对外联系机关将查封、扣押、冻结的结果告知请求国。必要时，办案机关可以对被查封、扣押、冻结的涉案财物依法采取措施进行处理。

第四十四条　查封、扣押、冻结的期限届满，外国需要继续查封、扣押、冻结相关涉案财物的，应当再次向对外联系机关提出请求。

外国决定解除查封、扣押、冻结的，对外联系机关应当通过主管机关通知办案机关及时解除。

第四十五条　利害关系人对查封、扣押、冻结有异议，办案机关经审查认为查封、扣押、冻结不符合本法第四十三条第一款规定的条件的，应当报请主管机关决定解除查封、扣押、冻结并通知对外联系机关，由对外联系机关告知请求国；对案件处理提出异议的，办案机关可以通过所属主管机关转送对外联系机关，由对外联系机关向请求国提出。

第四十六条　由于请求国的原因导致查封、扣押、冻结不当，对利害关系人的合法权益造成损害的，办案机关可以通过对外联系机关要求请求国承担赔偿责任。

第七章　没收、返还违法所得及其他涉案财物

第一节　向外国请求没收、返还违法所得及其他涉案财物

第四十七条　办案机关需要外国协助没收违法所得及其他涉案财物的，应当制作刑事司法协助请求书并附相关材料，经所属主管机关审核同意后，由对外联系机关及时向外国提出请求。

请求外国将违法所得及其他涉案财物返还中华人民共和国或者返还被害人的，可以在向外国提出没收请求时一并提出，也可以单独提出。

外国对于返还被查封、扣押、冻结的违法所得及其他涉案财物有特殊要求的，在不违反中华人民共和国法律的基本原则的情况下，可以同意。需要由司法机关作出决定的，由人民法院作出决定。

第四十八条　向外国请求没收、返还违法所得及其他涉案财物的，请求书及所附材料应当根据需要载明下列事项：

（一）需要没收、返还的违法所得及其他涉案财物的名称、特性、外形和数量等；

（二）需要没收、返还的违法所得及其他涉案财物的地点。资金或者其他金融资产存放在金融机构中的，应当载明金融机构的名称、地址和账户信息；

（三）没收、返还的理由和相关权属证明；

（四）相关法律文书的副本；

（五）有关没收、返还以及利害关系人权利保障的法律规定；

（六）有助于执行请求的其他材料。

第四十九条 外国协助没收、返还违法所得及其他涉案财物的，由对外联系机关会同主管机关就有关财物的移交问题与外国进行协商。

对于请求外国协助没收、返还违法所得及其他涉案财物，外国提出分享请求的，分享的数额或者比例，由对外联系机关会同主管机关与外国协商确定。

第二节 向中华人民共和国请求没收、返还违法所得及其他涉案财物

第五十条 外国可以请求中华人民共和国协助没收、返还违法所得及其他涉案财物。

外国向中华人民共和国请求协助没收、返还违法所得及其他涉案财物的，请求书及所附材料应当根据需要载明本法第四十八条规定的事项。

第五十一条 主管机关经审查认为符合下列条件的，可以同意协助没收违法所得及其他涉案财物，并安排有关办案机关执行：

（一）没收违法所得及其他涉案财物符合中华人民共和国法律规定的条件；

（二）外国充分保障了利害关系人的相关权利；

（三）在中华人民共和国有可供执行的财物；

（四）请求书及所附材料详细描述了请求针对的财物的权属、名称、特性、外形和数量等信息；

（五）没收在请求国不能执行或者不能完全执行；

（六）主管机关认为应当满足的其他条件。

第五十二条　外国请求协助没收违法所得及其他涉案财物，有下列情形之一的，可以拒绝提供协助，并说明理由：

（一）中华人民共和国或者第三国司法机关已经对请求针对的财物作出生效裁判，并且已经执行完毕或者正在执行；

（二）请求针对的财物不存在，已经毁损、灭失、变卖或者已经转移导致无法执行，但请求没收变卖物或者转移后的财物的除外；

（三）请求针对的人员在中华人民共和国境内有尚未清偿的债务或者尚未了结的诉讼；

（四）其他可以拒绝的情形。

第五十三条　外国请求返还违法所得及其他涉案财物，能够提供确实、充分的证据证明，主管机关经审查认为符合中华人民共和国法律规定的条件的，可以同意并安排有关办案机关执行。返还前，办案机关可以扣除执行请求产生的合理费用。

第五十四条　对于外国请求协助没收、返还违法所得及其他涉案财物的，可以由对外联系机关会同主管机关提出分享的请求。分享的数额或者比例，由对外联系机关会同主管机关与外国协商确定。

第八章　移管被判刑人

第一节　向外国移管被判刑人

第五十五条　外国可以向中华人民共和国请求移管外国籍被

判刑人，中华人民共和国可以向外国请求移管外国籍被判刑人。

第五十六条 向外国移管被判刑人应当符合下列条件：

（一）被判刑人是该国国民；

（二）对被判刑人判处刑罚所针对的行为根据该国法律也构成犯罪；

（三）对被判刑人判处刑罚的判决已经发生法律效力；

（四）被判刑人书面同意移管，或者因被判刑人年龄、身体、精神等状况确有必要，经其代理人书面同意移管；

（五）中华人民共和国和该国均同意移管。

有下列情形之一的，可以拒绝移管：

（一）被判刑人被判处死刑缓期执行或者无期徒刑，但请求移管时已经减为有期徒刑的除外；

（二）在请求移管时，被判刑人剩余刑期不足一年；

（三）被判刑人在中华人民共和国境内存在尚未了结的诉讼；

（四）其他不宜移管的情形。

第五十七条 请求向外国移管被判刑人的，请求书及所附材料应当根据需要载明下列事项：

（一）请求机关的名称；

（二）被请求移管的被判刑人的姓名、性别、国籍、身份信息和其他资料；

（三）被判刑人的服刑场所；

（四）请求移管的依据和理由；

（五）被判刑人或者其代理人同意移管的书面声明；

（六）其他事项。

第五十八条 主管机关应当对被判刑人的移管意愿进行核

实。外国请求派员对被判刑人的移管意愿进行核实的，主管机关可以作出安排。

第五十九条　外国向中华人民共和国提出移管被判刑人的请求的，或者主管机关认为需要向外国提出移管被判刑人的请求的，主管机关应当会同相关主管部门，作出是否同意外国请求或者向外国提出请求的决定。作出同意外国移管请求的决定后，对外联系机关应当书面通知请求国和被判刑人。

第六十条　移管被判刑人由主管机关指定刑罚执行机关执行。移交被判刑人的时间、地点、方式等执行事项，由主管机关与外国协商确定。

第六十一条　被判刑人移管后对原生效判决提出申诉的，应当向中华人民共和国有管辖权的人民法院提出。

人民法院变更或者撤销原生效判决的，应当及时通知外国。

第二节　向中华人民共和国移管被判刑人

第六十二条　中华人民共和国可以向外国请求移管中国籍被判刑人，外国可以请求中华人民共和国移管中国籍被判刑人。移管的具体条件和办理程序，参照本章第一节的有关规定执行。

第六十三条　被判刑人移管回国后，由主管机关指定刑罚执行机关先行关押。

第六十四条　人民检察院应当制作刑罚转换申请书并附相关材料，提请刑罚执行机关所在地的中级人民法院作出刑罚转换裁定。

人民法院应当依据外国法院判决认定的事实，根据刑法规定，作出刑罚转换裁定。对于外国法院判处的刑罚性质和期限符合中华人民共和国法律规定的，按照其判处的刑罚和期限予以转换；对于外国法院判处的刑罚性质和期限不符合中华人民共和国法律规定的，按照下列原则确定刑种、刑期：

（一）转换后的刑罚应当尽可能与外国法院判处的刑罚相一致；

（二）转换后的刑罚在性质上或者刑期上不得重于外国法院判处的刑罚，也不得超过中华人民共和国刑法对同类犯罪所规定的最高刑期；

（三）不得将剥夺自由的刑罚转换为财产刑；

（四）转换后的刑罚不受中华人民共和国刑法对同类犯罪所规定的最低刑期的约束。

被判刑人回国服刑前被羁押的，羁押一日折抵转换后的刑期一日。

人民法院作出的刑罚转换裁定，是终审裁定。

第六十五条　刑罚执行机关根据刑罚转换裁定将移管回国的被判刑人收监执行刑罚。刑罚执行以及减刑、假释、暂予监外执行等，依照中华人民共和国法律办理。

第六十六条　被判刑人移管回国后对外国法院判决的申诉，应当向外国有管辖权的法院提出。

第九章　附　　则

第六十七条　中华人民共和国与有关国际组织开展刑事司法协助，参照本法规定。

第六十八条　向中华人民共和国提出的刑事司法协助请求或者应中华人民共和国请求提供的文件和证据材料，按照条约的规定办理公证和认证事宜。没有条约或者条约没有规定的，按照互惠原则办理。

第六十九条　本法所称刑事司法协助条约，是指中华人民共和国与外国缔结或者共同参加的刑事司法协助条约、移管被判刑人条约或者载有刑事司法协助、移管被判刑人条款的其他条约。

第七十条　本法自公布之日起施行。

关于《中华人民共和国国际刑事司法协助法（草案）》的说明

——2017 年 12 月 22 日在第十二届全国人民代表大会常务委员会第三十一次会议上

全国人大外事委员会主任委员　傅　莹

委员长、各位副委员长、秘书长、各位委员：

国际刑事司法协助法是第十二届全国人大常委会立法规划一类项目，由司法部牵头起草，全国人大外事委员会负责提请审议。我受外事委员会的委托，作关于《中华人民共和国国际刑事司法协助法（草案）》的说明。

一、制定本法的必要性

（一）制定国际刑事司法协助法是落实党的十九大精神，全面推进依法治国、推进反腐败国家立法、推进国际追逃追赃工作的需要

党中央高度重视反腐败和国际追逃追赃的法律制度建设，国

际刑事司法协助法是反腐败国家立法的重要内容。党的十八大以来，习近平总书记就制定国际刑事司法协助法先后两次作出重要指示。党的十九大报告指出，全面依法治国是中国特色社会主义的本质要求和重要保障，强调要完善以宪法为核心的中国特色社会主义法律体系，建设中国特色社会主义法治体系；报告进一步强调“推进反腐败国家立法”，不管腐败分子逃到哪里，都要缉拿归案、绳之以法。

当前，民商事司法协助、引渡合作分别在民事诉讼法和引渡法中已有规定，刑事司法协助只在刑事诉讼法第 17 条有原则性规定，具体合作内容、要件以及执行程序等未予明确。制定一部内容较为完备、行之有效的国际刑事司法协助法，是贯彻落实党的十九大精神的具体体现，有利于规范和完善我国刑事司法协助体制，填补刑事司法协助国际合作的法律空白，完善追逃追赃有关法律制度，为推进全面依法治国、全面从严治党作出应有贡献。

（二）制定国际刑事司法协助法有利于加强国际合作打击跨国犯罪，为我国履行国际条约义务提供法律依据

党的十八届四中全会强调，要“加强涉外法律工作。深化司法领域国际合作，完善我国司法协助体制，扩大国际司法协助覆盖面”。习近平总书记在重大外交活动中先后 80 余次就反腐败和国际追逃追赃发表重要谈话，共同打击跨国犯罪、推进反腐败国际追逃追赃合作已经成为我国与有关国家和国际组织开展交流合作的重要领域。有效惩治跨国犯罪离不开国家间的紧密合作，需要有效履行相关国际条约义务。截至目前，我国已经批准和加入了包括《联合国反腐败公约》和《联合国打击跨国有组织犯罪

公约》等多项含有刑事司法协助内容的国际公约，批准了 54 件有关刑事司法协助的双边条约。

但是，我国与外国开展打击跨国犯罪国际合作尚存在一些制度障碍，例如履行国际条约的国内法律依据不足、我国司法机关主动利用条约开展国际合作的意识和能力不强等。制定国际刑事司法协助法，能够从制度上解决这些问题，通过法律手段加强国际合作、打击跨国犯罪，为我国履行国际条约义务提供国内法律依据，树立负责任大国的形象。

（三）制定国际刑事司法协助法有利于明确刑事司法协助工作的管理职责，形成工作合力

刑事司法协助工作涉及刑事案件侦查、起诉、审判和执行等刑事诉讼程序各个阶段以及对外承诺等活动，参与工作的国内部门众多，包括最高人民法院、最高人民检察院、外交部、公安部、司法部等。由于各部门参与刑事诉讼国际合作的法律依据缺失、已缔结的国际条约对我国内部门参与国际合作的规定不尽一致，导致在当前实践中，各部门职责划分有待厘清、部门间协调机制需要完善。

制定国际刑事司法协助法是国家反腐败和打击跨国犯罪等工作的一项顶层设计，有利于从法律上明确各相关部门在刑事司法协助中的职责和任务，有利于解决职责不清、协调不畅的问题，有利于强化分工合作、提升工作效率，进一步完善国际刑事司法协助工作的制度体系。

二、本法起草的过程和基本原则

2003 年 10 月，第 58 届联合国大会通过《联合国反腐败公约》（以下简称《公约》）。2005 年 10 月，第十届全国人大常委

会第十八次会议决定批准了《公约》。中央纪委于2004年牵头成立研究实施《公约》协调小组，为了实现我国法律制度与《公约》及其他相关国际条约的衔接，明确提出制定司法协助法的任务，指定司法部会同中央纪委监察部、最高人民法院、最高人民检察院、外交部、公安部等部门起草。2015年6月，国际刑事司法协助法被列为第十二届全国人大常委会立法规划一类项目。中央纪委、中央政法委、全国人大外事委员会和司法部等部门高度重视立法工作，积极推进立法进程。经过近三年全面深入的调研论证，在先后五次广泛征求最高人民法院、最高人民检察院、国务院有关部门及专家学者等各方面意见的基础上，形成了目前的《中华人民共和国国际刑事司法协助法（草案)》。

在本法的起草过程中，主要把握了以下三个方面：

（一）坚持主权原则与合作理念。国际刑事司法协助首先要坚持国家主权原则，合作绝不能损害国家主权、安全和社会公共利益；其次要体现国家之间相互提供最广泛合作的精神。因此，草案有关条款强调我国的司法主权不容侵害，明确规定应当或者可以拒绝合作的情形，同时草案也体现了平等互惠原则，规定了相对宽泛的合作范围，为顺利开展合作创造条件、铺平道路。

（二）坚持从国情出发，兼顾我国实践、外国经验和国际条约。草案立足于我国现有的刑事诉讼制度和相关部门在刑事诉讼不同阶段的职责分工，注重本法与刑法、刑事诉讼法等法律的协调。同时，草案反映了我国刑事司法协助工作实践的一般规则，借鉴外国开展刑事司法协助工作的有益经验，注意本法与国际条约相衔接。

（三）坚持以问题为导向，立足当前，着眼长远。在全面总结过去30多年开展刑事司法协助工作实践经验的基础上，草案着眼于为我国与外国的国际刑事司法协助提供必要的法律依据，以解决合作中的实际问题为导向，以服务反腐败国际追逃追赃为目的。草案各项制度的设计立足于我国当前的司法体制机制和刑事诉讼制度，同时，注意把握实践发展的新趋势、新理念，保障我国刑事司法协助工作的持续健康发展。

三、国际刑事司法协助法草案的主要内容

草案共有9章、72条。

第一章是“总则”，有8条。本章规定了立法目的、定义，规定了开展协助的原则、依据、对外联系机关、主管机关和办案机关，规定了经费保障和费用承担等问题。鉴于我国的刑事司法协助实践是缔约先于立法，与不同国家签订的条约内容各有不同，草案第四条第一款明确了我国和外国缔结或者共同参加的条约是协助依据之一。

第二章是“刑事司法协助请求的提出、接收和处理”，有2节、13条。本章分别规定了在我国向外国请求刑事司法协助和外国向我国请求刑事司法协助的两种情况下，提出、接收和处理刑事司法协助请求的程序、请求书要件、我国拒绝提供协助的情形、附加条件、结果通知等。草案第五、六、十四、十七条明确规定了我国刑事司法协助的对外联系机关、主管机关、办案机关，划分了对外联系机关与主管机关的职责。

第三章是“送达文书”，有2节、5条。本章分别规定了我国向外国提出送达文书请求的程序、外国向我国提出送达文书请求在我国执行的程序，以及送达文书请求书的要件、送达文书的范围和效力等。

第四章是“调查取证”，有2节、6条。本章分别规定了我国向外国提出调查取证请求的事项和程序、外国向我国提出调查取证请求在我国执行的程序和拒绝安排的情形，以及调查取证请求书的要件、证据材料和物品的返还等。

第五章是“安排证人作证或者协助调查”，有2节、9条。本章规定了我国向外国提出安排证人作证或者协助调查请求的程序、请求书要件，证人、鉴定人的保护及其作证费用和津贴，以及移送在押人员作证等，规定了外国向我国提出安排证人作证或者协助调查请求、移送在押人员作证请求在我国执行的程序，以及请求书要件等。

第六章是“涉案财物的查封、扣押、冻结”，有2节、7条。本章规定了我国向外国提出查封、扣押、冻结涉案财物请求的程序、请求书要件，以及续冻、变更和撤销问题，规定了外国向我国提出查封、扣押、冻结涉案财物请求及其执行的程序，以及费用和赔偿等。

第七章是“违法所得的没收、返还和分享”，有2节、18条。本章规定了我国向外国提出没收、返还和分享违法所得请求的程序、请求书要件，财物移交及分享比例、财产刑的协助执行等，规定了外国向我国提出没收、返还和分享违法所得请求的审查、执行程序以及请求书要件，我国对外国请求予以承认的条件、不予承认的情形，以及外国财产刑的协助执行等。

第八章是“刑事诉讼结果通报”，有2条。本章分别规定了我国请求外国、外国请求我国通报刑事诉讼结果的程序。

第九章是“附则”，有4条。本章包括与国际组织合作、公证和认证互免、其他条约对外联系机关以及生效日期等。

四、需要重点说明的问题

刑事司法协助的对外联系机关设置以及对外联系机关与主管机关的职责划分，是国际刑事司法协助法立法需要认真处理好的一个重要问题，包括以下三个层面的问题：

一是对外联系机关怎么设置和命名。对外联系机关通常是指涉及刑事司法协助的国际条约中规定的，由一国国内法或政府确定的有权代表该国提出、接收、转递和执行国际刑事司法协助请求的机关。草案第五条规定，司法部等部门为我国和外国之间开展刑事司法协助的对外联系机关。

二是对外联系机关与主管机关的职责划分。各方面普遍认为理顺对外联系机关和主管机关的关系是完善司法协助体制机制的重要内容。草案原则上规定对外联系机关承担对外国请求的形式审查职责，包括提出、接收、审查和协调办理刑事司法协助请求，处理其他相关事务（第五条），且仅审查外国请求书的形式和内容（第十四条）；原则上规定主管机关依照刑事诉讼职能分工，审查办理对外联系机关转递的刑事司法协助请求（第六条），审查决定是否批准执行或者拒绝提供协助（第十七条）。

三是对外承诺的职责分工。当外国对执行我国刑事司法协助请求提出条件时，我国需要研究决定是否同意该外国的条件，由什么部门决定并对外作出承诺，也是国际刑事司法协助的重要问题。草案原则上规定，关于外国提出的条件，由外交部代表我国对外承诺。外国明确表示对外联系机关作出承诺充分有效的，也可以由对外联系机关作出承诺（第十一条）。

全国人民代表大会宪法和法律委员会关于《中华人民共和国国际刑事司法协助法（草案）》审议结果的报告

全国人民代表大会常务委员会：

党的十八届四中全会提出，深化司法领域国际合作，完善我国司法协助体制，扩大国际司法协助覆盖面。中央反腐败协调小组提出制定国际刑事司法协助法的任务，由司法部牵头起草，全国人大外事委员会提请审议。起草过程中，中央纪委、中央政法委牵头对有关重大问题进行了协调。2017 年 12 月，十二届全国人大常委会第三十一次会议对草案进行了初次审议。之后，法制工作委员会将草案送有关部门、地方和单位征求意见，在中国人大网上向社会公开征求意见，到一些地方进行调研，与有关部门共同研究。各方面普遍认为，制定国际刑事司法协助法，适应推进反腐败国家立法和国际追逃追赃工作的需要，对加强国际合作打击跨国犯罪，履行国际条约义务，规范国际刑事司法协助工作，具有重要的意义；草案符合国情，适应实践需要。宪法和法律委员会于 9 月 25 日和 10 月 8 日召开会议，根据常委会组成人员的审议意见和各方面的意见，对草案进行了逐条审议。全国人大外事委员会、中央政法委、司法部有关负责同志列席了会议。10 月 16 日，宪法和法律委员会召开会议，再次进行审议。宪法和法律委员会认为，为了推进反腐败国家立法，推进国际追逃追赃工作，加强国际合作打击跨国犯罪，规范刑事司法协助工作，制定本法，是必要的。草案经过审议修改，已经比较成熟。同时，提出以下主要修改意见：

一、草案第二条规定，本法所称“国际刑事司法协助”，是指中国和外国在刑事案件侦查、起诉、审判和执行等活动中相互提供协助。有的常委委员、地方、部门和社会公众提出，根据监察法规定，职务犯罪案件的调查由监察机关负责。在调查职务犯罪案件过程中，监察机关需要开展相关国际刑事司法协助，监察法中也有相关规定，建议将监察调查包括在国际刑事司法协助的范围内，并将国家监察委员会明确为开展国际刑事司法协助的主管机关之一。宪法和法律委员会经研究，建议采纳这一意见，作出相应修改。

二、有的常委委员、地方、部门、专家学者和社会公众提出，广义的刑事司法协助包括移管被判刑人，我国已与一些国家缔结了移管被判刑人条约，司法机关也有不少这方面的实践，建议在本法中对此作出专门规定。宪法和法律委员会、法制工作委员会会同全国人大外事委、中央纪委、中央政法委、最高人民法院、最高人民检察院、外交部、公安部、国家安全部、司法部进行了反复深入的研究。各部门普遍认为，近年来，我国与外国相互移管被判刑人的需求日益增长，监察法、反恐怖主义法、出境入境管理法等对移管被判刑人作了明确规定；我国与一些国家已签订了一批移管被判刑人条约，参加的有关国际公约中也有移管被判刑人的内容；我国在与一些国家和地区开展移管被判刑人合作的过程中，积累了一些实践经验；为规范移管被判刑人工作，有必要在本法中作出专门规定，有利于更好地开展移管合作。在各方面就有关问题取得共识的基础上，宪法和法律委员会经研究，建议在草案中增加以下规定：一是，在关于国际刑事司法协助范围的规定中增加“移管被判刑人”的内容；二是，明确在移管被判刑人案件中，司法部按照职责分工，承担相应的主管机关职责；三是，增加一章“移管被判刑人”作为第八章，规定对于被判刑人是接收国国民、其行为根据两国法律均构成犯罪且两国及被判刑人本人三方均同意移管的，可以将被判刑人移管回国执行刑罚，并对相关办理程序等作出规定。

三、草案第四条规定，中华人民共和国和外国之间的国际刑事司法协助，依照本法、中国和外国缔结或者共同参加的条约进行。办理刑事司法协助案件的相关程序，除本法或者有关条约另有规定外，适用中国刑事诉讼法及其他相关法律的规定。有的部门提出，条约只是提出请求的依据，办理国际刑事司法协助案件还是应当依据国内法。有的常委委员、地方、部门、专家学者和社会公众提出，在与不同国家开展司法协助过程中，难免出现条约规定和国内法规定不尽一致，或者法律未做明确规定的情况，如何处理，建议予以明确。宪法和法律委员会经研究，建议作出以下修改：一是，明确中国和外国之间开展刑事司法协助，依照本法进行。执行外国提出的刑事司法协助请求，适用本法、刑事诉讼法及其他相关法律的规定。二是，增加规定，对于请求书的签署机关、请求书及所附材料的语言文字、有关办理期限和具体程序等事项，在不违反中华人民共和国法律的基本原则的情况下，可以按照条约规定或者双方协商办理。

四、有的部门提出，实践中有外国司法执法机关未经我国主管机关准许要求我境内的机构、组织和个人提供相关协助，损害我国司法主权和有关机构、组织和个人的合法权益。为有效应对这种情况，抵制外国的“长臂管辖”要求，建议在草案中增加相关的规定。宪法和法律委员会经研究，建议采纳这一意见，增加规定，非经中华人民共和国主管机关同意，中华人民共和国领域内的机构、组织和个人不得向外国提供证据材料和本法规定的协助。

五、草案第十五条、第十六条规定了拒绝提供协助的情形。有的常委委员、部门建议增加规定，对于刑事司法协助请求明显损害中华人民共和国的主权、安全和社会公共利益的，对外联系机关可以直接拒绝协助。这样实践中可以更为主动。宪法和法律委员会经研究，建议采纳这一意见，增加有关规定。

六、草案第二十四条中规定，对于请求送达被告人出庭应诉的传票，中国不负有执行送达的义务。有的专家提出，引渡法规定了本国公民不引渡的原则，本法中应体现这一原则。宪法和法律委员会经研究，建议采纳这一意见，将上述规定修改为：对于要求中华人民共和国公民接受讯问或者作为被告人出庭的传票，中国不负有协助送达的义务。

七、草案第五十六条、第六十六条规定，对于罚金刑、没收财产刑罚或者刑事附带民事诉讼损害赔偿裁判的协助执行，参照本法有关没收、返还违法所得的规定进行。最高人民法院、有的专家学者提出，我国已经签订的刑事司法协助条约一般不含有相互承认和执行财产刑的内容，有关部门也未开展过相关工作；刑事附带民事诉讼裁判的协助执行属于民事司法协助的范畴。对此，以暂不规定为宜。宪法和法律委员会经研究，建议采纳这一意见，删去相关内容。

此外，根据有些常委委员和有关方面的意见，还对草案的体例、条文顺序作了一些调整，并作了一些文字修改。

草案二次审议稿已按上述意见作了修改，宪法和法律委员会建议提请本次常委会会议审议通过。

草案二次审议稿和以上报告是否妥当，请审议。

全国人民代表大会宪法和法律委员会

2018 年 10 月 22 日

全国人民代表大会宪法和法律委员会关于《中华人民共和国国际刑事司法协助法（草案二次审议稿）》修改意见的报告

全国人民代表大会常务委员会：

本次常委会会议于 10 月 23 日上午对国际刑事司法协助法（草案二次审议稿）进行了分组审议。普遍认为，草案已经比较成熟，建议进一步修改后，提请本次会议通过。同时，有的常委会组成人员还提出了一些修改意见。宪法和法律委员会于 10 月 23 日下午召开会议，逐条研究了常委会组成人员的审议意见，对草案进行了审议。全国人大外事委员会、中央政法委、司法部有关负责同志列席了会议。宪法和法律委员会认为，草案是可行的，同时，提出以下修改意见：

一、草案二次审议稿第十六条第二款规定，执行请求可能妨碍中华人民共和国正在进行的调查、侦查、起诉或者审判的，主管机关可以决定推迟协助。有的常委委员提出，实践中，如果执行外国提出的请求有可能妨碍我国正在进行的执行活动，也是要推迟协助的。建议明确，对可能妨碍正在进行的执行活动的，可以决定推迟协助。宪法和法律委员会经研究，建议采纳这一意见，作出相应修改。

二、草案二次审议稿第五十八条规定，主管机关应当对被判刑人的移管意愿进行核实。外国请求对被判刑人的移管意愿进行核实的，主管机关可以作出安排。有的常委委员提出，根据移管被判刑人条约和实践，我国主管机关要对被判刑人的移管意愿进行核实，外国也可以请求派员对被判刑人的移管意愿进行核实。建议将外国请求核实的情形明确为是其派员进行。宪法和法律委员会经研究，建议采纳这一意见，作出相应修改。

此外，根据常委会组成人员的审议意见，还对草案二次审议稿作了一些文字修改。

草案建议表决稿已按上述意见作了修改，宪法和法律委员会建议本次常委会会议审议通过。

草案建议表决稿和以上报告是否妥当，请审议。

全国人民代表大会宪法和法律委员会

2018年10月26日

图书在版编目（CIP）数据

中华人民共和国国际刑事司法协助法解读 / 王爱立主编. —北京：中国法制出版社，2019.4

ISBN 978-7-5216-0124-4

Ⅰ. ①中… Ⅱ. ①王… Ⅲ. ①国际刑法-司法协助-法律解释-中国 Ⅳ. ①D997.95

中国版本图书馆 CIP 数据核字（2019）第 063177 号

责任编辑：欧　丹　　　　封面设计：李　宁

中华人民共和国国际刑事司法协助法解读

ZHONGHUA RENMIN GONGHEGUO GUOJI XINGSHI SIFA XIEZHUFA JIEDU

主编/王爱立

经销/新华书店

印刷/三河市紫恒印装有限公司

开本/880 毫米×1230 毫米　32 开　　印张/12.75　字数/181 千

版次/2019 年 4 月第 1 版　　2019 年 4 月第 1 次印刷

中国法制出版社出版

书号 ISBN 978-7-5216-0124-4　　定价：45.00 元

北京西单横二条 2 号

邮政编码 100031　　传真：010-66031119

网址：http：//www.zgfzs.com　　**编辑部电话：010-66066621**

市场营销部电话：010-66033393　　**邮购部电话：010-66033288**

（如有印装质量问题，请与本社印务部联系调换。电话：010-66032926）